PROYECTOS DE

FRANCESCO POGGI

PROYECTOS DE CARPINTERÍA

Traducción de M.ª Guadalupe Romero Ramos.

Realización editorial de EDITA s.a.s.

Fotografías de Francesco Poggi.

Ilustraciones de Angelo Maddalena.

ISBN: 978-1-64461-412-9

INTRODUCCIÓN

Explorar, comunicar, construir... son deseos fundamentales del hombre. No se sabe por qué pero es así, todos nosotros lo hemos experimentado. El placer que obtenemos cuando construimos algo bello y funcional es verdaderamente real y auténtico porque satisface una exigencia interior.

Pero cuando se construye existe casi siempre un problema de base: nuestra mayor o menor falta de experiencia y de habilidad manual. ¿Cuántas veces comenzamos un trabajo de construcción y tras varios errores lo dejamos a medias?

Este libro representa un gran paso hacia la superación de dichas dificultades en los proyectos realizados en madera: en las páginas siguientes se ilustran unos sesenta proyectos en madera de sencillos muebles, auxiliares y decoraciones que cualquiera, incluso sin experiencia, puede emprender y conseguir acabar, con gran satisfacción interior y, ¿por qué no decirlo?, cierta dosis de admiración por parte del público familiar.

Todas las construcciones propuestas se ilustran con un claro dibujo Ôproyectado» (es decir, el dibujo del objeto como si estuviera desmontado en sus componentes individuales).

Además, se ofrece una descripción de las fases de montaje y una lista de todo lo que se necesita con las medidas de cada pieza. En resumen, la construcción no representará ningún problema.

Este libro es el compañero del primer paso —fundamental— hacia ese nivel de habilidad y capacidad que nos permitirá ser independientes no sólo en la construcción sino también en la realización de los proyectos. *Exploraremos* nuevas posibilidades, las *comunicaremos* a quien comparta nuestra pasión y *construiremos*...

El autor

Proyectar y preparar

Todas las construcciones, incluso la más sencilla, requieren un buen proyecto, una cuidadosa elección de los materiales y una minuciosa planificación del trabajo.

Cuando se quiere construir algo, lo primero que se debe hacer es trazar un esbozo general sobre papel; después, se pasa al proyecto propiamente dicho, escalándolo en papel cuadriculado.

Aunque no se sea un experto, es fácil determinar las dificultades que se van a presentar y la manera de resolverlas. Es muy importante tener claro cómo es el proyecto antes de pasar a su construcción, para no encontrarse con sorpresas a mitad del trabajo.

Un dibujo minucioso ayuda muchísimo, pero siempre debe tenerse en cuenta que la madera tiene sus limitaciones de uso tanto en las dimensiones como en el grosor.

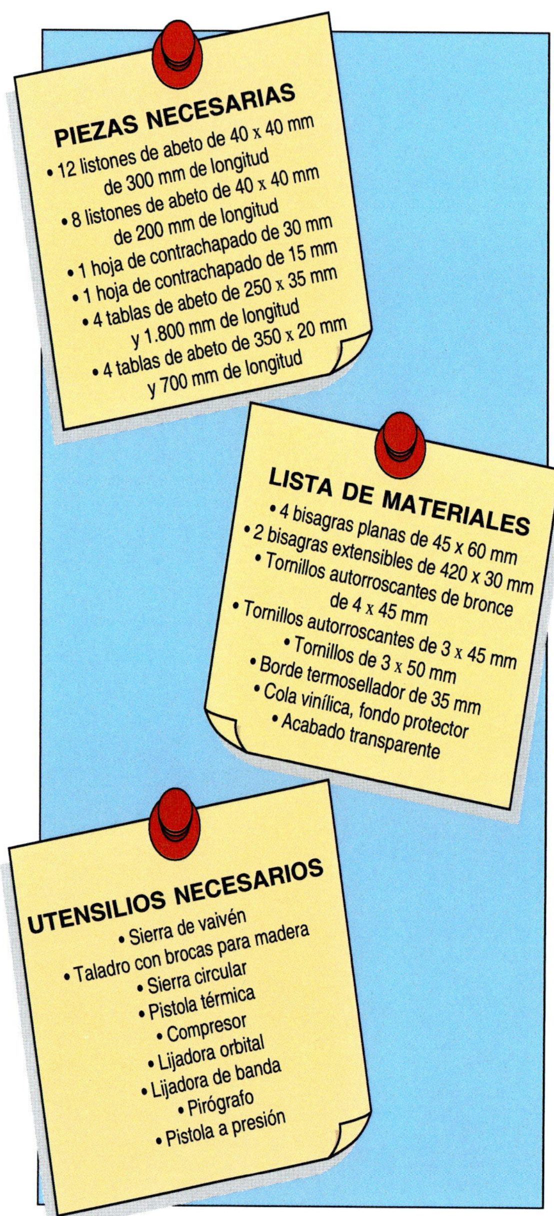

QUÉ SE NECESITA

Haga tres listas donde se enumeren: las piezas necesarias con sus correspondientes medidas; los materiales necesarios (pinturas, colas, tornillos, hierros, etc.); las herramientas necesarias para la construcción. Las dos primeras son imprescindibles; la tercera, a medida que el taller aumenta, resultará superflua.

PREPARAR PIEZAS Y MATERIALES

En la preparación de las piezas que se necesitan, preste una especial atención a sus medidas: es mejor que sean generosas porque generalmente es fácil acortarlas, mientras que si son escasas, representan un problema.

Siempre que sea posible, en función del objeto que se construya, intente utilizar materiales de buena calidad.

Tenga en cuenta que gran parte del material antiguo puede ser reciclado: madera de muebles viejos, estantes, bancos, etc.; partes mecánicas, metales y otros materiales de viejos electrodomésticos se pueden encontrar en chatarrerías bien surtidas.

Cierta actividad de reciclaje inteligente es útil desde un punto de vista económico y también ecológico.

ATENCIÓN A LAS MEDIDAS

Uno de los elementos que más problemas plantea al constructor principiante es la medida de las diferentes piezas. Puede suceder que, para realizar una mesita, se proyecte una construcción con listones, por ejemplo, de 35 x 35 mm de sección. Una vez proyectada la construcción, se compran en la serrería los listones de dichas medidas y después se preparan y se lijan. Pero en el momento de ensamblar las piezas, se descubre que la sección ya no es de 35 x 35 mm, sino de 32 x 32 mm, porque al lijar los listones se ha eliminado material. Por este motivo, en la fase del proyecto siempre deben tenerse en cuenta no sólo las medidas Ôoficiales» de las piezas sino también las medidas Ôfinales», tras la preparación, el cepillado y el lijado.

El proyecto de la construcción en escala, sobre papel milimetrado, es un paso fundamental que no se debe saltar nunca. En esta fase, además de definir la forma y el tamaño de las piezas, se plantean y resuelven todos los problemas de ensambles, superposiciones, tipos de unión, etc.

Durante la fase de proyecto y elección de los materiales, hay que prestar mucha atención al tamaño de las piezas, porque tras el lijado y el cepillado medirán unos milímetros menos. Estas diferencias pueden provocar graves errores de construcción.

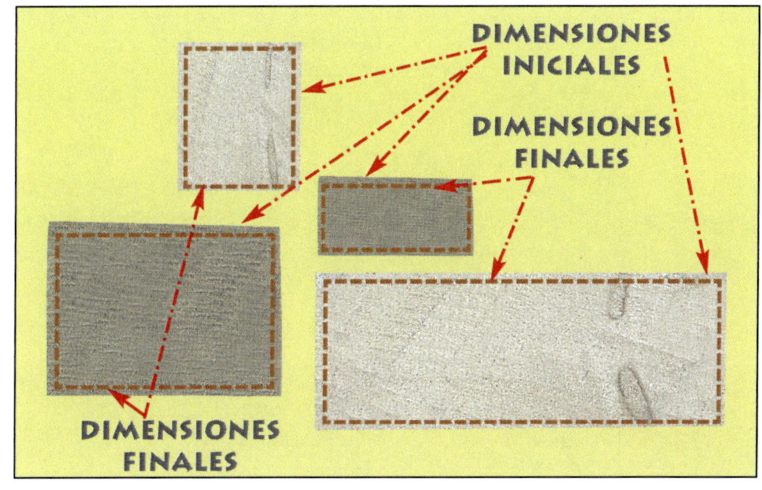

La madera de descarte es una valiosa fuente de materia prima para varias construcciones. Sin embargo, hay que prestar mucha atención a su calidad, a la presencia de nudos, a los alabeos y a las hendiduras. Un buen cepillado puede revelar un material perfectamente íntegro y válido.

También es conveniente no olvidarse de aquellas partes de la construcción a las que hay que aplicar un fondo o que van selladas antes del ensamblaje. Estos materiales aumentan el grosor de las piezas y por ello deben tenerse en cuenta en la fase del proyecto.

DECIDIR LOS MATERIALES

No siempre es fácil decidir el tipo de material que vamos a usar, así como el grosor y las dimensiones. Por ejemplo: el lateral de un mueble de 65 cm de anchura y
95 de altura no se puede construir nunca con madera maciza, porque no existen árboles que permitan realizar tableros de dicha anchura. Mejor dicho, existen pero

1-2. Laterales y puertas de anchura considerable se pueden realizar a partir de una única pieza de madera maciza, con tableros alistonados o aglomerado rechapado.
3. El contrachapado no rechapado muestra, a lo largo de los cantos, las hojas que lo forman.
4. El contrachapado rechapado es un material muy apropiado para la realización de muebles funcionales y fáciles de limpiar.

no se utilizan nunca para estos fines. Por lo tanto, es conveniente informarse sobre medidas de materiales alternativos como el contrachapado, los tableros alistonados, el aglomerado o el DMF.

Todos estos materiales tienen campos específicos de empleo, cualidades y defectos que los hacen más apropiados para una determinada utilización que para otra.

1. También hay contrachapado con hojas ya rechapadas de buena madera.
2. Aglomerado rechapado con canto redondo también laminado.
3. Aglomerado rechapado con canto sin chapar y borde de acabado.
4. Aglomerado chapeado en los cantos.
5. Lámina para aplicar al aglomerado para realizar un amplio plano.
6. El brillo es un elemento que hay que valorar en la elección de un material.

DECIDIR LOS ACABADOS

El acabado de la superficie de una construcción es muy importante.

Si se le aplica un pintura cubriente, la calidad y el veteado de la superficie no tendrán ninguna importancia (aglomerado, contrachapado, DMF), mientras que si quiere dejar la superficie vista con acabados transparentes se debe utilizar materiales con una superficie de buena calidad (madera maciza o laminada, aglomerados contrachapados, etc.).

DECIDIR LA POSICIÓN

Para elegir el material más apropiado también debe tenerse en cuenta la ubicación del objeto construido y su función. Los materiales que vayan a estar en contacto con agua o elementos húmedos (por ejemplo, floreros) no deben ser sensibles a la humedad, por ello se descartan aglomerados y contrachapados.

Las construcciones que estén sometidas a cambios de temperatura (por estar cerca de radiadores o expuestas al sol),

1-2-3. Los diversos accesorios que completan el mueble se deben elegir cuidadosamente, tanto en lo que se refiere al estilo como a los materiales y a la calidad. Evite la compra de herrajes baratos, porque seguramente durarán poco y pueden dañar la construcción. Generalmente, los herrajes se dividen en dos grandes familias: la destinada a permanecer a vista y la que desempeña su función en puntos no visibles. El primer tipo debe elegirse en función de la tipología del mueble, mientras que el segundo debe ser, sobre todo, robusto y funcional.

es conveniente que se realicen con materiales estables (DMF, laminados) en lugar de madera maciza, ya que esta es mucho más susceptible de dilatarse y contraerse, provocando la aparición de fendas o hendiduras.

LOS HERRAJES

Un último elemento que incide en la elección de los materiales es la presencia más o menos relevante de herrajes (bisagras, cierres, juntas, brazos extensibles, etc.), porque en el montaje de dichas partes es necesario utilizar materiales sólidos de fibra compacta que no se partan bajo la acción de tornillos y clavos.

LOS ESPESORES

La madera maciza y la laminada, al igual que el resto de materiales alternativos, se encuentran disponibles en el mercado en diversos espesores. ¿Qué espesor debe elegirse para una determinada

1-2. Estos dos elementos (lateral de un mueble zapatero y estante de librería) están sometidos a esfuerzos de flexión completamente diversos. Esto implica una elección diferente de los materiales y un espesor adecuado a sus respectivas funciones. Cuando se proyecta una construcción, se debe valorar siempre los esfuerzos de flexión que algunas partes del mueble deberán soportar.

Una pared bien equipada con estantes, cajones, elementos de suspensión, ganchos, soportes diversos, etc. le permitirá tener muchos materiales y utensilios necesarios en perfecto orden y a la vista.

construcción? Siga esta sencilla regla: el producto acabado debe ser lo más ligero posible teniendo siempre en cuenta la robustez necesaria.

Por ejemplo, si quiere realizar una estantería en la que colocará libros, las repisas tienen que ser necesariamente de material robusto y de un grosor no inferior a 20 mm. Por el contrario, las paredes de un mueble zapatero pueden ser de contrachapado de 15 mm sin que la estructura se resienta.

EL TALLER ADECUADO

Para poder emprender cualquier tipo de construcción es imprescindible disponer de un pequeño rincón, como mínimo, para habilitarlo como taller.

En función del espacio del que disponga (puede tratarse de una bodega, un desván o un cuarto trastero) debe montar el taller de la mejor manera posible siguiendo criterios de orden y racionalidad, para que cuando realice cualquier trabajo sea realmente funcional.

Si cuenta con el espacio suficiente, debe organizar el local como si fuera un verdadero taller, dotándolo de repisas y armarios para disponer las herramientas y los materiales de manera ordenada y racional.

El taller debe estar bien iluminado. No tiene que faltar una robusta mordaza de apriete, y en lugar de tener un único banco de trabajo, es conveniente que disponga de dos o tres pequeños bancos para realizar trabajos diferentes (madera, encolados, barnizados, etc.).

EL BANCO DE TRABAJO

El banco de trabajo es el elemento central e insustituible de cualquier taller.

Su forma, las dimensiones y la estructura general están condicionadas por dos factores: el espacio disponible y el tipo de trabajo que se realice con mayor frecuencia.

En el mercado se encuentran muchos tipos de bancos con características muy dispares: desde los fabricados únicamente con madera para los trabajos de carpintería hasta los Ôuniversales», en metal y con el sobre de madera; desde los de soldadura, realizados totalmente en metal, hasta los plegables y transportables.

Asimismo, en el mercado se encuentran portaherramientas con ruedas,

El banco de trabajo con armazón metálico y plano en madera o DMF, provisto de mordaza y de tornillos de apriete, es extremadamente práctico para los trabajos de carpintería (sobre todo, si no dispone de demasiado espacio). Un banco de estas características es muy robusto y estable y permite fijar y trabajar piezas irregulares y de gran tamaño, se desplaza gracias a las ruedas y, cuando finaliza el trabajo, se puede doblar y apoyar contra la pared

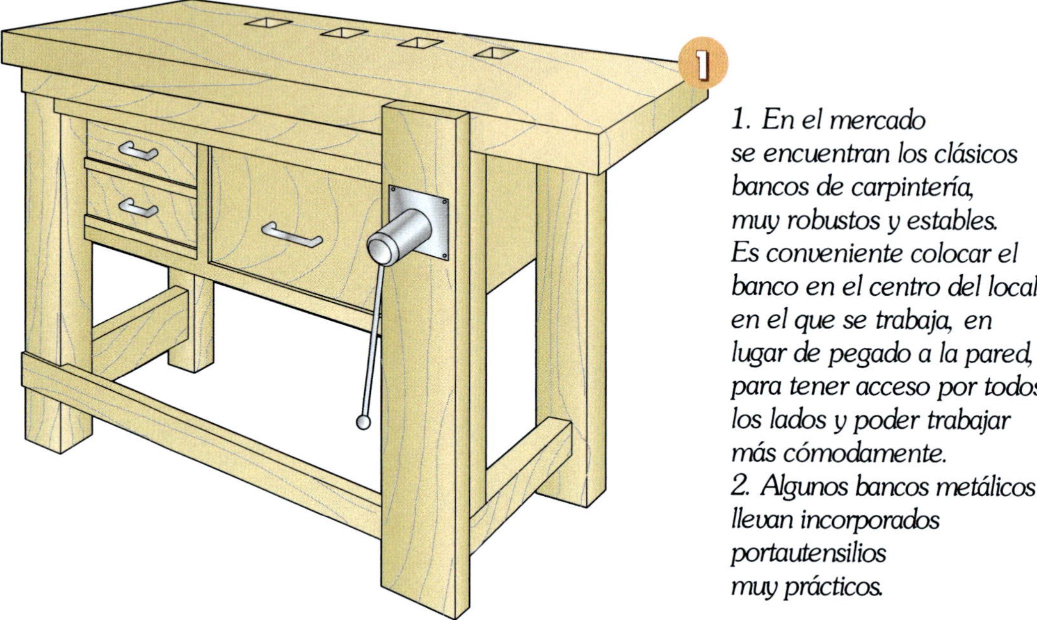

1. En el mercado se encuentran los clásicos bancos de carpintería, muy robustos y estables. Es conveniente colocar el banco en el centro del local en el que se trabaja, en lugar de pegado a la pared, para tener acceso por todos los lados y poder trabajar más cómodamente.
2. Algunos bancos metálicos llevan incorporados portautensilios muy prácticos.

provistos de cajones, compartimentos y repisas, que son muy prácticos, porque se pueden desplazar fácilmente a la zona de trabajo para tener a mano todo lo que se necesita.

EL CLÁSICO BANCO DE CARPINTERO

Es robusto y hermoso; está construido con madera de gran espesor. Suele estar provisto de la clásica prensa Ôparalela» de madera y de un sobre con Ôcavidades», en las que se introducen los bloques (de madera) contra los que se apoyan las piezas que se trabajan.

Para colocarlo necesita el espacio adecuado; es preferible no ubicarlo contra la pared sino en el centro del local, de manera que pueda moverse alrededor y trabajar las piezas por varias partes. Algunos modelos están provistos de cajones y estantes para herramientas y materiales.

EL PORTAHERRAMIENTAS

Disponer de una buena provisión de utensilios es fundamental. Para que estén siempre ordenados y se puedan encontrar con rapidez, coloque una hoja de fibra de madera agujereada, fijándola con tornillos a la pared. Con los ganchos apropiados, podrá colgar los utensilios.

También es fácil construir uno mismo un portaherramientas de este tipo con paneles de aglomerado o contrachapado.

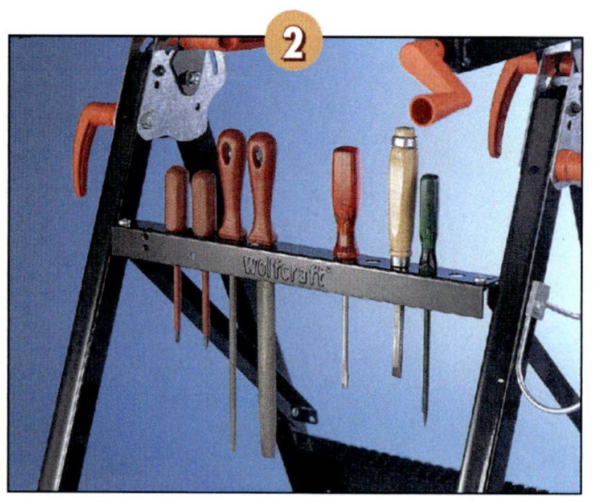

Botiquín de primeros auxilios

Si no está acostumbrado a realizar trabajos manuales, es fácil que pueda llegar a sufrir algún accidente. Por este motivo, es necesario adoptar todas las medidas de seguridad posibles. La instalación eléctrica debe estar provista obligatoriamente de un salvavidas y de una toma de tierra. Es conveniente que instale un sistema de control eléctrico que, si se produce un apagón mientras una herramienta está en funcionamiento, no permita que esta siga funcionado cuando vuelva la corriente. Por último, en su taller nunca debe faltar un botiquín de primeros auxilios bien provisto de desinfectantes, hemostáticos, tiritas y todo lo que pueda ser útil en caso de heridas.

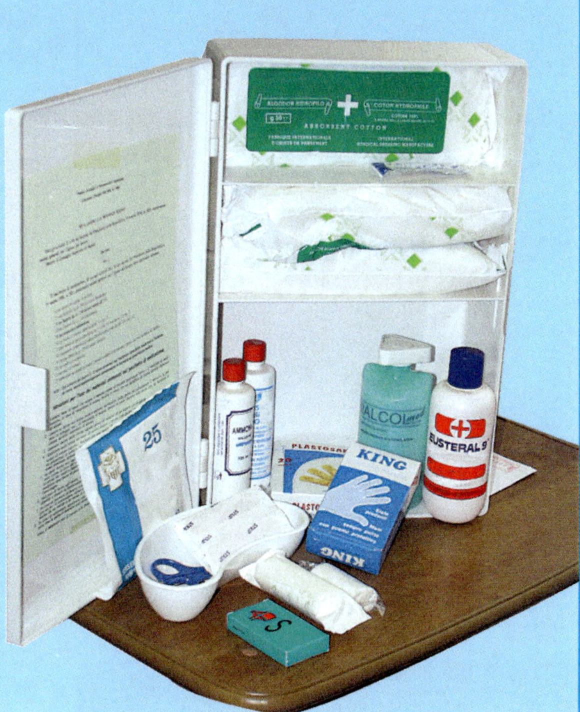

LA SEGURIDAD

La instalación eléctrica se tiene que poner a punto, siguiendo las disposiciones de seguridad vigentes. No debe faltar el interruptor diferencial y un sistema eficaz de toma de tierra, para protegernos de posibles fugas de corriente.

Durante los trabajos con producción de astillas, polvo y otros elementos peligrosos, debe ponerse siempre guantes, gafas y mascarilla. Evite las camisas con mangas acampanadas y las corbatas (las herramientas en movimiento las pueden aprisionar). Quítese siempre los anillos de los dedos y recójase el pelo.

Debe guardar bajo llave los materiales y las herramientas potencialmente peligrosos. También debe hacerlo con los materiales cáusticos o venenosos.

Los guantes y las gafas son absolutamente necesarios para proteger manos y ojos de posibles proyecciones de materiales durante los trabajos de corte. Si se produce polvo, es conveniente el uso de la mascarilla.

Antes de proceder al encolado o el atornillado de las piezas de una construcción, pruebe un montaje preliminar juntando las piezas. A menudo, esta precaución elemental evita errores muy graves.

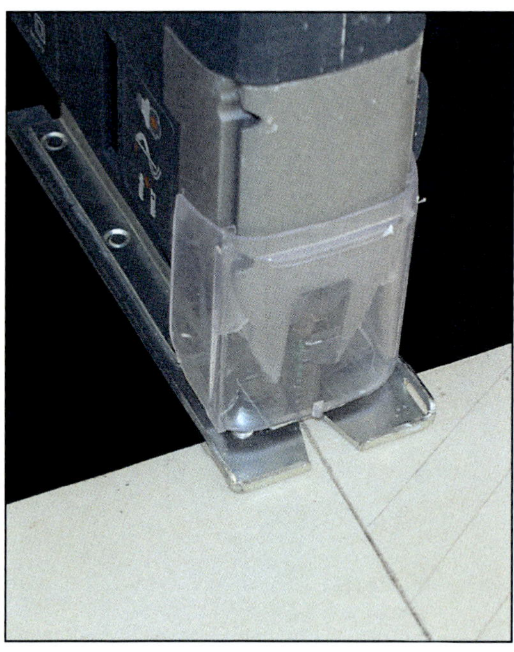

En el corte de los elementos, calcule siempre de más para disponer de un cierto margen que permita uniones y definiciones cómodas, sin el riesgo de estar «bajo medida»

LA ORGANIZACIÓN DEL TRABAJO

Una vez que disponga de todo el material necesario, puede proceder a la preparación de las piezas.

Tener a mano las herramientas y los utensilios necesarios mientras se trabaja es un buen hábito: es preferible que emplee más tiempo en la preparación del trabajo, a que después pierda mucho más buscando una herramienta o un material.

Trabaje siempre con mucha luz y adopte las medidas necesarias de seguridad: guantes de protección, gafas, si es necesario, una ropa resistente de manga larga y sin volantes ni accesorios: corbatas, cinturones y demás pueden quedar atrapados en los engranajes de una máquina.

Quítese los anillos y póngase una gorra en la cabeza.

Instale en su taller un salvavidas móvil (si la casa aún no dispone de uno).

LA CONSTRUCCIÓN

Generalmente, es muy práctico que antes de encolar o atornillar las piezas se cerciore de que estas encajan bien.

Por este motivo, es aconsejable que realice un montaje provisional de toda la construcción o de algunas partes de esta, para comprobar la perfecta coincidencia de los ensambles, de los cierres y de las posiciones de las piezas. Cuando todo esté correcto puede proceder al ensamblaje final.

Siempre que sea posible, este ensamblaje debería iniciarse y acabar en una sola sesión de trabajo.

Si se trata de una construcción más laboriosa que comporta un largo tiempo

Cuando acabe un trabajo limpie bien los utensilios. Limpie las hojas de los serruchos y engráselas. Cepille todas las máquinas eléctricas y elimine restos de cola de los utensilios manuales. Lave los pinceles y colóquelos en su sitio ya secos.

de trabajo, es muy útil que en cada sesión se fije unos objetivos parciales y los cumpla. En otras palabras, es necesario prever fases constructivas completas que permitan realizar partes de la construcción general para que al final se puedan unir y ensamblar en una única sesión de trabajo.

Cada vez que interrumpa el trabajo, desenchufe las máquinas eléctricas de la corriente, limpie las herramientas y colóquelas en su lugar, sobre todo las que puedan resultar peligrosas en manos de personas inexpertas. Cuando la construcción está ensamblada por completo, hay que lijar, cepillar y pulir, y sólo después se debe someter a prueba.

Sea un juez severo y no dude en trabajar de nuevo en la construcción para evitar daños posteriores: algunos minutos perdidos en esta fase evitan graves problemas en el futuro.

EL ACABADO

Por lo general, tras haber finalizado el ensamblaje, la superficie de un objeto se trata tanto para protegerlo del moho y de los parásitos como para aumentar su valor estético.

Sin embargo, en ocasiones es necesario tratar previamente algunas piezas, porque cuando ya están ensambladas su superficie es inalcanzable.

En cualquier caso, es conveniente dar a cada material el tratamiento de protección y acabado más apropiado. No se aplica un barniz transparente a un aglomerado, al igual que no conviene aplicar una pintura cubriente a una bella madera laminada.

Recuerde que la madera vista es siempre muy bella, pero las pinturas cubrientes preservan los materiales derivados de la madera de forma muy eficaz.

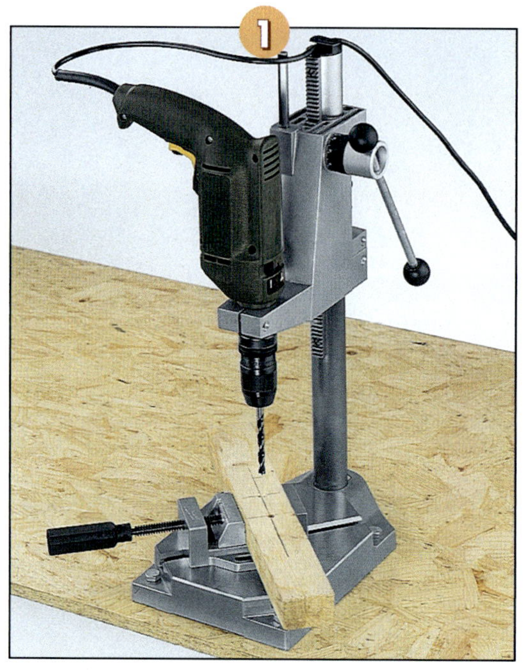

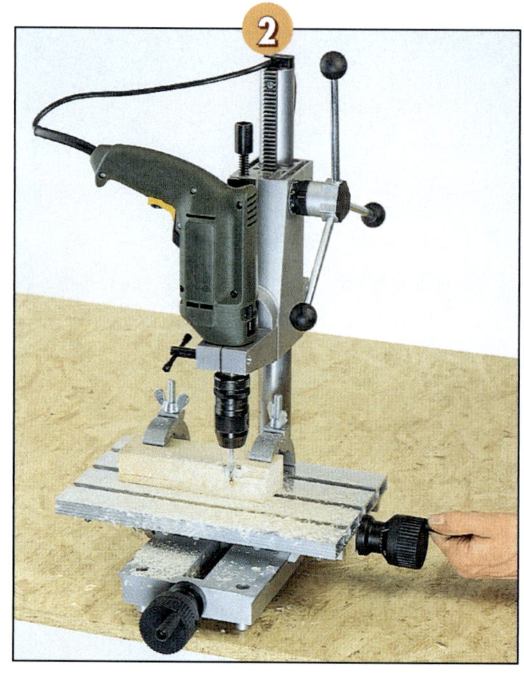

UNA BUENA DOTACIÓN DE UTENSILIOS

Para realizar cualquier trabajo es necesario disponer de utensilios manuales y eléctricos muy importantes.

Entre estos últimos cabe destacar el taladro, la sierra de vaivén, la lijadora orbital, la sierra circular, etc. Estas máquinas poseen numerosos accesorios, disponibles en los comercios del sector, que aumentan notablemente sus prestaciones.

Quién desee realizar construcciones en madera con mayor rapidez puede utilizar una *máquina universal*. Se trata de una máquina con uno o más motores eléctricos (y un amplio plano de trabajo) que puede realizar varias tareas: cortes, desbastes, cepillados, fresados, agujeros, acanalados, etc.

1. Un accesorio indispensable para un agujereado preciso es el soporte vertical de columna para taladro eléctrico. Existen varios modelos.
2. Soporte vertical de columna provisto de un plano móvil para realizar fresados de óptima precisión con el taladro.
3. Con el taladro también se pueden realizar bellos torneados, utilizando los correspondientes accesorios que se fijan en el borde del banco de trabajo.

4. La lijadora orbital es uno de los utensilios indispensables para lijar a la perfección cualquier superficie de madera o de sus derivados. Cuando se quieren llevar a cabo pulidos más contundentes es necesario utilizar la lijadora de banda.
5-6. La sierra de vaivén, que se puede utilizar a manos libres o en colocación fija, realiza cortes perfilados en espesores de hasta 45-50 mm.

1. La sierra circular de banco es fundamental para cortar piezas con precisión siguiendo líneas rectas. La sierra circular portátil también se puede fijar en bancos especiales (como el de la imagen), que la transforman en sierra circular de banco.
2. La grapadora es un utensilio muy útil, sobre todo para « hilvanar»una construcción. Existen modelos manuales y eléctricos que pueden clavar grapas y también clavos.
3. Con las máquinas especificas para la elaboración de la madera se pueden realizar construcciones de manera rápida y precisa.

Construcciones sencillas

Breve guía del método adoptado para ilustrar y explicar el procedimiento de ensamblaje de cualquier construcción.

Los dibujos

Todas las construcciones se introducen a través de un dibujo de escena que reproduce cómo queda el objeto una vez acabado. A menudo, la construcción también se representa en el transcurso de su función específica. Los tratamientos de acabado (colores de esmalte, barnices transparentes o tintes) visibles en las ilustraciones son sólo orientativos.

Los dibujos proyectados

Cada una de las construcciones se presenta también a través de un dibujo proyectado. Se trata de una ilustración en la que cada una de las piezas se dibujan por separado de manera que se puedan ver de forma individual sin perder la idea de conjunto. La técnica que se utiliza es la denominada axonometría isométrica, que no sigue las reglas de la perspectiva (por eso el objeto se percibe con una forma ligeramente artificial), pero cuenta con la gran ventaja de no alterar las medidas, los espesores y las distancias de cada una de las piezas, al margen de su posición.

Clavos y uniones

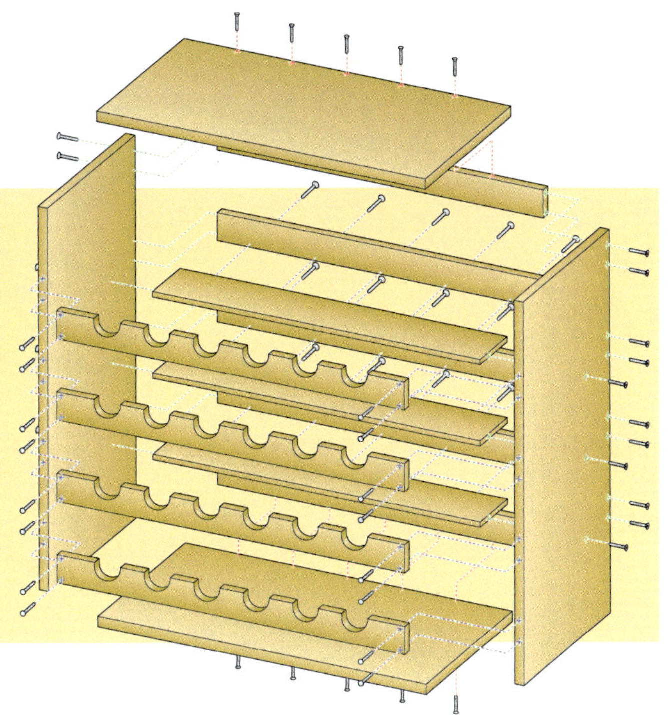

Generalmente, las construcciones se ensamblan con clavos y tornillos. Para que los dibujos proyectados sean claros, sin recargarlos en exceso, sólo se han dibujado algunos clavos o tornillos, señalando convenientemente los puntos en los que se colocan los elementos de unión. Las líneas discontinuas clarifican las uniones que se deben realizar.

Los planos de corte

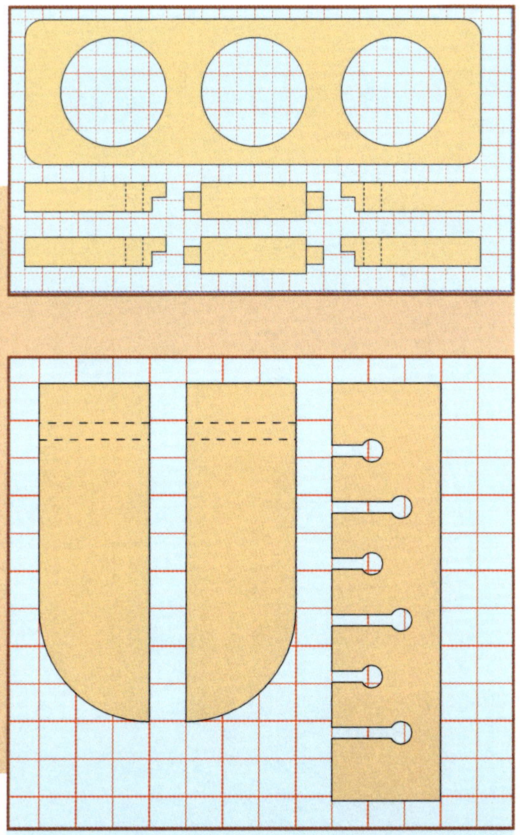

Los elementos que presentan un tipo de corte especial son ilustrados mediante planos de corte. La medida de la cuadrícula se indica cuando es necesario, aunque es fácil obtenerla siguiendo las medidas de cada una de las piezas. El plano de corte puede comprender la ilustración de piezas de diverso espesor. Esto quiere decir que el plano no debe contemplarse como un elemento único (tabla o panel) del que se cortan varios elementos, sino como una representación gráfica cuyo uso está destinado a engrandecer de manera proporcional las piezas que se deban cortar.

Lista de materiales

En todas las construcciones se indica la lista de las piezas que las componen, con sus correspondientes medidas y espesores. Dichas medidas son las de «acabado», tras haber lijado y cepillado todas las piezas. Tenga en cuenta que si compra piezas en bruto, sus medidas deben ser unos milímetros mayores para compensar la pérdida de material que provoca el cepillado.

LISTA DE MATERIALES NECESARIOS

•Contrachapado de álamo de 28 mm de espesor: *1 pieza (A) de 800 x 600 mm; 2 piezas (B) de 450 x 150 mm; 2 piezas (C) de 450 x 200 mm; 1 pieza (D) de 150 x 300 mm; 2 piezas (E) de 350 x 100 mm; 2 piezas (F) de 1.000 x 180 mm; 2 piezas (G) de 70 x 200 mm; 1 pieza (H) de 60 x 40 mm.*

•Tableros de pino de 20 mm de espesor: *1 pieza (I) de 160 x 250 mm; 2 piezas (L) de 60 x 60 mm; 2 piezas (M) de 100 x 50 mm.*

•Varilla cilíndrica de 20 mm de diámetro: *2 piezas (N) de 300 mm de longitud.*

•Otros: *2 pomos de plástico; tornillos autorroscantes de 4 x 50 mm; cola vinílica; esmaltes a base de agua.*

Consejos y notas

La variedad de accesorios, acabados, técnicas y métodos de ensamblaje es muy extensa. Por este motivo cada construcción ofrece la posibilidad de profundizar en un tipo de construcción especial en lo relativo a sus materiales y a los medios necesarios para conseguir el mejor resultado posible. En la página final de cada capítulo dedicado a las construcciones se describen técnicas y métodos que son válidos para la construcción en cuestión pero que, lógicamente, son extensivos a otros tipos de construcciones en madera. En la valoración de los materiales se da preferencia a los que en la actualidad se consideran más ecológicos y a los que presentan mejor relación calidad/precio.

Árbol perchero

Fijado en la pared, es un buen incentivo para que los niños aprendan a colgar sus chaquetas y abrigos en lugar de dejarlos en cualquier sitio. De fácil construcción, es un elemento decorativo y alegre para la habitación de los niños.

LISTA DE MATERIALES NECESARIOS

•Contrachapado de 25 mm de espesor: *1 hoja (A) de 1.200 x 800 mm; 9 piezas (B) de 65 x 65 mm.*

•Varillas cilíndricas de ramín de 25 mm de diámetro: *9 varillas (C) de 50 mm de longitud.*

•Otros: *1 abrazadera metálica (D) para fijar a la pared; tornillos autorroscantes de 50 x 3 mm; sellador para madera; esmalte a base de agua.*

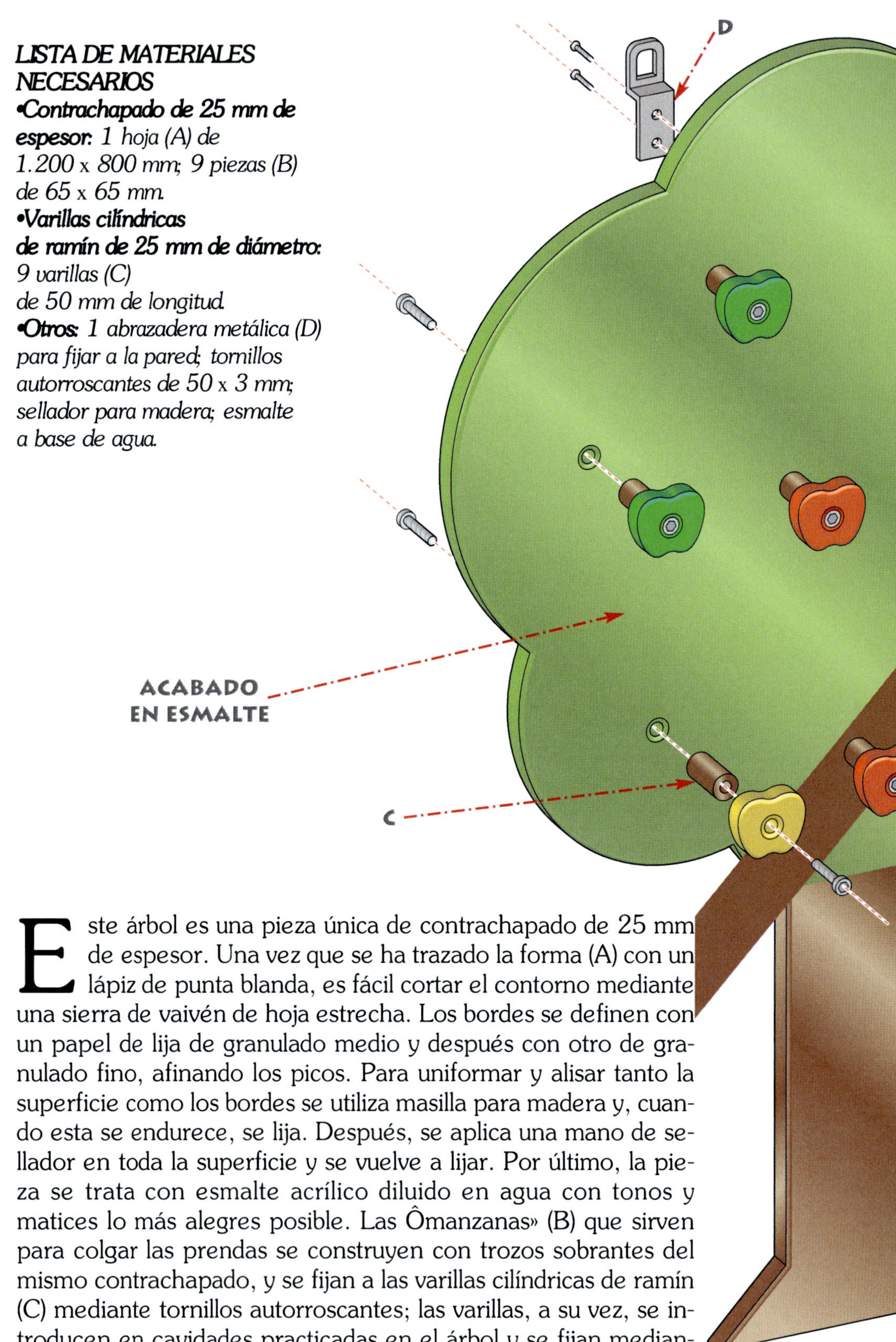

Este árbol es una pieza única de contrachapado de 25 mm de espesor. Una vez que se ha trazado la forma (A) con un lápiz de punta blanda, es fácil cortar el contorno mediante una sierra de vaivén de hoja estrecha. Los bordes se definen con un papel de lija de granulado medio y después con otro de granulado fino, afinando los picos. Para uniformar y alisar tanto la superficie como los bordes se utiliza masilla para madera y, cuando esta se endurece, se lija. Después, se aplica una mano de sellador en toda la superficie y se vuelve a lijar. Por último, la pieza se trata con esmalte acrílico diluido en agua con tonos y matices lo más alegres posible. Las Ômanzanas» (B) que sirven para colgar las prendas se construyen con trozos sobrantes del mismo contrachapado, y se fijan a las varillas cilíndricas de ramín (C) mediante tornillos autorroscantes; las varillas, a su vez, se introducen en cavidades practicadas en el árbol y se fijan mediante tornillos autorroscantes por la parte posterior.

El árbol representado tiene 120 cm de altura, pero se puede modificar tanto en su altura como en su estructura global, según las necesidades. Uno (o dos) soportes permiten la fijación a la pared con un taco. También puede estar separado de la pared y mantenerse erguido solo, si se hace un pie más amplio.

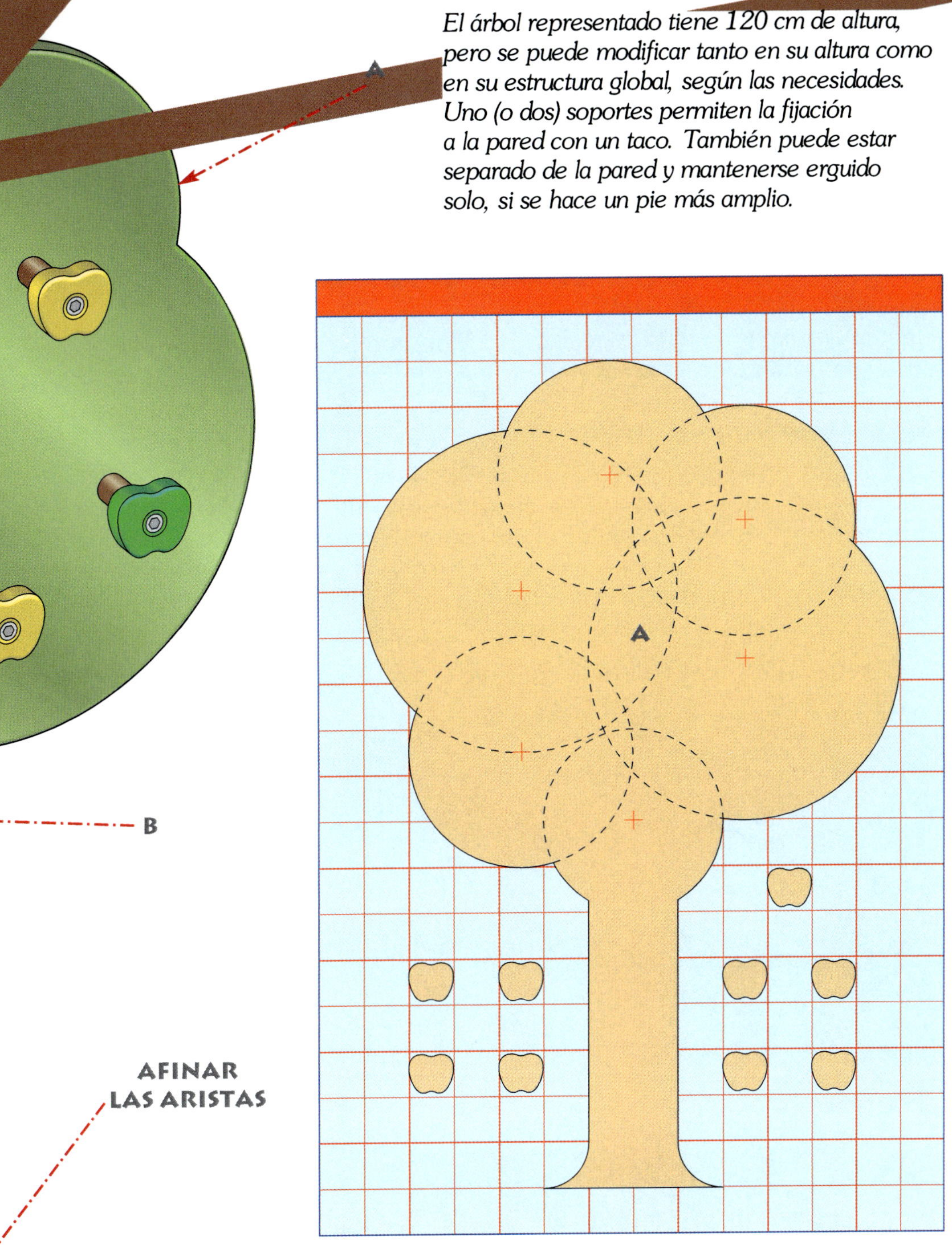

Plano de corte del árbol perchero. Las dimensiones de la hoja de contrachapado, indicadas en la lista de los materiales, se refieren al perfil exacto de la forma, mientras que el plano de corte representado arriba es más amplio. En cualquier caso, las manzanas se cortan con material de descarte.

El esmalte acrílico

Los vivos colores del perchero se consiguen mediante la utilización de modernos esmaltes acrílicos.

Se trata de un tipo especial de pintura cubriente cuyo disolvente es el agua.

Su aparición en el mercado es muy reciente (todavía no son tan conocidos y usados como merecen) y presentan algunas ventajas relevantes respecto a las tradicionales pinturas con disolvente.

DISUELTO EN AGUA

En primer lugar, como la pintura se diluye en agua, los pinceles, las manos y cualquier otro objeto que entre en contacto con la pintura se pueden limpiar con agua antes de que la pintura se seque. En segundo lugar, la pintura, tanto en su aplicación como en el secado, no desprende vapores tóxicos (al contrario que la mayor parte de pinturas con disolvente).

EN EL EXTERIOR

Este tipo de pintura es ideal tanto para exteriores como para interiores (sobre todo, en los muebles y objetos de decoración de habitaciones para niños). Se aplica fácilmente tanto en madera como en hierro u otros materiales. Su aplicación se realiza tras un lijado minucioso de la superficie y una mano de fondo nivelador, si es necesario.

La aplicación de dos o tres manos de pintura al agua forma una película muy resistente sobre la superficie, protegiéndola incluso de la acción de los rayos solares.

La aplicación de esmalte acrílico se realiza con un pincel de buena calidad. Si no se «estira» demasiado su poder cohesivo hará desaparecer las rayas dejadas por la pincelada. Es importante que deje secar perfectamente cada mano antes de aplicar la siguiente. Con varias manos de esmalte se obtiene una óptima protección contra el agua y la humedad.

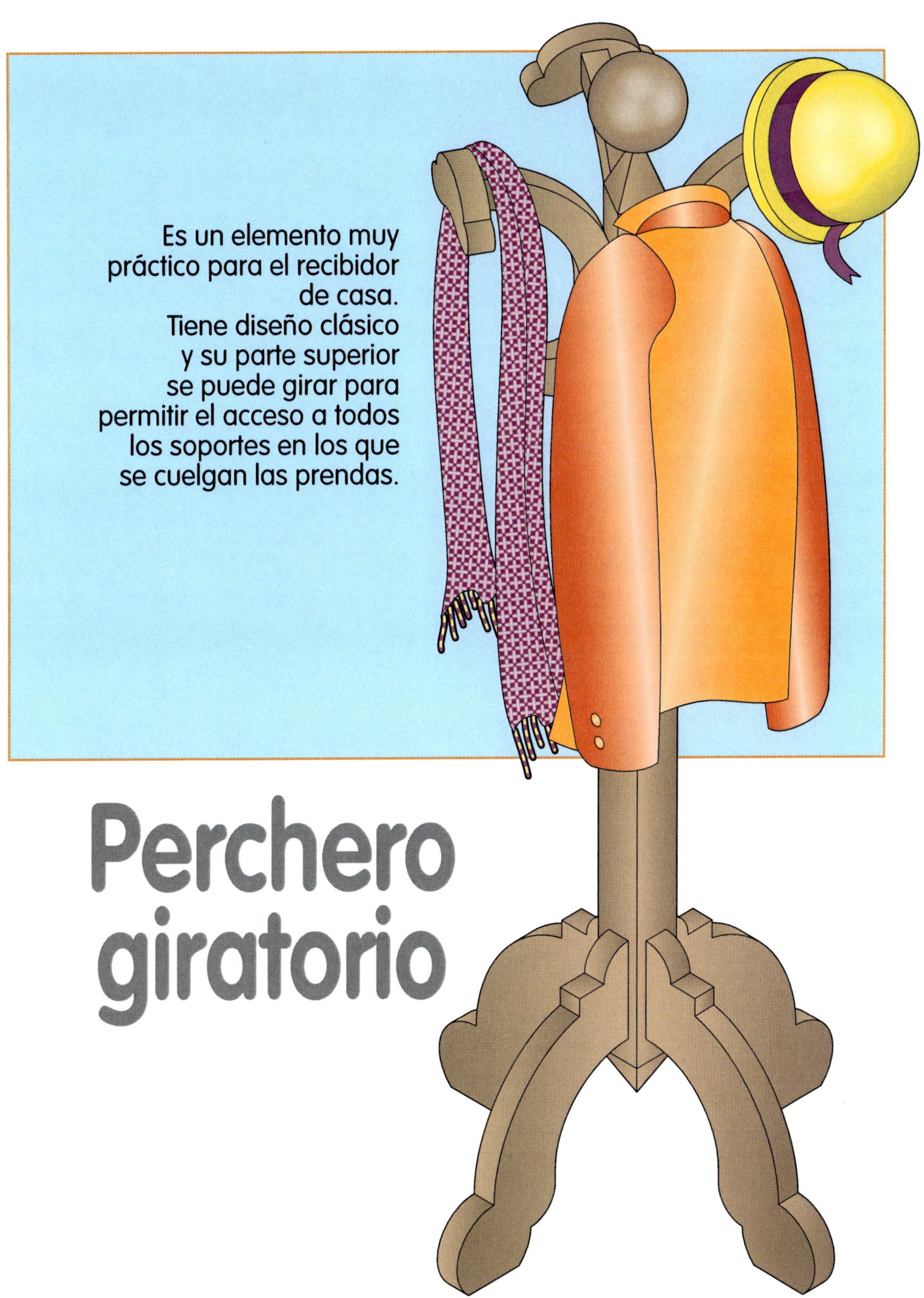

Es un elemento muy práctico para el recibidor de casa. Tiene diseño clásico y su parte superior se puede girar para permitir el acceso a todos los soportes en los que se cuelgan las prendas.

Perchero giratorio

Este perchero se realiza con madera maciza o, preferiblemente, con madera laminada, puesto que la calidad de la forma y la robustez necesaria para su uso así lo requieren.

El corte es clásico, pero se puede variar según los gustos, aunque no hay que comprometer la estabilidad del perchero con brazos demasiado largos o volutas caprichosas. El proyecto debe dibujarse en papel cuadriculado y luego en la madera; para las partes que sostienen las prendas y para los pies, un espesor de 30 mm será suficiente; el tronco central se obtiene con un madero de 60 x 60 mm de sección.

Tras haber trazado las líneas de corte, se debe trabajar con una sierra de vaivén para realizar los pies (A) y los brazos (B), en los que se fijarán los cuatro colgadores (C) mediante cola y clavijas. Cada pie y cada brazo se unen al tronco central mediante dos clavijas. El tronco central está formado por dos piezas (D, E) cuyos extremos deben ser puntiagudos. Para ello, una vez trazadas las líneas de corte, se utiliza la sierra de vaivén y después se trabaja con el torno.

El movimiento giratorio del perchero se obtiene mediante la introducción de un perno metálico ubicado en dos agujeros de 50 mm de profundidad, practicados en los extremos de los dos troncos que están en contacto; para practicarlos se tienen que sujetar las piezas en la prensa del banco; mediante la colocación de una arandela que separa los dos troncos, se obtiene la rotación de las dos piezas y se reduce la fricción.

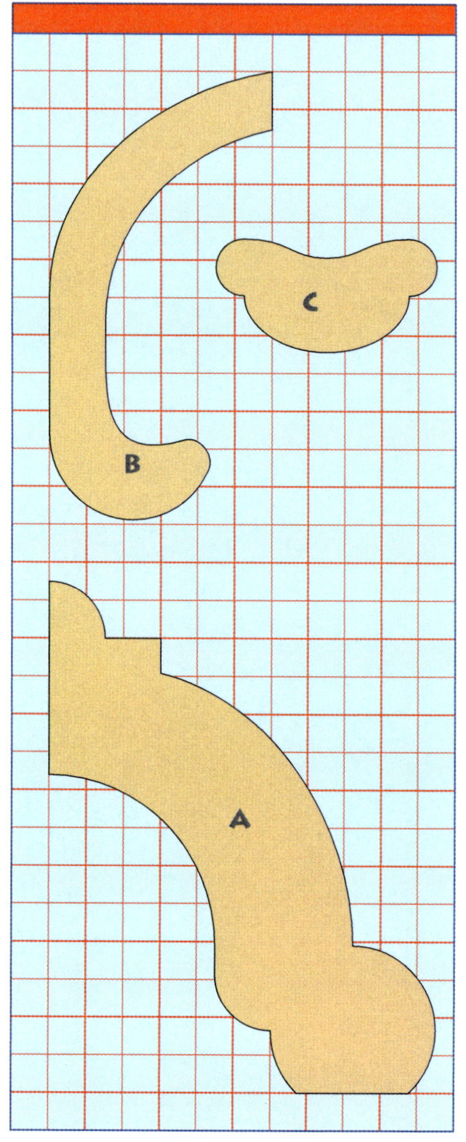

La obra finaliza aplicando una mano de tapaporos y un barniz transparente.

LISTA DE MATERIALES NECESARIOS

*•**Laminado de abeto de 30 mm de espesor:** 4 piezas (A) de 495 x 385 mm; 4 piezas (B) de 440 x 220 mm; 4 piezas (C) de 220 x 110 mm.*

*•**Madero de abeto de 60 x 60 mm de sección:** 1 pieza (D) de 1.100 mm de longitud; 1 pieza (E) de 275 mm de longitud.*

*•**Otros:** 1 esfera de madera de 80 mm de diámetro; 21 clavijas de haya de 8 x 40 mm; 4 tornillos autorroscantes de 4 x 60 mm; 1 perno de hierro cilíndrico de 8 mm de diámetro; 1 arandela; cola vinílica; tapaporos; barniz transparente.*

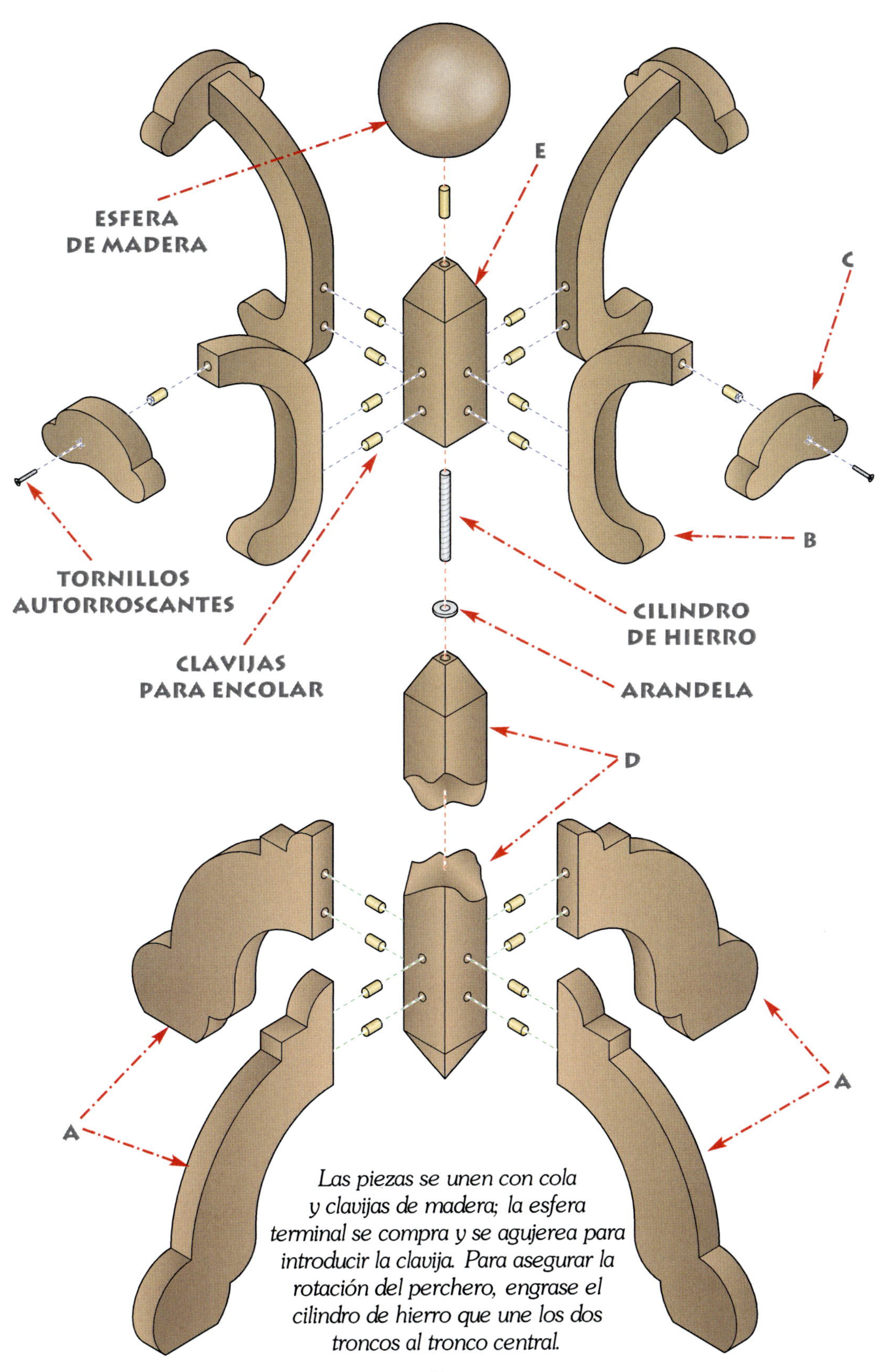

Las piezas se unen con cola y clavijas de madera; la esfera terminal se compra y se agujerea para introducir la clavija. Para asegurar la rotación del perchero, engrase el cilindro de hierro que une los dos troncos al tronco central.

Las clavijas

La eficaz y sencilla técnica de unión entre dos partes de madera (usada ampliamente en la construcción de percheros giratorios) está basada en el uso de pequeños cilindros de madera dura (llamados *clavijas*). La unión se obtiene practicando una serie de agujeros en las partes que se deben unir, cuya ubicación debe encajar a la perfección. Dichos agujeros se realizan con el taladro, utilizando una broca del mismo diámetro que el de la clavija que se debe introducir, mediante el uso de una guía especial para agujeros (topes reguladores de profundidad). Una vez realizados los agujeros, se introducen las clavijas en su interior utilizando una pequeña cantidad de cola vinílica. Los bordes de las clavijas son rayados de manera que, cuando estas penetren en el agujero, queden cubiertos por completo por la cola y, en el caso de un exceso de cola, sobresalgan por la superficie. Cuando la cola haya fraguado y las clavijas estén bien fijadas, se puede aplicar cola en las partes sobresalientes de las clavijas e introducirlas en la segunda serie de agujeros de la pieza que tienen que unir. Se golpea con el mazo y se coloca en la prensa durante 24 horas.

La unión puede ser Ôciega» o Ôpasante». Se denomina *ciega* cuando la clavija resulta invisible tras haber realizado la unión. Se denomina *pasante* cuando la cabeza es bien visible en uno de los dos (o en ambos) elementos de unión.

Las clavijas se compran en paquetes de diámetros diversos a partir de 6 mm, pero también se pueden obtener clavijas con las longitudes y diámetros preferidos comprando cilindros especiales de ramín o de haya y cortando los cilindros necesarios.

1. Para preparar los agujeros de las clavijas se utiliza una broca para madera con un tope de profundidad que detiene el agujereado cuando se ha alcanzado la profundidad necesaria.
2. Para practicar agujeros que coincidan perfectamente en dos piezas que se unen mediante clavijas se utiliza un accesorio especial que guía la broca del taladro.
3. Algunos tipos de clavijas. El vástago rayado permite que la cola se reparta por toda su superficie.

Rinconera de cocina

Aproveche las esquinas de la cocina con esta rinconera que permite colocar en orden diversos utensilios.

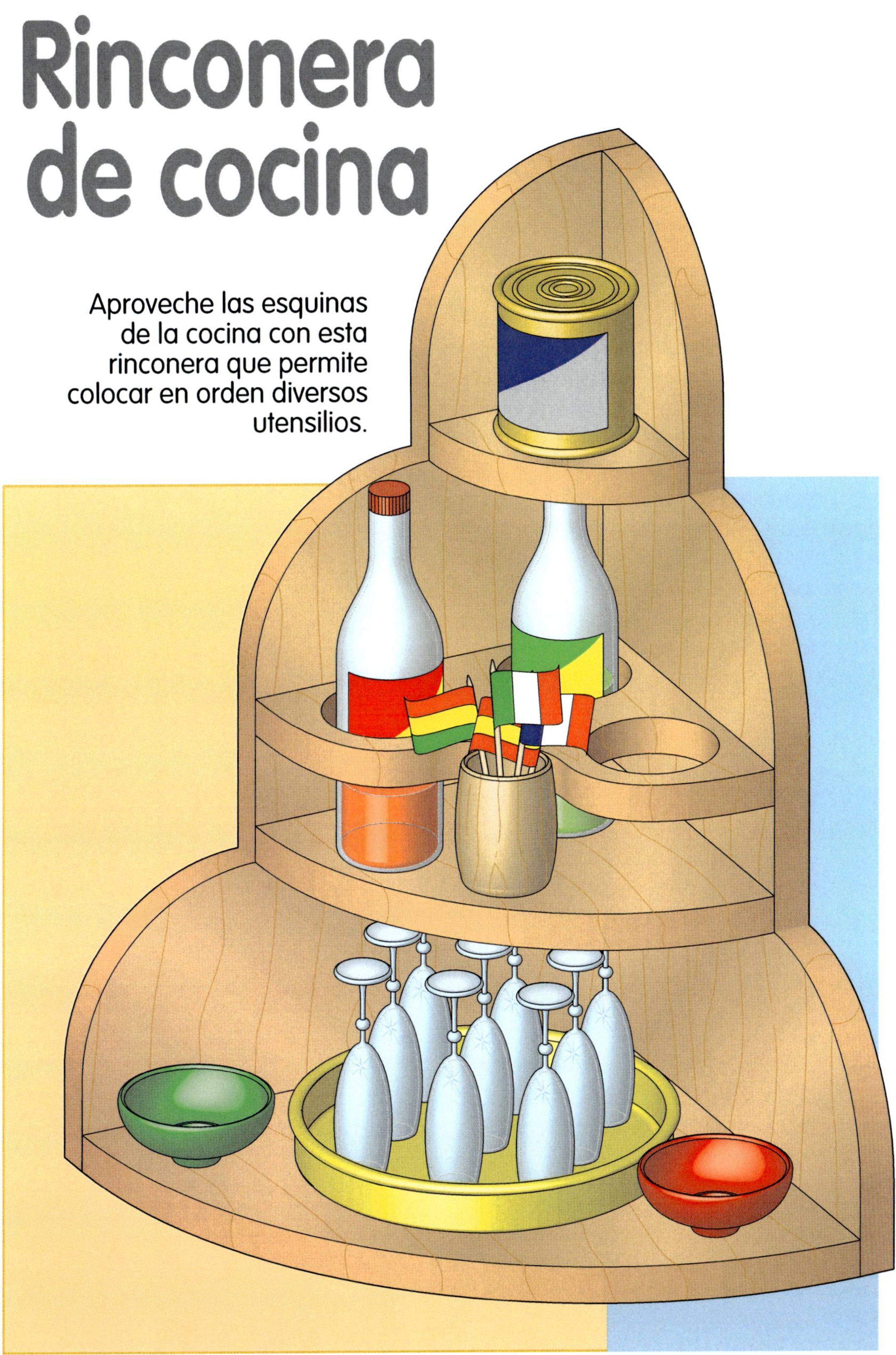

Con un estilo típicamente provenzal, este estante se obtiene a partir de una única hoja de madera laminada de 840 x 1.540 mm, con un espesor de 30 mm. Para aprovechar al máximo su capacidad, es necesario realizar tres repisas intermedias a una altura correcta: si la altura total del estante es de 700 mm, la primera repisa debe tener 180 mm de altura, para colocar vasos y objetos pequeños; la segunda repisa, para las botellas, debe contemplar 280 mm de altura y complementarse con el correspondiente accesorio de tres agujeros para sujetar botellas; la última repisa debe contar con 180 mm de altura.

El dibujo en la cuadrícula se coloca encima de la hoja laminada, contando los lados del cuadrado a 70 mm y cortando las piezas con la sierra de vaivén. Los bordes curvos de las dos piezas (A, A') y los bordes superiores de las piezas (C, D) se redondean con papel de lija.

En uno de los dos planos (C) se practican unos agujeros cuya medida pueda acoger el diámetro de una botella, con la sierra de corona aplicada al taladro. Todas las repisas se unen a los laterales (A, A') con tornillos autorroscantes introducidos por la parte exterior.

Para trabajar con mayor precisión, se une en primer lugar el plano (B) a los dos laterales; después, el plano superior (D) y, finalmente, los dos planos intermedios.

El acabado se realiza con una mano de tapaporos, seguida de una aplicación de cera para muebles.

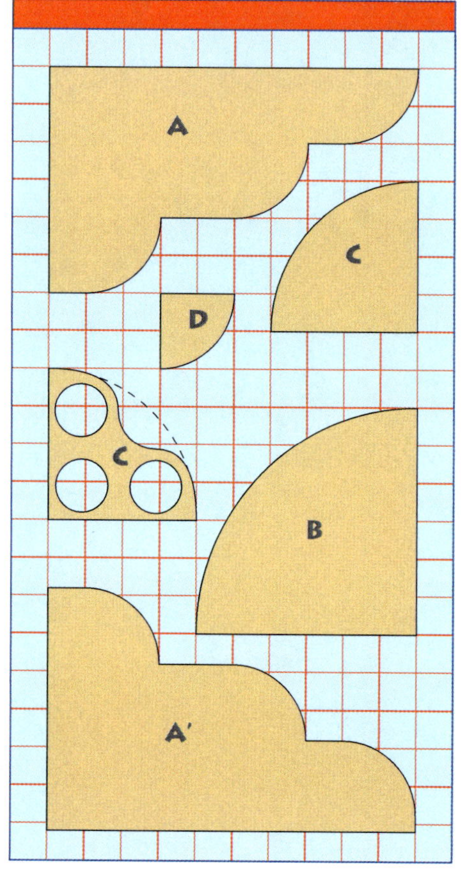

Tras una mano de tapaporos, el acabado se obtiene con cera a pincel o a tampón, que hace resaltar las fibras y protege la madera de la humedad y las manchas; el estante se cuelga en la pared con tacos.

LISTA DE MATERIALES NECESARIOS

- ***Una hoja de madera laminada de 840 x 1.540 x 30 mm*** *de la que se obtiene 1 pieza (A) de 420 x 700 mm; 1 pieza (A') de 450 x 700 mm; 1 pieza (B) de 420 x 420 mm; 2 piezas (C) de 280 x 280 mm; 1 pieza (D) de 140 x 140 mm.*
- ***Otros:*** *16 tornillos autorroscantes de 4 x 50 mm; 2 tacos de expansión de 8 mm de diámetro; tapaporos; cera para muebles; esencia de trementina.*

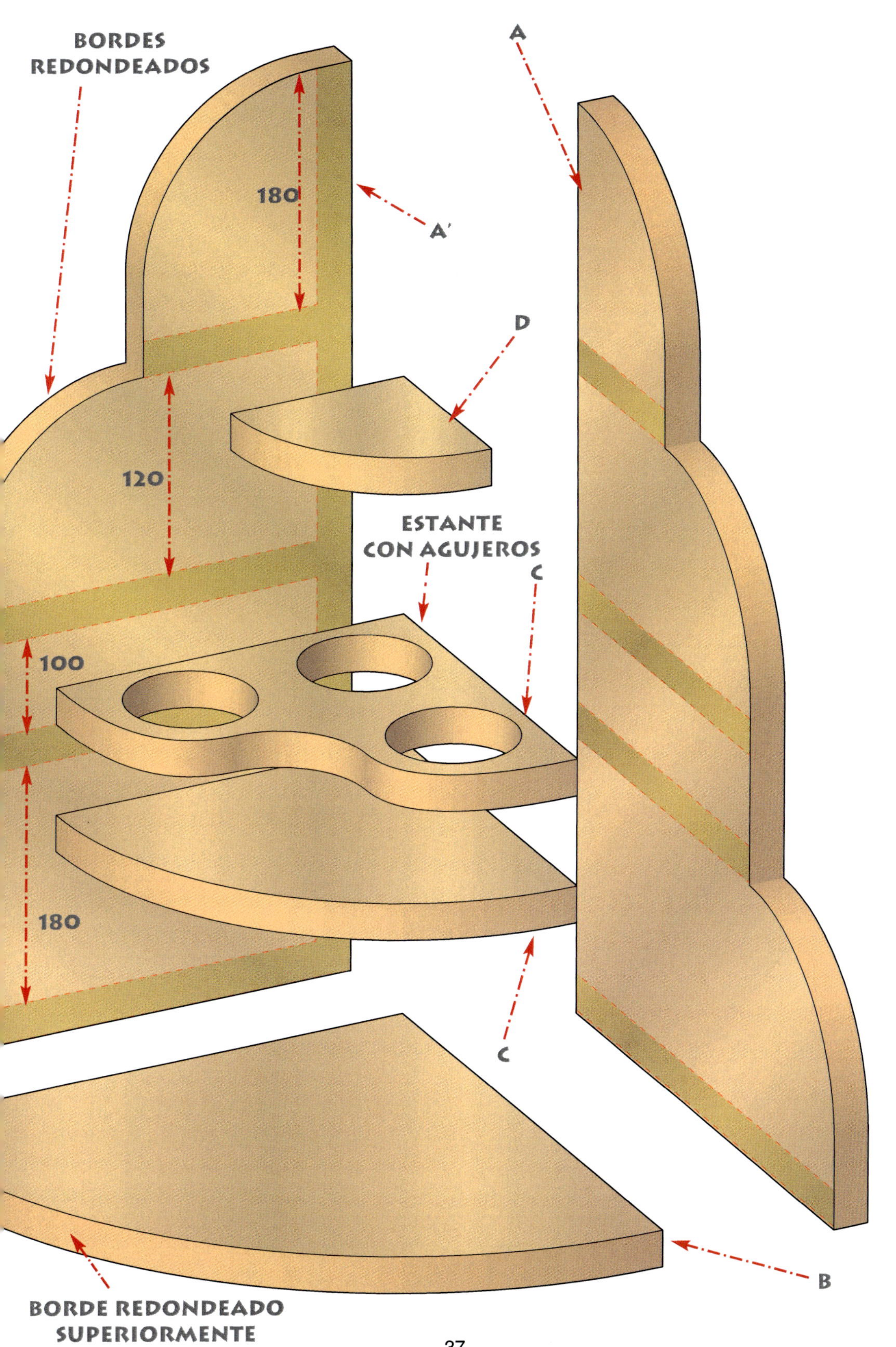
BORDES REDONDEADOS
A
180
A'
D
120
ESTANTE CON AGUJEROS
C
100
180
C
B
BORDE REDONDEADO SUPERIORMENTE

El tapaporos

El tapaporos penetra en la madera profundamente y tapa las pequeñas aberturas, impidiendo la entrada de parásitos y de la humedad. Además, contribuye a alisar la superficie.

Si desea un acabado a vista en el que se realce el veteado de la madera (lo que resultaría idóneo en la madera laminada utilizada para la construcción de la rinconera), debe tratar la madera con un buen producto tapaporos.

ELIMINA LOS PARÁSITOS

La función específica de estos productos consiste en la eliminación de parásitos, larvas y moho, creando un ambiente hostil para el desarrollo de elementos orgánicos e insectos nocivos.

Los mejores productos de acción tapaporos están provistos de unas sustancias endurecedoras que obstruyen las vías de acceso, creando una barrera física que impide la entrada de los parásitos. El tratamiento con barniz es fundamental en todas las estructuras cuya ubicación se encuentra en el exterior o incluso en aquellas que pueden entrar en contacto con el agua.

EL ACABADO ES NECESARIO

La utilización del tapaporos no es suficiente para proteger la madera: su aplicación debe ser seguida de un tratamiento adecuado de acabado (también con cera) que cree una barrera impenetrable alrededor de la madera.

En cualquier caso, antes de iniciar el acabado, es necesario lijar minuciosamente toda la superficie de la madera porque la aplicación del tapaporos puede haber levantado el Ôpelo» de la madera y haber dejado una superficie discontinua y áspera.

Caja de herramientas

Un elemento indispensable para guardar
y transportar cómodamente las herramientas
principales que se necesitan
en cualquier reparación casera.

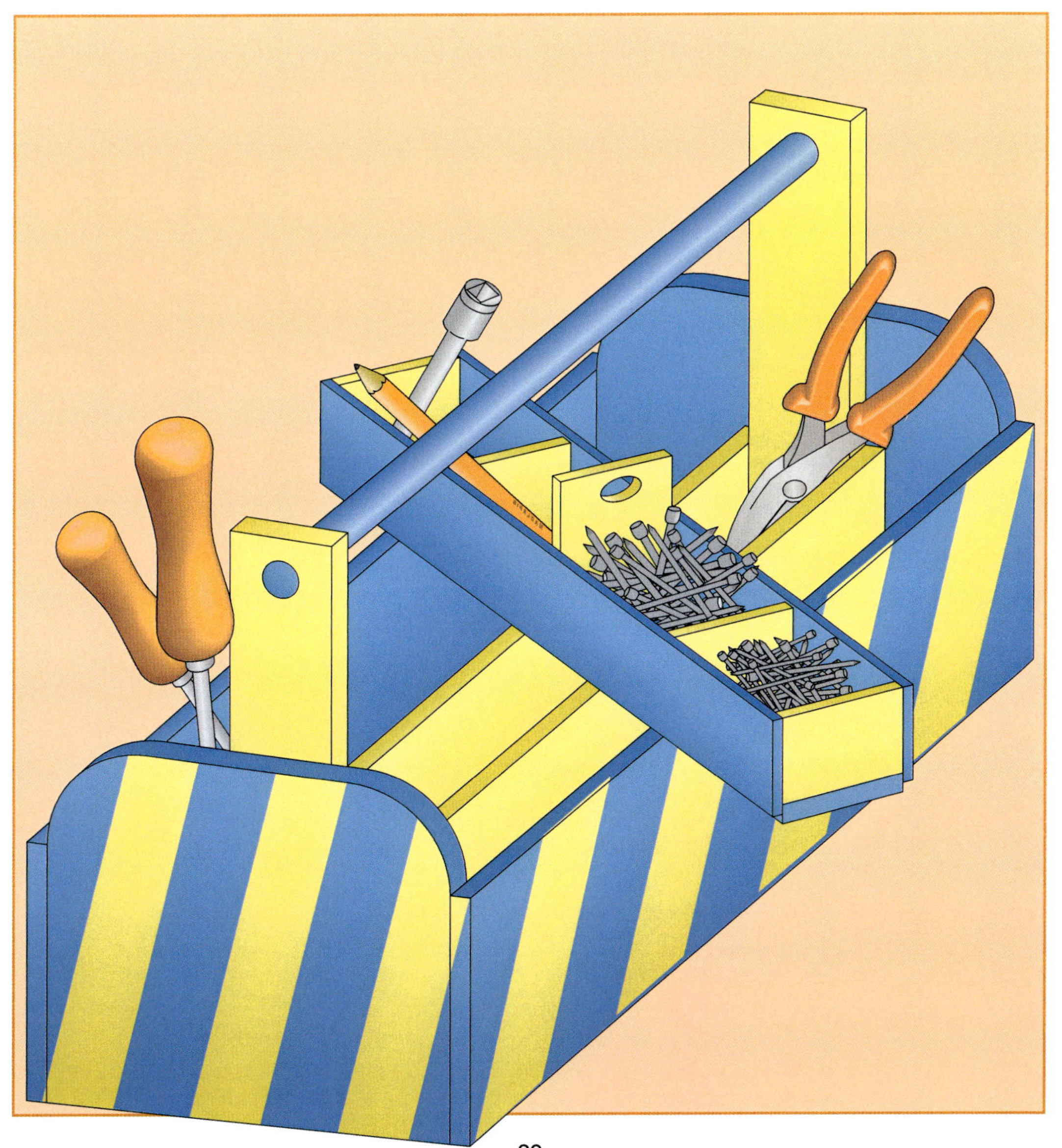

En la caja se guardan utensilios pesados y, a menudo, cortantes: para obtener la robustez necesaria, se cortarán varias piezas de una hoja de contrachapado con un espesor de 12 mm y se unirán con tornillos autorroscantes y cola de carpintero.

El cajón pequeño interior puede ser de un espesor de 8 mm y se ubicará en el centro de la caja, en el hueco delimitado por los dos elementos (E); se extrae con facilidad gracias a la pieza central que se halla arriba (L), provista de un agujero para poder asirla mejor: constituye Ôuna caja dentro de la caja».

Corte las piezas con la sierra de vaivén, redondee los picos superiores de los paneles laterales (C) con una escofina o con una pulidora y, finalmente, lije los bordes de todas las piezas. Antes de ensamblar las piezas, practique los agujeros necesarios con la ayuda de una broca plana de tres puntas de 28 mm de diámetro: dos en cada parte superior de los paneles del asa (D) y uno en la pieza (L). Todos los agujeros están en el eje de la pieza y su centro se halla a 38 mm del borde superior.

Ensamble con tornillos y cola. En primer lugar, una los frontales (B) y los laterales (C) a la base (A); después, ensamble los paneles del asa (D) y, por último, los paneles longitudinales (E). Antes de ensamblar definitivamente el cajón interno, compruebe que se puede extraer y volver a colocar en su lugar fácilmente.

Proceda a un acabado con esmalte brillante de un color vivo: ¡no pasará inadvertida!

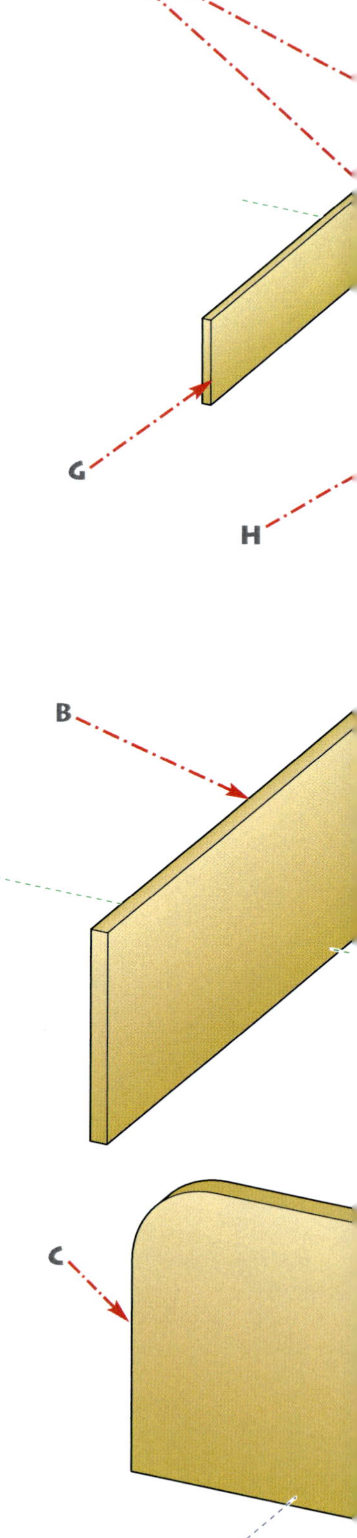

LISTA DE MATERIALES NECESARIOS

•***Contrachapado de 12 mm de espesor:*** *1 pieza (A) de 400 x 200 mm; 2 piezas (B) de 424 x 150 mm; 2 piezas (C) de 200 x 200 mm; 2 piezas (D) de 70 x 300 mm; 2 piezas (E) de 100 x 400 mm.*

•***Contrachapado de 8 mm de espesor:*** *1 pieza (H) de 370 x 50 mm; 4 piezas (I) de 50 x 40 mm; 2 piezas (G) de 370 x 55 mm; 1 pieza (L) de 50 x 80 mm.*

•***Varilla de ramín de 28 mm de diámetro:*** *1 pieza (F) de 400 mm de longitud.*

•***Otros:*** *tornillos autorroscantes de 3 x 30 mm; puntas cónicas; cola vinílica; esmalte.*

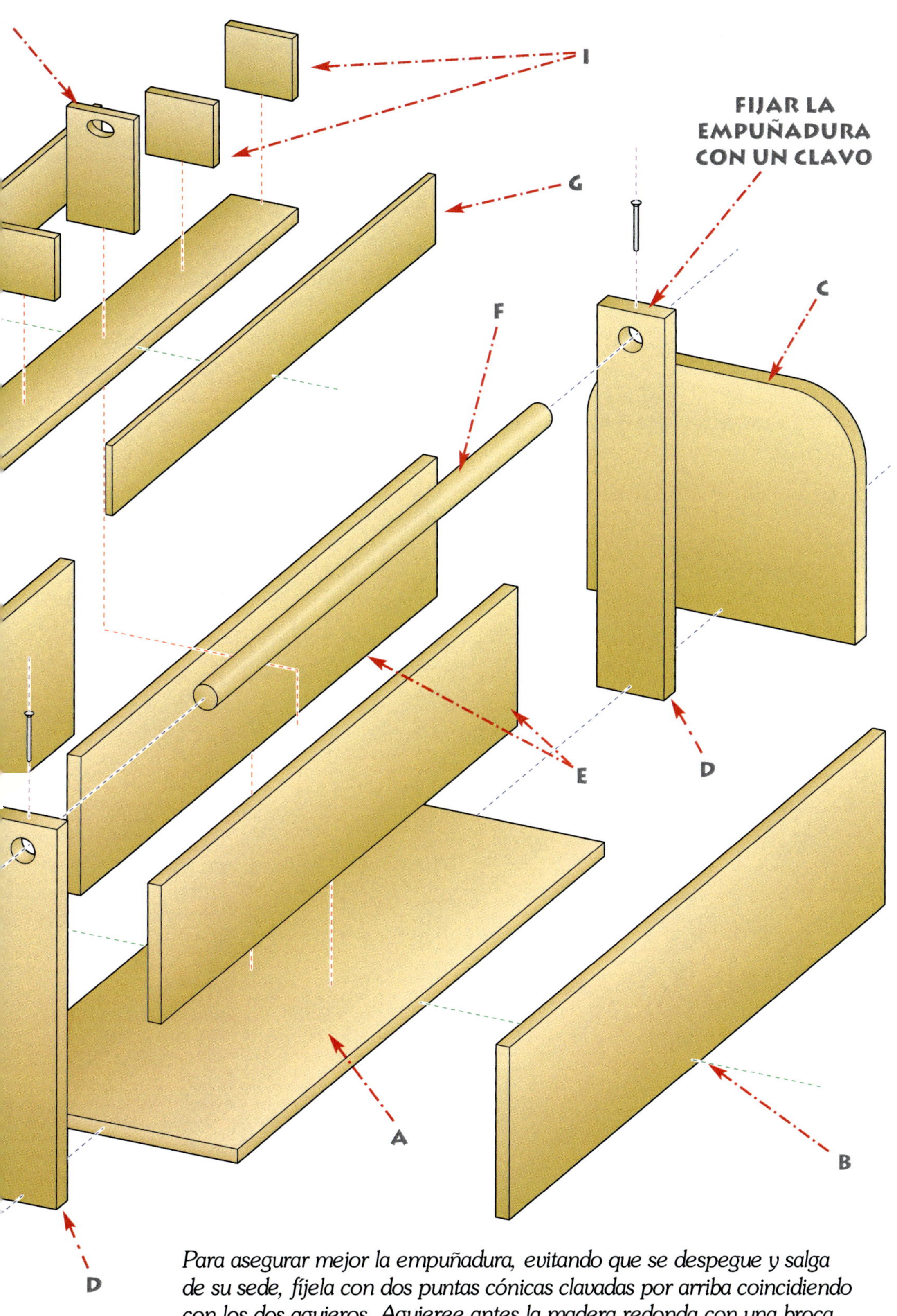

Para asegurar mejor la empuñadura, evitando que se despegue y salga de su sede, fíjela con dos puntas cónicas clavadas por arriba coincidiendo con los dos agujeros. Agujeree antes la madera redonda con una broca de 1,5 mm de diámetro para evitar que el clavo la parta.

Agujeros con la broca plana de tres puntas

Para realizar los agujeros en los que se introducirá el cilindro del asa, debe usarse la broca plana de tres puntas. Se trata de una broca para madera, no helicoidal, que se coloca en el mandril del taladro y se compone de una parte plana y ancha provista de dos frentes cortantes y una punta de centrado (una punta central puntiaguda que sobresale respecto a los otros dos frentes). Sirve para realizar grandes agujeros (de 15 a 40 mm de diámetro) con gran precisión. También hay brocas de este tipo con una anchura regulable, pero son utensilios muy caros y, generalmente, están destinados a profesionales.

La utilización de la broca plana de tres puntas es parecida a la de una broca corriente para madera: una vez trazado el punto en el que se debe trabajar, se acciona el taladro (preferiblemente, apoyado en un soporte vertical de columna) y se pone la broca en contacto con la madera.

Hay que prestar mucha atención cuando se trabaja con brocas de diámetro superior a 20 mm, porque se elimina mucha madera y la broca está sometida a una gran tensión.

Una broca plana de tres puntas estándar. La punta central sirve para guiar con precisión el alojamiento del agujero.

En el mercado se encuentran brocas planas de tres puntas con el elemento cortante intercambiable. Esto permite montar brocas de anchura diversa en un mismo vástago. Es un sistema para ahorrarse dinero, pero se debe adoptar cuando se prevé que no se van a realizar muchos agujeros.

Costurero

Es un objeto muy útil para tener a mano todos los elementos de costura, gracias a un sistema de bisagras que hace girar los cajones hacia el exterior.

Con este tipo de costurero puede acceder a la vez al contenido de varios cajones sólo con variar el grado de apertura. Las bisagras de los cajones se deben empotrar en la madera practicando un pequeño acanalado con un formón.

Un sencillo sistema de imanes, colocados en la parte posterior de los cajones y fijados con un tornillo transversal, asegura el cierre correcto de los cajones.

La base, el panel posterior de sujeción y los cuatro cajones se realizan con el mismo material: contrachapado de 12 mm de espesor; por supuesto, se trata de una estructura destinada a guardar objetos de peso limitado, como agujas, bobinas, telas, pasamanería, etc.

Las piezas se ensamblan con tornillos autorroscantes y cola de carpintero. Se cortan con la sierra de vaivén y se unen tras haber lijado sus bordes con papel de lija.

El cajón inferior y el superior tienen el lado posterior encolado en una posición más avanzada de unos 3 cm, para que se puedan colocar los dos listones de refuerzo (I) del panel de sujeción (A).

Los listones (I, H) sirven para reforzar la base; es muy importante que la cola de fijación haya fraguado por completo antes de colocar los cajones y las bisagras.

Una vez acabado el montaje, se pueden enmasillar los bordes y definir con un fondo de cementita y una mano de esmalte.

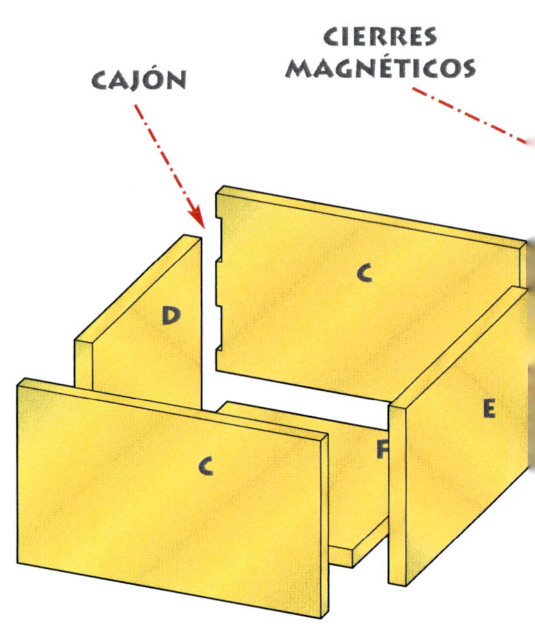

Los cierres magnéticos son pequeños cilindros que se introducen en agujeros de la misma profundidad que el cierre practicados con el taladro dentro del contrachapado (en el panel A). En el punto correspondiente al lateral del cajón, atornille un elemento metálico.

LISTA DE MATERIALES NECESARIOS

- ***Contrachapado de 12 mm de espesor:*** *1 pieza (A) de 300 x 600 mm; 2 piezas (B) de 300 x 300 mm; 8 piezas (C) de 288 x 150 mm; 4 piezas (D) de 276 x 150 mm; 4 piezas (E) de 300 x 150 mm; 4 piezas (F) de 264 x 276 mm.*
- ***Listón de 12 x 50 mm de sección:*** *2 piezas (G) de 276 mm de longitud; 2 piezas (H) de 300 mm de longitud.*
- ***Listón de 25 x 25 mm:*** *2 piezas (I) de 270 mm de longitud; 4 piezas (L) de 200 mm de longitud.*
- ***Tacos de 30 x 50 mm de sección:*** *4 piezas (M) de 40 mm de longitud.*
- ***Otros:*** *cola vinílica; esmalte acrílico con base de agua; 8 bisagras; tornillos autorroscantes de 16 x 4 mm; 4 cierres de imán.*

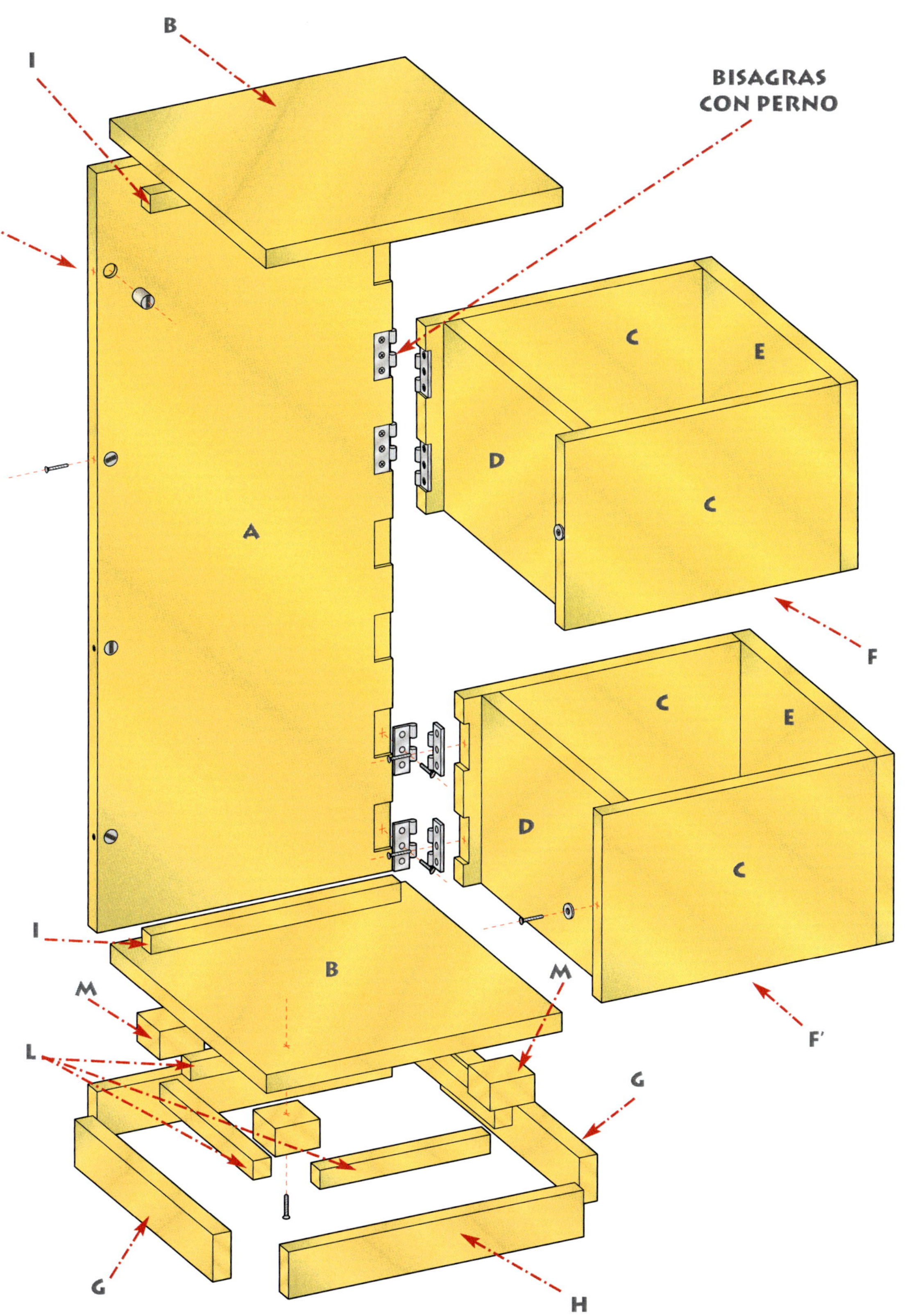
B
I
BISAGRAS
CON PERNO
C
E
D
C
A
F
C
E
D
C
I
B
M
M
L
F'
G
G
H

Usar las mordazas

La función de las mordazas de carpintería consiste en apretar y tener bajo una fuerte presión las diversas piezas, tanto para realizar elaboraciones especiales como para facilitar el encolado entre piezas.

En el mercado se encuentran muchos tipos de mordazas para carpintero cuya longitud oscila entre 15 cm y más de 1 metro, para poder sujetar también estructuras de muebles durante las fases de construcción o reparación. De hecho, se trata de mordazas muy estrechas y largas cuya función es la de sujetar tableros y elementos compuestos de grandes dimensiones.

Cuando se coloca una mordaza de este tipo en una superficie de madera hay que tener la precaución de interponer un material blando que evite que la mordaza deje marcas en la superficie de la madera (un trozo de compensado, plástico, etc.).

Para ensambles muy elaborados (como los cajones del costurero de las páginas anteriores) se utilizan tensores de cinta que pueden apretar piezas de perfil irregular. Por otro lado, para apretar las piezas de madera en el soporte vertical de columna se utiliza una mordaza plana.

El tensor de cinta está formado por una cinta muy robusta de material sintético que mediante un mecanismo determinado se estrecha fuertemente alrededor de las construcciones de medidas relevantes e incluso de formas irregulares. La cinta proporciona una tracción que se extiende a todo el perímetro, y por ello está especialmente indicada para estabilizar los encolados de cajones.

La mordaza plana presenta dos quijadas y un tornillo que las aprieta la una contra la otra. Se suele utilizar fijándola a la base de un soporte vertical de columna para taladro, para mantener bien sujetas y en posición las piezas de madera durante el agujereado.

Macetero vallado

Un vallado con listones de madera rodea una pesada maceta y la aparta de la vista, aunque se puede sacar fácilmente por uno de sus lados para regarla tranquilamente.

El macetero vallado se compone de cuatro lados iguales de 600 mm de longitud cada uno, unidos de dos en dos mediante escuadras metálicas. Así, para regar y efectuar las operaciones periódicas de mantenimiento de la planta, basta con separar las dos partes lateralmente.

Cada lado está formado por ocho listones de longitud variada para obtener una forma más dinámica, y están unidos por dos travesaños horizontales del mismo material.

La forma de las piezas se obtiene a partir del aumento del plano de corte: el cuadro debe tener 50 x 50 mm de medida.

Tras haber cortado las piezas con la sierra de vaivén, defina los bordes con papel de lija, primero con granulado 60 y, después, con granulado 100; la forma redondeada de los listones se obtiene con una escofina o con la lijadora de banda.

Cada listón está unido a los dos travesaños horizontales por medio de cuatro tornillos autorroscantes y cola vinílica; el travesaño más bajo está ubicado a 60 mm del suelo. Es necesario que la distancia entre un listón y otro sea siempre la misma; es más útil utilizar un listón de sección cuadrada como separador que tomar medidas o realizar trazados.

Antes de colocar los tornillos autorroscantes es indispensable agujerear el listón vertical en el que se ubican; el horizontal se agujerea directamente por la acción del tornillo y no es necesario ningún agujero de alojamiento.

Las escuadras que unen los lados de dos en dos se aplican en los extremos de los travesaños horizontales y su altura no es superior a 45 mm.

Si la madera utilizada es de tonalidad clara, como el pino o el abeto, es conveniente oscurecerlo con una mano de tapaporos de color castaño y después aplicar dos manos de barniz transparente semibrillante.

LISTA DE MATERIALES NECESARIOS

•Abeto o pino de 10 x 55 mm de sección:
32 piezas (A) de 500 a 650 mm de longitud.

•Abeto o pino de 10 x 45 mm de sección:
8 piezas (B) de 500 mm de longitud.

•Otros: *4 escuadras de 20 x 45 mm; tornillos autorroscantes de 16 x 4 mm y 8 x 30 mm; cola vinílica; tapaporos de color a elección; barniz transparente.*

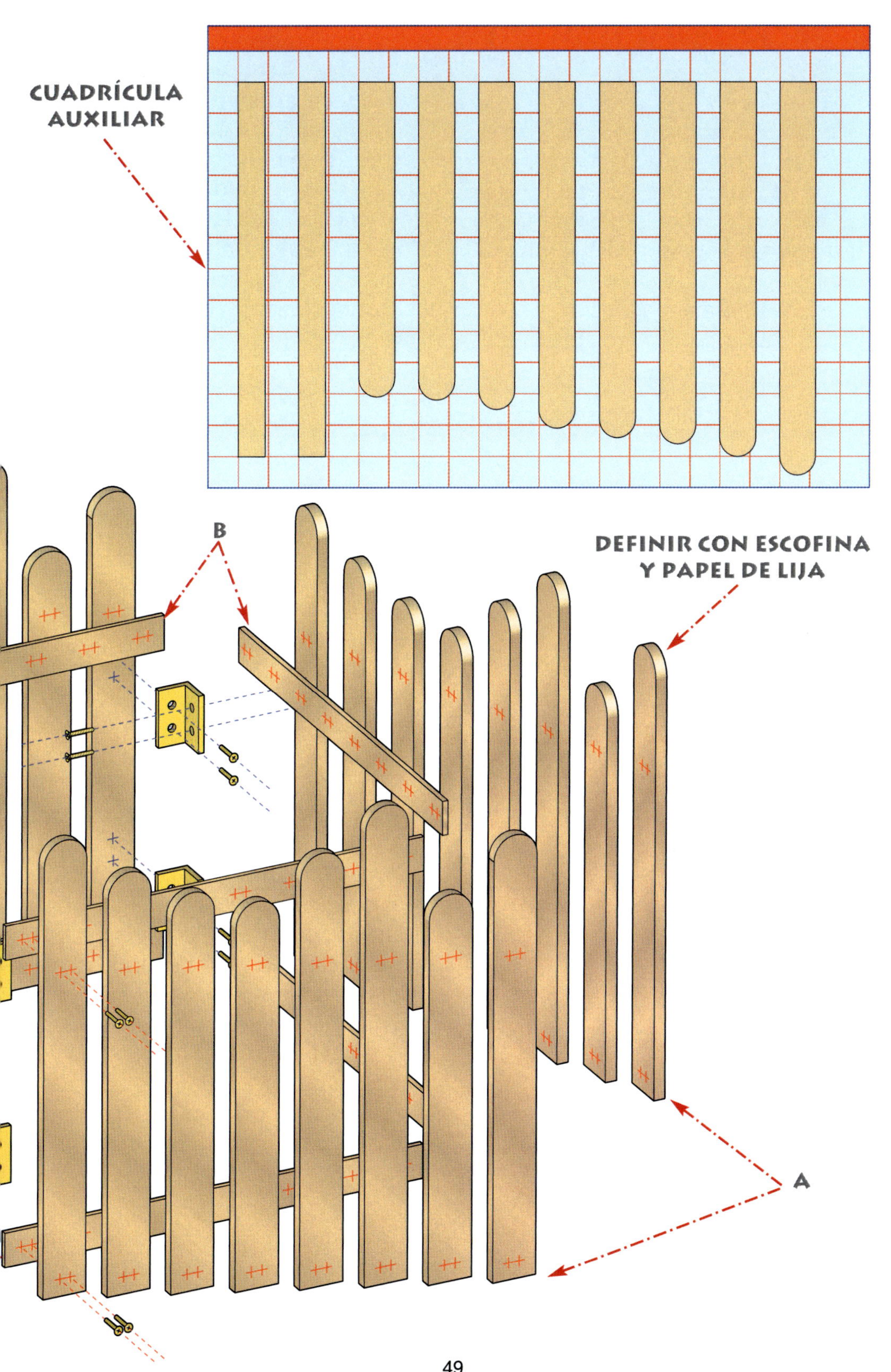
CUADRÍCULA
AUXILIAR
B
DEFINIR CON ESCOFINA
Y PAPEL DE LIJA
A

Tornillos para madera

Son los elementos más utilizados en la unión y fijación de la madera. Los tornillos están formados por un vástago metálico que presenta 2/5 partes lisas y el resto fileteado para poderse introducir en los agujeros de alojamiento practicados en la misma madera.

Hay tornillos de diversos materiales (acero cincado, bronce, hierro, acero inoxidable, etc.). En función de su uso y colocación, las cabezas pueden ser planas, de gota de sebo o redondas y tener ranuras rectas o en cruz. Existen tornillos muy pequeños de 1,5 mm de diámetro y 10 mm de longitud, y tornillos muy grandes con un diámetro de 6-7 mm y longitudes de hasta 15 cm. El tornillo se introduce en la madera con un destornillador de punta medidas adecuadas. Para obtener un buen resultado, es conveniente crear un agujero de alojamiento cuya profundidad sea igual a la mitad del tornillo de manera que el fileteado del tornillo agarre en la madera y siga introduciéndose en ella sin encontrar resistencia y sin tener que romper las fibras compactas que la componen. El agujero de alojamiento se puede realizar con una barrena o con una broca de taladro de diámetro inferior al de la punta del tornillo.

Los tornillos autorroscantes son muy prácticos, porque tienen el vástago completamente fileteado y se atornillan rápidamente sin necesidad de realizar ningún agujero de alojamiento.

El atornillado debe realizarse de forma lenta y progresiva, evitando que el destornillador se desplace lateralmente para que la sede del tornillo no se ensanche y el tornillo quede bien fijado en la madera.

Cuando se unen dos piezas de madera, es conveniente atornillar el tornillo en la más fina e introducir la parte fileteada en la más gruesa. Si el atornillado es dificultoso, puede impregnar el fileteado del tornillo con cera o jabón para facilitar (hasta cierto punto) el atornillado.

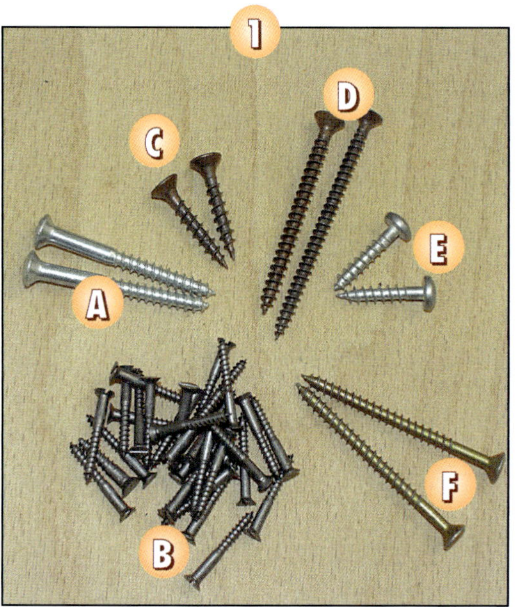

1. Tornillos diversos de tipo normal (A y B) y autorroscantes (C, D, E y F)

2. Si usa el atornillador eléctrico en tornillos con cabeza de ranura recta, debe emplear una guía para evitar que la broca resbale fuera de la cabeza.

Macetero machihembrado

Embellece y aligera el aspecto de la maceta más pesada.
De fácil construcción, se realiza con paneles
(incluso reciclados) cola y clavos.

La estructura de este macetero está compuesta por un armazón de listones de madera clavados y encolados entre sí, en cuya parte exterior se aplican cuatro paneles iguales machihembrados sobrantes de otros trabajos.

Cada panel está compuesto por tres tablas machihembradas (A) ensambladas una encima de la otra; para que el borde de la tabla superior sea liso, se debe eliminar la lengüeta que sirve para el ensamble. La operación se efectúa con un cepillo manual, apretando la tabla con una mordaza.

Cortando los extremos de todas las tablas en un ángulo de 45° se obtienen las cuatro esquinas biseladas del macetero. Para que el corte sea bien preciso conviene utilizar un económico cortador de ingletes, de madera o de plástico.

Para realizar el armazón interno, se comienza con el ensamblaje de dos recuadros idénticos, compuestos por los montantes (B) y por los travesaños horizontales (C); se unen los caballetes entre sí con los travesaños (C) restantes; es muy importante la utilización de una escuadra de carpintero para controlar que las partes unidas con clavos y cola estén perfectamente perpendiculares entre sí.

Antes de colocar los paneles en el armazón, es necesario que la estructura interna se haya secado por completo.

El acabado se realiza con barniz transparente.

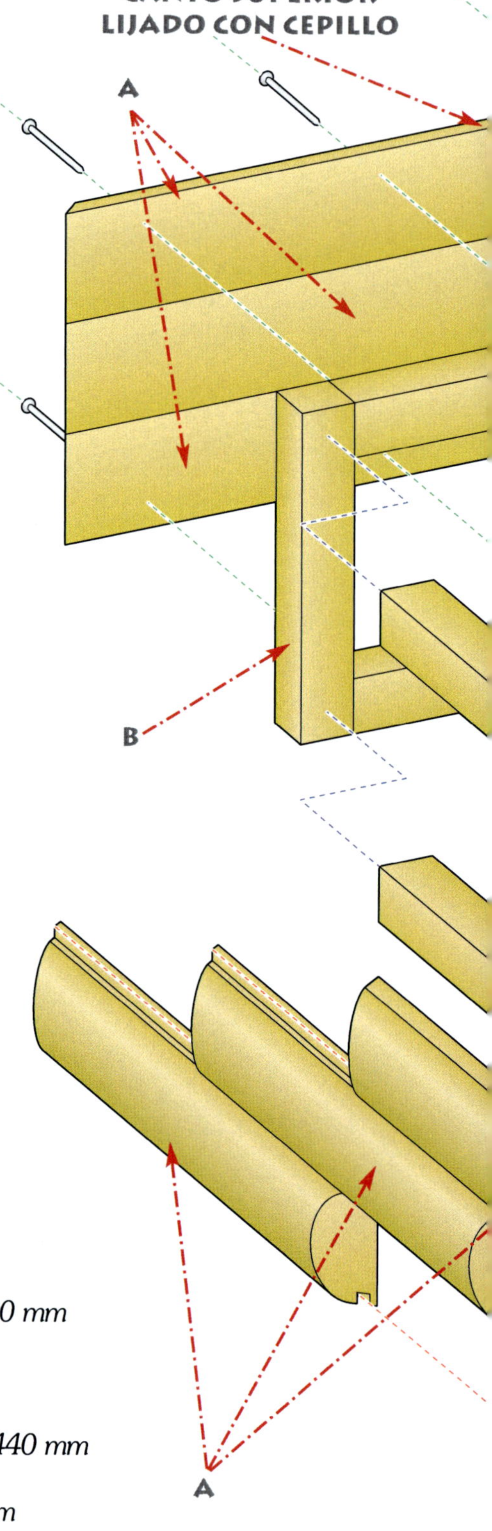

LISTA DE MATERIALES NECESARIOS

- ***Tablas de 20 mm de espesor y 100 mm de ancho*** *(90 mm útiles + 10 mm de lengüeta superior): 12 piezas de 500 mm de longitud (A).*
- ***Listones de abeto de 30 x 30 mm de sección:*** *4 piezas (B) de 270 mm de longitud; 8 piezas (C) de 440 mm de longitud.*
- ***Otros:*** *clavos de 40 mm de longitud; clavos de 60 mm de longitud; cola vinílica; barniz transparente.*

Antes de ensamblar las tablas para obtener los lados, aplique un hilo de cola vinílica en el interior de los acanalados para fortalecer la estructura. Los paneles resultantes se aplican al armazón con puntas cónicas y cola.

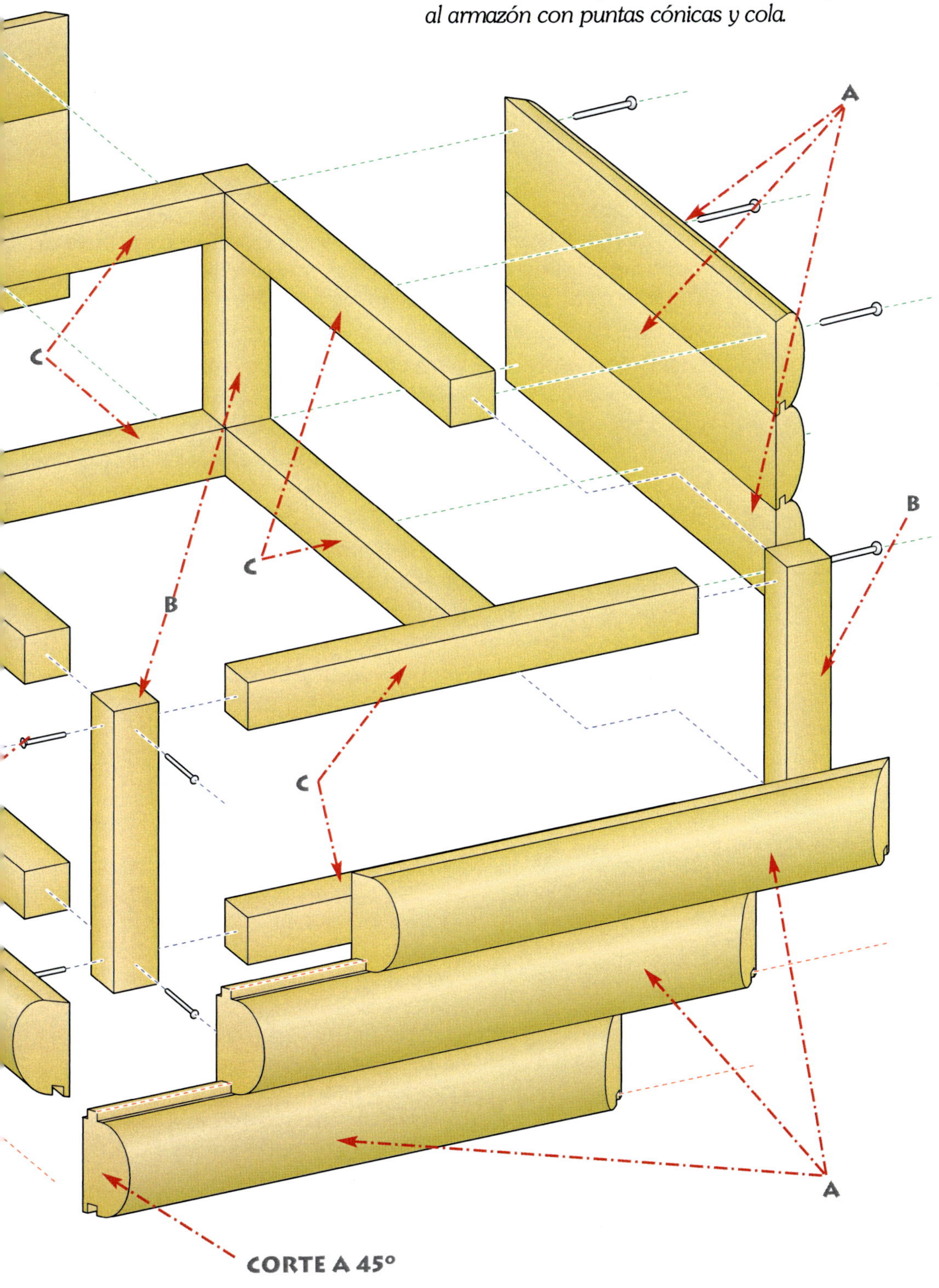

Paneles machihembrados

El macetero de las páginas anteriores está formado por un revestimiento externo de paneles machihembrados semirredondos.

Los paneles machihembrados son tablas finas y largas, con un perfil especial a lo largo de sus bordes para que se puedan ensamblar el uno con el otro. Sirven para realizar revestimientos de paredes, techos u otros, tanto en interiores como en exteriores.

En los interiores se suelen emplear paneles de 8-10 mm de espesor, 10-11 cm de ancho y 3-4 m de largo. Para exteriores se utilizan paneles de 15-25 mm de espesor, 3-4 m de longitud y 10-15 cm de ancho.

Los paneles pueden ser de varias maderas: abeto, pino, abeto Douglas, alerce. El uso de uno u otro tipo de madera está condicionado por el tipo de colocación al que se destina el panel. Si va a estar al aire libre, se aconseja utilizar una madera más resinosa, como el pino melis o el pino, mientras que para usos en interiores basta con una madera menos preciada, como el abeto. No obstante, el abeto presenta nudos que son muy evidentes en la superficie del panel.

Los paneles que se encuentran en el mercado pueden estar en bruto o prefabricados. En el primer caso, es necesario aplicar sobre ellos los típicos tratamientos de protección o de acabado en madera para los montajes, tanto en interiores como en exteriores.

1. Revestimiento con paneles de abeto, a cara lisa. La presencia de nudos puede ser un elemento decorativo, pero tenga en cuenta que los nudos se oscurecen muy pronto y, a la larga, se pueden llegar a separar del cuerpo del panel y caer fuera.
2. Revestimiento interno con paneles semirredondos (del tipo utilizado en el macetero de las págs. 52-53) en pino melis. Esta madera es muy apropiada para revestimientos en exteriores, porque es muy resinosa y, con un tratamiento de protección adecuado, resiste a la intemperie y los cambios de temperatura.

Mesita auxiliar de cocina

Es ideal para preparar la comida; se desplaza con toda comodidad donde sea necesario y se guarda en un rincón para que no moleste cuando no se usa.

La única dificultad de esta mesita con tres estantes reside en el ensamble de caja y espiga; la unión se realiza fácilmente con un serrucho de costilla, formón y escofina plana para definir las ranuras de la parte superior de los montantes.

Para que el ensamble no se debilite y se rompa, primero abra las ranuras internas, pequeñas, partiendo de dos cortes en diagonal por la parte superior utilizando el serrucho de costilla; defina el corte con el formón; después, abra la ranura opuesta perpendicularmente. Para que las dos piezas resultantes del corte anterior no se rompan, interponga un taco de madera entre ambas.

Los estantes se realizan uniendo siete tablas (E) con dos listones transversales (F) de sección cuadrada encolados y clavados; estos últimos se introducen en agujeros pasantes en los montantes y sirven para fortalecer la estructura de la mesita. Es aconsejable que primero finalice los dos estantes con todas las tablas y que después introduzca los listones en los agujeros de los montantes. El ensamblaje y encolado de todas las partes de la mesita se debe hacer al mismo tiempo, por eso es conveniente realizar un montaje previo sin cola para comprobar la exactitud de las piezas y de los ensambles.

Para finalizar, se coloca el estante (C), aplicándole un acabado con cera no tóxica, para protegerlo de la grasa y la humedad. Dos ruedas fijas (no giratorias) atornilladas en las dos patas más cortas harán de este mueble una mesita móvil tan útil como las usadas en restaurantes.

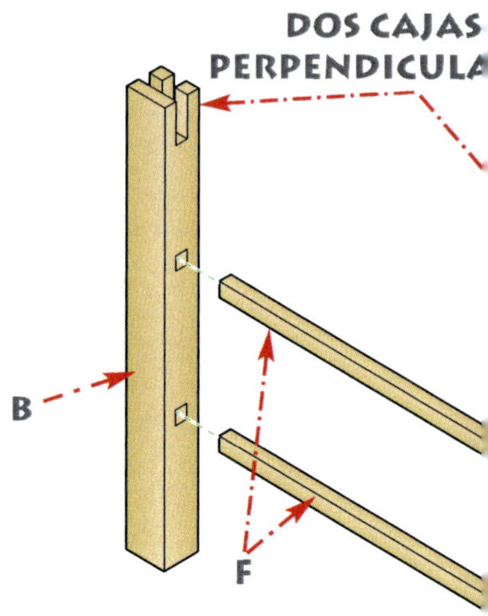

Los agujeros pasantes que reciben los listones de soporte para los estantes se realizan con el taladro y se rectifican con un formón afilado; los listones deben entrar en los alojamientos sin esfuerzo, pero sin tener tampoco demasiado juego.

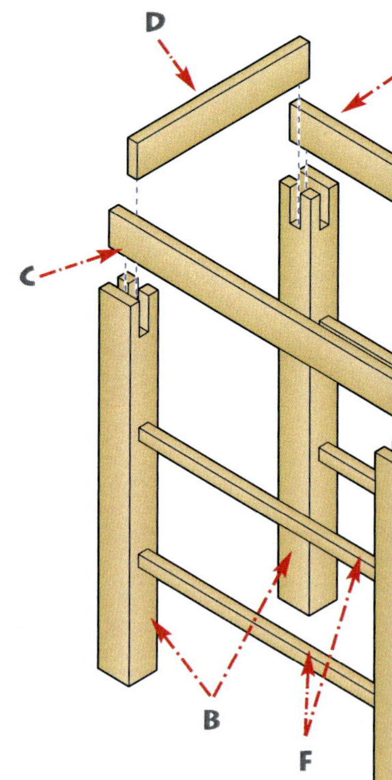

LISTA DE MATERIALES NECESARIOS

•Montantes en pino de Suecia de 50 x 50 mm de sección: *2 piezas (A) de 50 x 50 x 850 mm; 2 piezas (B) de 50 x 50 x 790 mm (si las ruedas tienen 60 mm de altura).*

•Tablillas de 15 x 60 mm de sección: *2 piezas (C) de 750 mm de longitud; 2 piezas (D) de 400 mm de longitud.*

•Tablillas de 15 x 90 mm de sección: *14 piezas (E) de 450 mm de longitud.*

•Listones de 15 x 15 mm de sección: *4 piezas (F) de 750 mm de longitud.*

•Panel en contrachapado de 18 mm de espesor: *1 pieza (G) de 800 x 465 mm.*

•Otros: *2 ruedas fijas; 4 clavijas de 10 x 40 mm; clavos; cola vinílica; cera.*

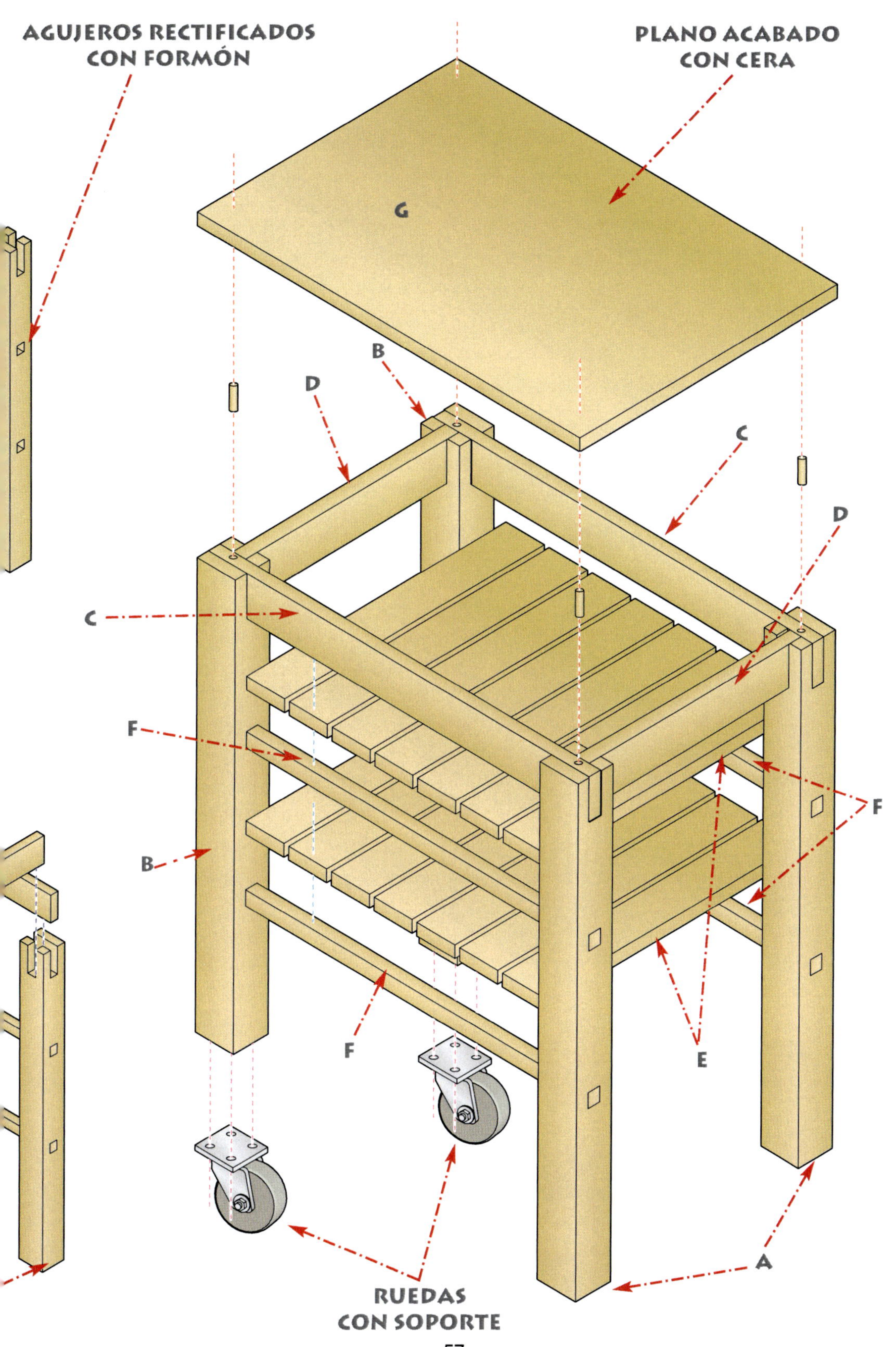
AGUJEROS RECTIFICADOS CON FORMÓN
PLANO ACABADO CON CERA
G
B
D
C
D
C
F
F
B
F
E
A
RUEDAS CON SOPORTE

Ruedas fijas o giratorias

La mesita auxiliar comprende dos ruedas no giratorias.

Se trata de ruedas de diámetro pequeño (de 3 a 10 cm) que se colocan debajo de las patas de mesas, carros y otros muebles auxiliares para poder mover con facilidad dichos objetos.

EL EJE DE ROTACIÓN

Cuando se habla de rueda giratoria, se hace referencia a un tipo de rueda que, además de ser giratoria en un eje horizontal, también lo es en un eje vertical, de manera que se orienta hacia varias direcciones y facilita el desplazamiento del objeto.

Si debajo de cualquier mueble se colocan solamente dos ruedas (como en este caso) también pueden ser no giratorias. Pero en el caso de que se coloquen cuatro ruedas, dos de ellas deben ser obligatoriamente giratorias porque en caso contrario se debería levantar parcialmente el mueble para poder desplazarlo (como si sólo tuviera dos ruedas). Si las cuatro ruedas son giratorias es más difícil desplazar el mueble.

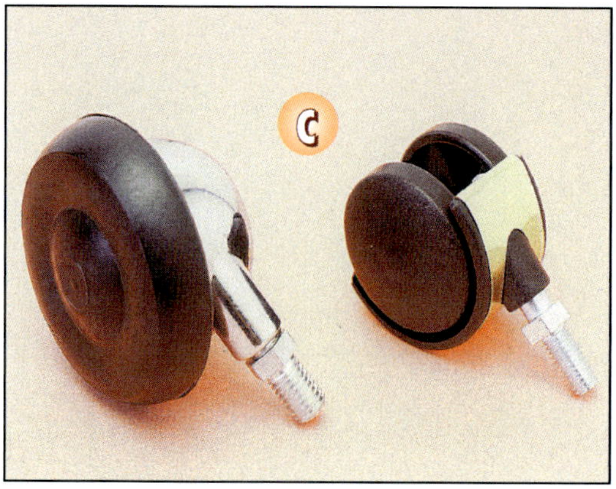

A. Típica rueda no giratoria que se coloca bajo un mueble o un carrito, y no tiene la posibilidad de girar alrededor de su eje vertical.
B. Por el contrario, este tipo de rueda es giratoria, y gira también sobre su eje vertical.
C. Cuerdas giratorias con perno para introducirse en la madera.

Macetero escalonado

Una buena solución para flores y plantas de balcón: tres planos de altura diversa acogen flores de crecimiento diferenciado.

Este macetero con escalones puede acoger una composición de flores de maceta con diferentes grados de desarrollo, porque sus tres paneles sujetan los tallos a la altura correcta.

Como se trata de una construcción que debe ser resistente a la humedad producida por el riego, el material ideal es el contrachapado de pino (de tipo marino) para exteriores, encolado con colas de fenol, que aguantan muy bien la acción del agua.

Un espesor de 18 mm va bien para el macetero, mientras que para los dos paneles corredizos con 8 mm de grosor será suficiente.

El fondo comprende una base agujereada con el taladro para la evacuación del agua, porque en caso contrario se estancaría. En los laterales (C) se deben realizar los cuatro acanalados en los que se introducen los paneles (E); para ello, se practica un agujero en la punta del acanalado con una broca de 8 mm, después se introduce la sierra de vaivén y con dos pasadas consecutivas se obtiene un acanalado de 8 mm de anchura y 60 mm de longitud.

La trabazón de los paneles se obtiene con cuatro clavijas de 8 x 30 mm introducidas en sus correspondientes agujeros, ubicados en los extremos de los paneles. Este sistema permite sacar los paneles con facilidad y rapidez para los cuidados ordinarios de mantenimiento de las flores.

Las piezas se unen con tornillos autorroscantes; si se desea una estructura aún más fuerte, se debe aplicar cola marina resistente a la humedad en la superficie de todas las junturas. En las uniones puede aplicar un cordón de silicona selladora.

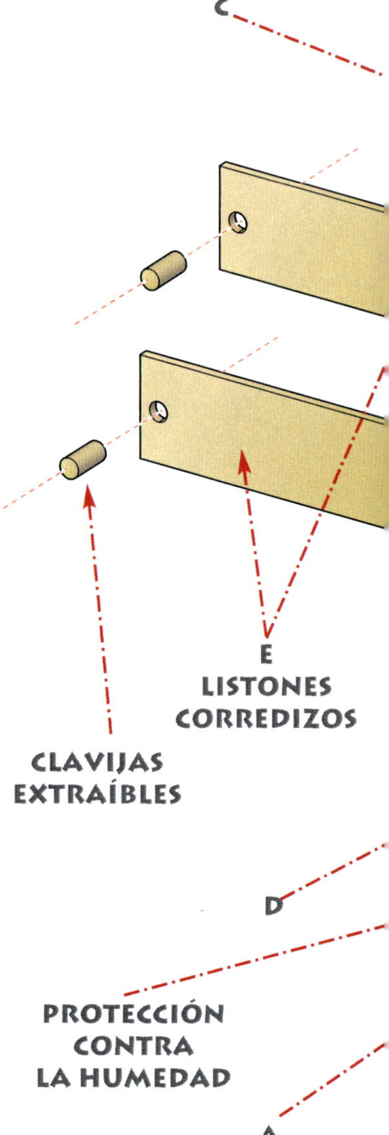

LISTA DE MATERIALES NECESARIOS

•Contrachapado marino de 18 mm de espesor: *1 pieza (A) de 450 x 318 mm; 1 pieza (B) de 450 x 300 mm; 2 piezas (C) de 282 x 300 mm; 1 pieza (D) de 450 x 60 mm.*

•Contrachapado marino de 8 mm de espesor: *2 piezas (E) de 500 x 60 mm.*

•Listón de pino de 30 x 30 mm de sección: *2 piezas (F) de 450 mm de longitud.*

•Otros: *tornillos autorroscantes de 4 x 40 mm; cola marina; 4 clavijas de 8 x 30 mm; tapaporos; barniz transparente; silicona selladora.*

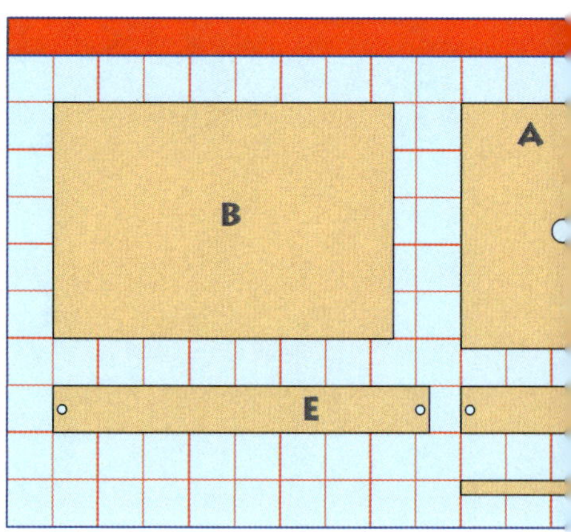

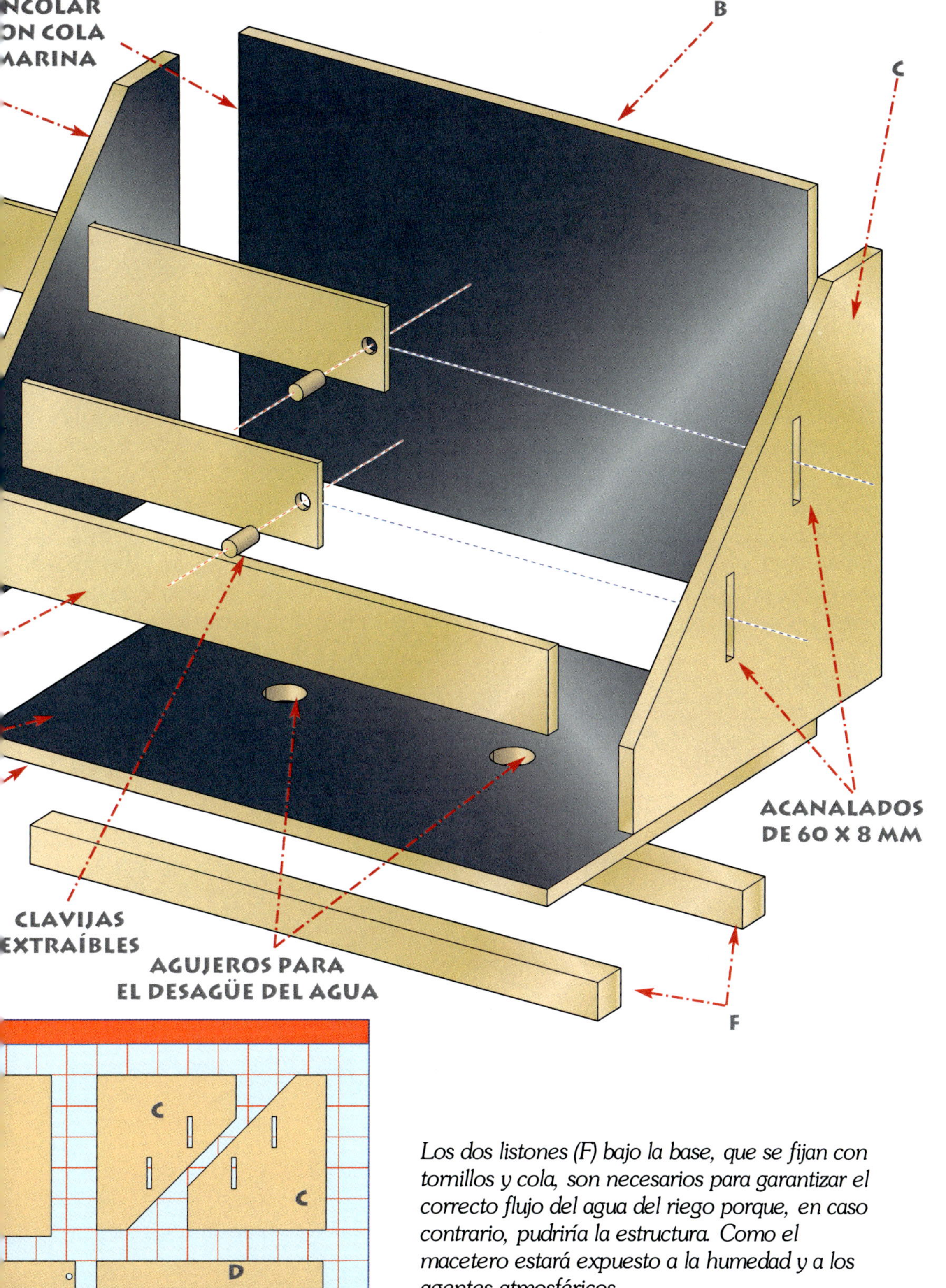

Los dos listones (F) bajo la base, que se fijan con tornillos y cola, son necesarios para garantizar el correcto flujo del agua del riego porque, en caso contrario, pudriría la estructura. Como el macetero estará expuesto a la humedad y a los agentes atmosféricos,

se debe proteger con tapaporos y dos manos de barniz específico para exteriores.

Sellar con silicona

La silicona que se utiliza para sellar las junturas es un producto fluido y pastoso que se puede utilizar tanto en interiores como en exteriores, porque tras su aplicación adquiere una consistencia dura y elástica creando una protección perfecta de larga duración.

TIPOS

Existen varios tipos de silicona: la más utilizada es la transparente y la blanca, muy adecuada para sellar los sanitarios a la pared.

La aplicación de la silicona se puede realizar de dos maneras:

— con tubo;
— con pistola.

El tubo está provisto de una pequeña llave que permite vaciarlo por completo. Al apretar el tubo, sale un fino cordón que se aplica a lo largo de la juntura que se quiere sellar. Después, con un dedo humedecido en agua, se aprieta sobre el cordón y se desliza el dedo para que la silicona quede repartida y se note menos su presencia.

Las manos se deben limpiar enseguida con un trapo mojado. Si han quedado rebabas de silicona, se espera a que se sequen y se endurezcan, y después se eliminan con una cuchilla.

El segundo sistema de aplicación de silicona es el de la pistola. Este sistema permite vaciar poco a poco unos cartuchos especiales llenos de silicona a través de una larga boquilla.

Se pone la boquilla en contacto con la parte que se debe sellar y se aprieta el mango de la pistola, que a su vez hace que un pistón entre en el cartucho. El pistón aprieta la silicona, que sale por la boquilla hacia el exterior.

Este material es totalmente inmune a los efectos del agua y a la mayor parte de las sustancias químicas de uso habitual.

Para pequeños sellados puede utilizar silicona en tubo que se aplica y se extiende con un dedo mojado; para crear protecciones de un tamaño mayor, es conveniente utilizar la pistola y su correspondiente boquilla.

Estantería para CD

Este mueble modular permite guardar ordenadamente un gran número de CD.

Se pueden obtener diversos módulos para guardar CD con un simple sistema que comprende una caja en cuyo interior hay listones muy delgados de compensado que hacen las veces de separadores.

Puede elegir, si prefiere, que los módulos estén en vertical o en horizontal y unirlos mediante clavijas de madera y cola.

Cada módulo contiene 19 CD y está formado por un armazón externo de pequeñas tablas de contrachapado de 20 mm (B) y de 8 mm (A) de espesor, más un panel de fondo.

En cada tabla pequeña hay 18 acanalados, con una distancia de 16,4 mm entre sí, una profundidad de 10 mm y una anchura de 4 mm. En dichos acanalados se alojan los paneles de compensado fino que separan los CD.

Para obtener los acanalados, es conveniente utilizar una sierra circular o una fresadora portátil y disponer las tablas una a continuación de otra; de este modo, con una sola pasada se obtiene un corte más preciso.

Antes de encolar los laterales (A) a la base y a la parte superior (B), lije con papel de lija los cantos más largos de las tablas (A); de este modo, obtendrá un motivo decorativo en los laterales del módulo.

Extienda un hilo de cola a lo largo de los acanalados e introduzca los 18 listones (D) en los mismos.

El panel de fondo se fija con puntas cónicas y cola, tras haber realizado dos agujeros de 5 mm de diámetro para alojar clavos y tornillos. El plano de corte se puede realizar tras haber tomado la medida del lado del cuadrado a 40 mm.

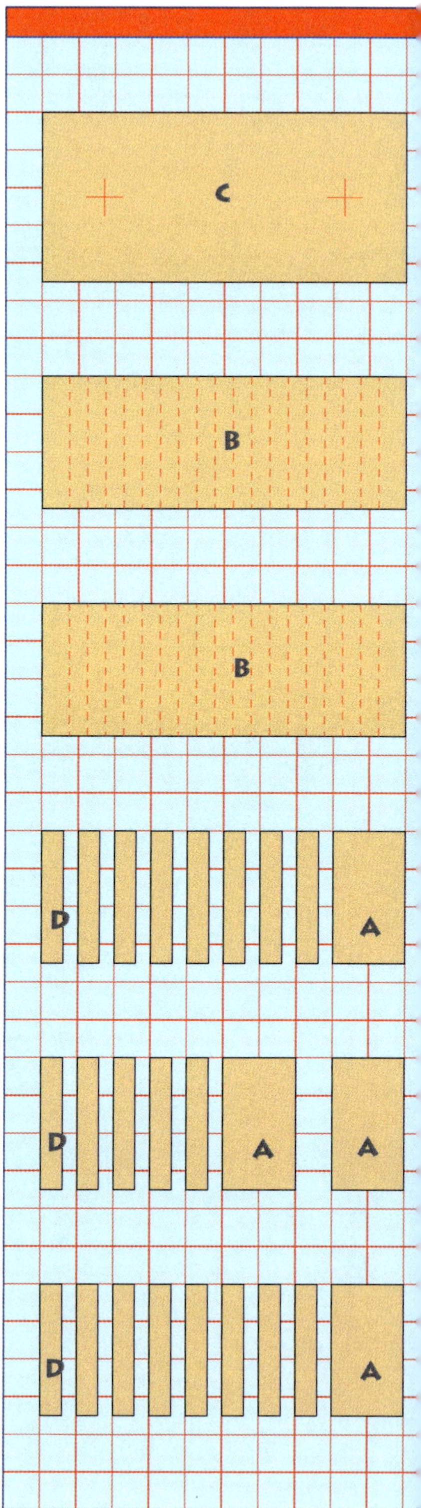

LISTA DE MATERIALES NECESARIOS

•**Contrachapado de 20 mm de espesor:** *2 piezas (B) de 130 x 400 mm.*

•**Contrachapado de 8 mm de espesor:** *4 piezas (A) de 130 x 55 mm; 1 pieza (C) de 400 x 170 mm.*

•**Contrachapado de 4 mm de espesor:** *36 piezas (D) de 130 x 30 mm.*

•**Otros:** *puntas cónicas; clavijas; cola vinílica; clavos y tacos; esmalte.*

Cada módulo se puede unir a los demás con clavijas de madera y cola, o también se puede colgar en la pared con tacos.

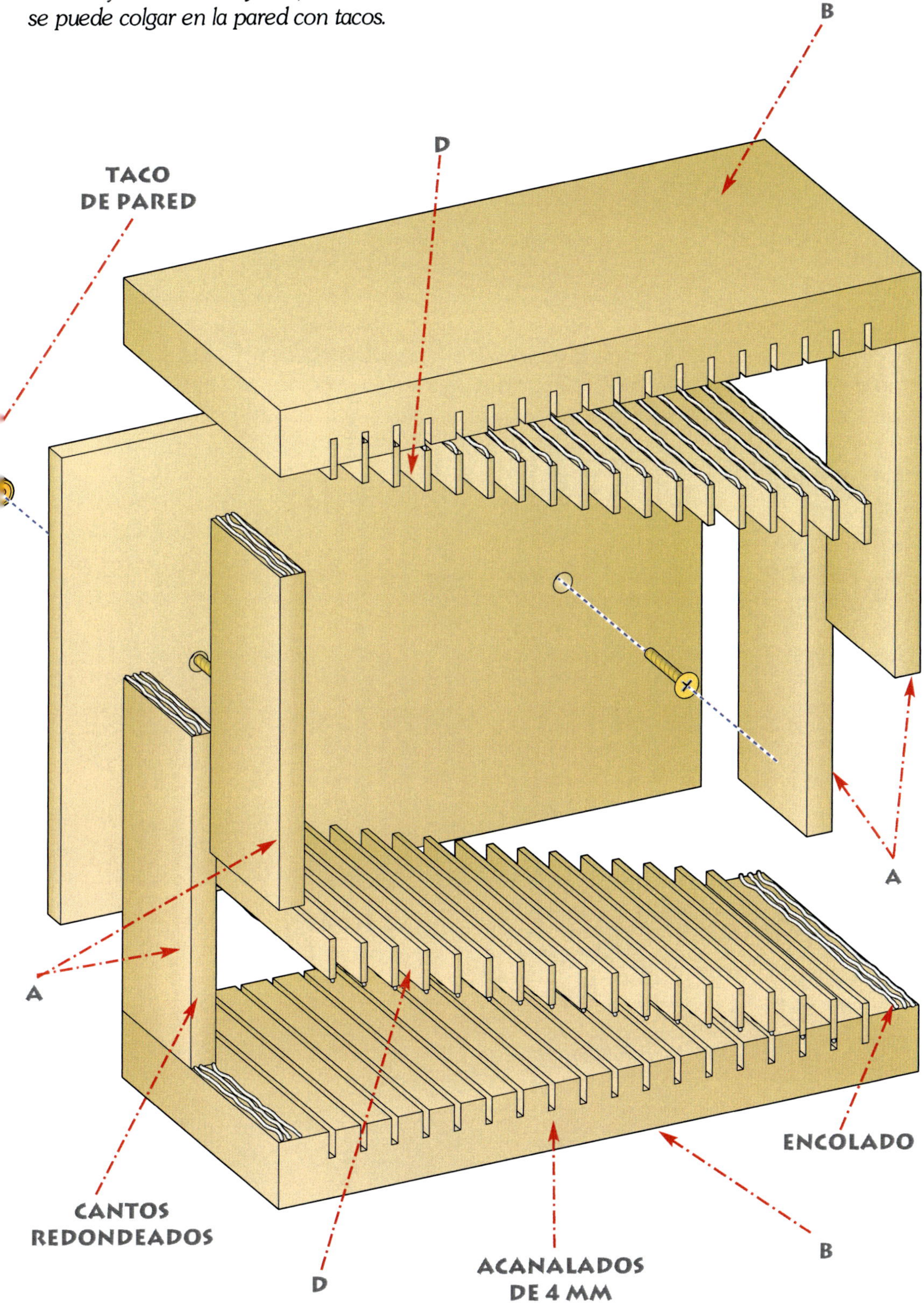

B

D

TACO DE PARED

A

A

ENCOLADO

CANTOS REDONDEADOS

B

D

ACANALADOS DE 4 MM

La sierra circular

Es la sierra más utilizada en los talleres de los aficionados al bricolaje, porque es muy práctica y muy precisa en el corte. Puede ser portátil o fija.

LA SIERRA CIRCULAR PORTÁTIL

Está provista de un motor eléctrico que acciona una hoja en forma de disco protegida por una pantalla móvil. El corte se realiza apoyando la suela de la sierra sobre la pieza que se desea cortar y, sirviéndose del mango, se desliza a lo largo de la madera con la hoja en rotación.

LA SIERRA CIRCULAR FIJA

Dispone de un banco debajo del cual se ubica el motor que acciona la hoja a una rotación muy rápida. La pieza que se desee cortar se puede guiar con precisión mediante guías laterales y, por lo tanto, es posible realizar cortes rectos muy precisos. El disco en rotación siempre tiene que estar protegido por la pantalla que impide el acceso a la parte superior.

Para realizar cortes paralelos muy precisos con la sierra circular portátil, puede usar un banco-guía especial en el que se monta la sierra.

La hoja de la sierra circular, que sirve para practicar los cortes, se monta bloqueándola con un destornillador introducido en un agujero determinado y apretando la tuerca de bloqueo central.

Caja de juguetes

Con pocos paneles de contrachapado y una bisagra larga que levanta la tapa se puede obtener una caja ¡donde cabe todo!

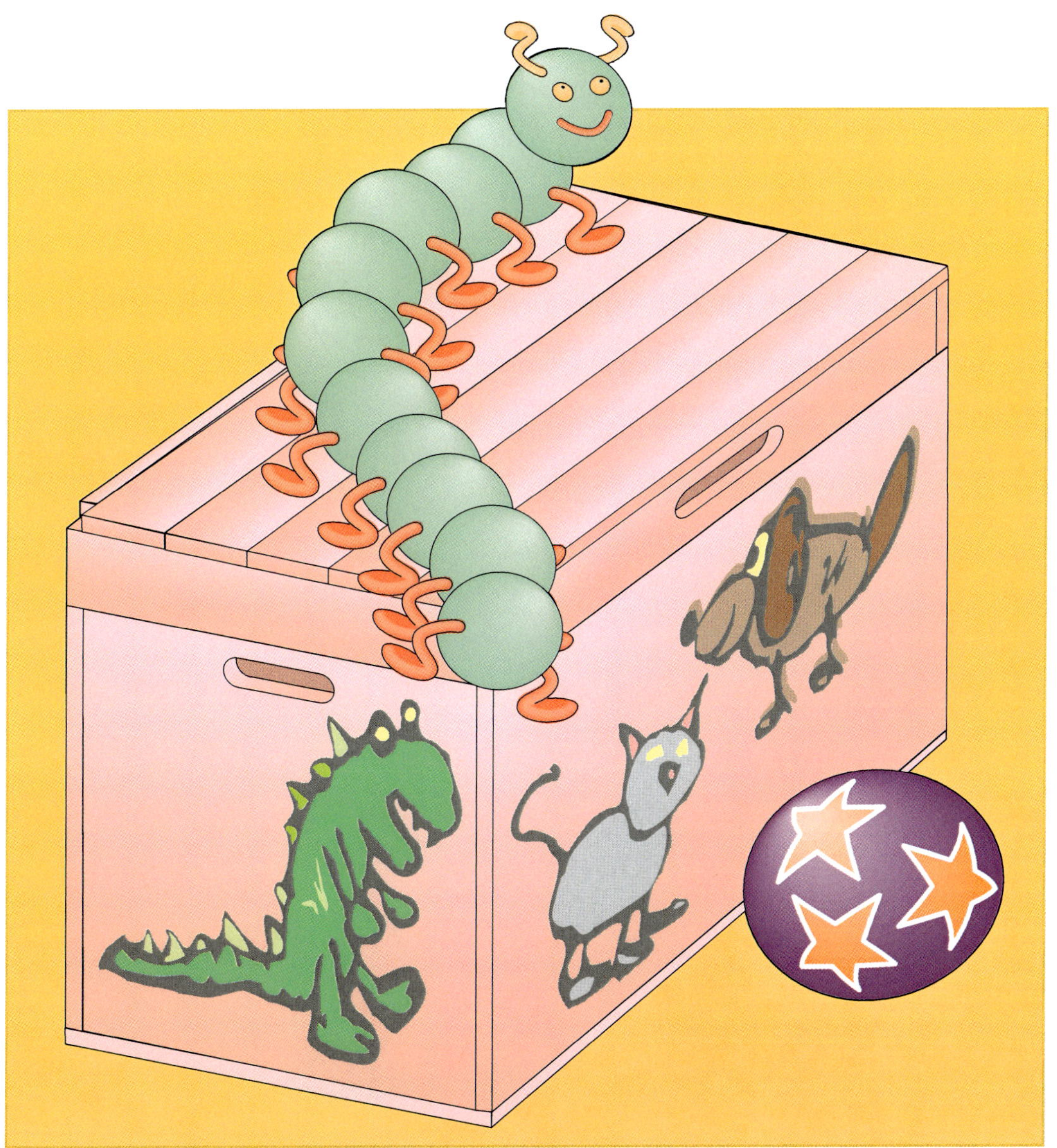

La caja está formada por piezas rectangulares de contrachapado unidas con tornillos autorroscantes y cola, y reforzada en los ángulos interiores con cuatro listones fijados también con tornillos.

La tapa está compuesta por un armazón rectangular en el que se atornillan tablas o paneles. El cierre de la tapa se realiza mediante una bisagra de piano fijada en el extremo del borde superior de la pared interna con una serie de tornillos.

Antes de ensamblar todas las piezas hay que realizar asideros en algunos paneles: en los dos lados cortos (B) de la caja y en el lado largo de la tapa (D); los asideros no son más que ranuras largas con bordes redondeados, que se obtienen practicando dos agujeros de alojamiento en los extremos de las ranuras, utilizando el taladro y una broca para madera de 22 mm de diámetro; después, se unen los agujeros con dos cortes paralelos practicados con la sierra de vaivén.

El montaje se comienza por los lados cortos de la caja (B) en los que se fijan los dos listones laterales de refuerzo (F); a continuación, se unen los dos lados a los paneles largos (A) y, por último, se fija todo al panel de fondo (C).

LISTA DE MATERIALES NECESARIOS
•Contrachapado de 12 mm de espesor:
2 piezas (A) de 400 x 700 mm; 2 piezas (B) de 400 x 400 mm; 1 pieza (C) de 700 x 424 mm; 1 pieza (D) de 676 x 50 mm; 1 pieza (D') de 676 x 65 mm; 2 piezas (E) de 424 x 50 mm.
•Listón cuadrado de 25 x 25 mm:
4 piezas (F) de 400 mm de longitud.
•Tablillas de 15 mm de espesor: *5 piezas (G) de 82 x 700 mm.*
•Otros: *1 bisagra de piano de 620 mm de longitud; tornillos autorroscantes de 3 x 35 mm; tornillos autorroscantes de 3 x 10 mm; cola vinílica; pintura acrílica plástica.*

Como el cajón se ubicará en la habitación de los niños, puede decidirse por un acabado con pintura de colores vivos, naturalmente plástica, no tóxica e inodora; primero, extienda una mano de fondo; luego, lije levemente con papel de lija de granulado 220 y, finalmente, extienda dos manos seguidas del color del acabado.

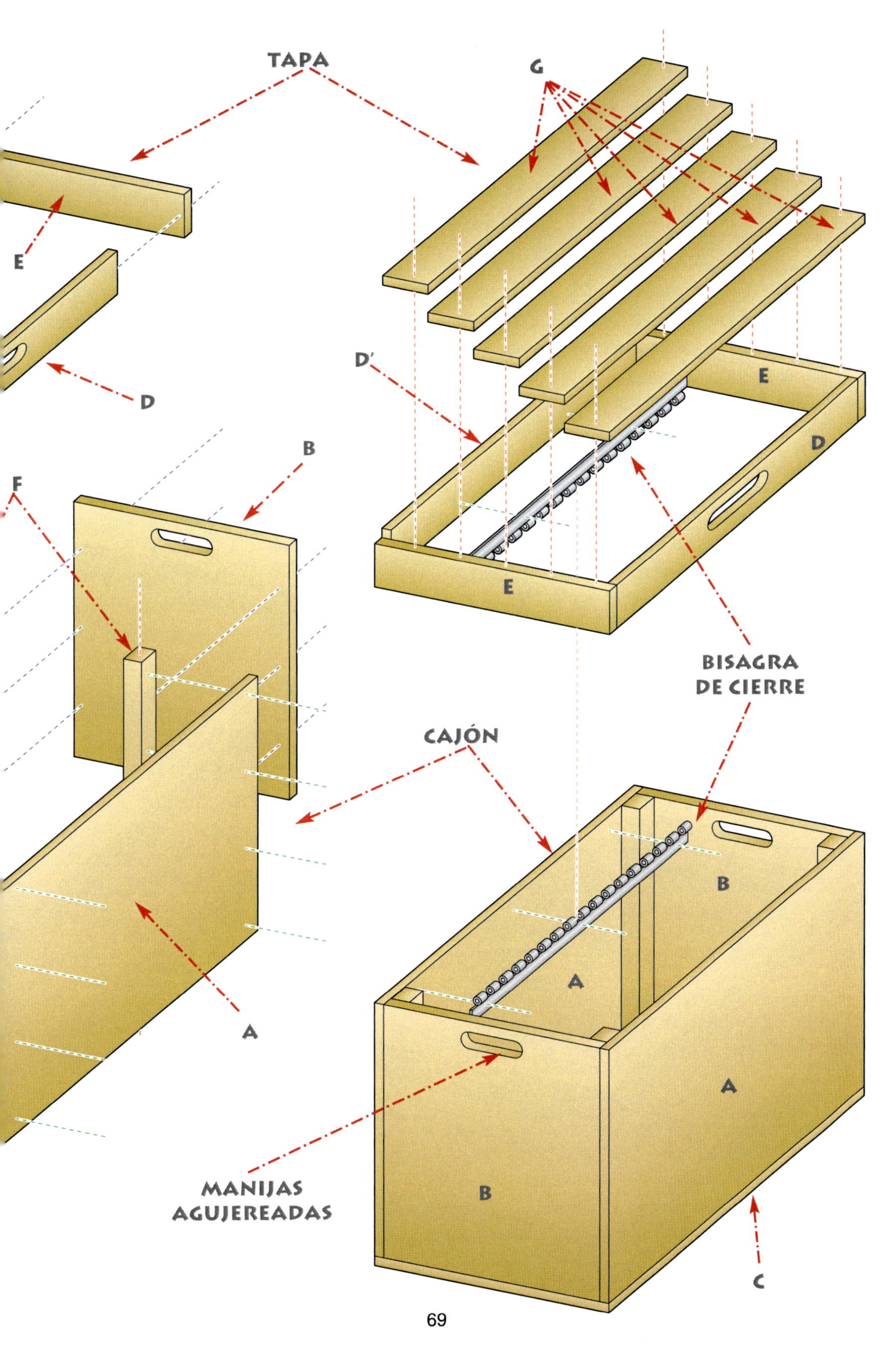
TAPA
G
E
D
D'
E
D
B
F
E
BISAGRA
DE CIERRE
CAJÓN
B
A
A
A
MANIJAS
AGUJEREADAS
B
C

El contrachapado

La madera Ôartificial» utilizada en la construcción de la caja de juguetes es un contrachapado, constituido con madera elaborada de forma especial.

Como su nombre indica, el contrachapado está formado por la superposición de chapas finas de madera, que se obtienen de los árboles con la ayuda de máquinas especiales.

Estas hojas se encolan entre sí con las fibras a contrahilo y son siempre en número impar (3, 5, 7, etc.); de este modo, se obtiene un panel muy fuerte en el que las tensiones y deformaciones son compensadas por la disposición alterna de las fibras. Los paneles de contrachapado pueden ser de distinto espesor (de 3 a 40 mm) y de varias medidas.

El contrachapado se corta fácilmente con la sierra circular, la manual y la de vaivén (para obtener perfiles especiales); también se agujerea y se encola con facilidad.

Es el material idóneo para construir bases y revestimientos de paneles, y para la realización de muebles diversos en los que las medidas de los laterales y de los estantes sean relevantes. En espesores más grandes, el contrachapado es especialmente adecuado para la construcción de repisas de estanterías.

TIPOS

El contrachapado más utilizado es el de chopo, aunque también hay contrachapados de otras maderas (por ejemplo, de okume). Asimismo, es posible encontrar contrachapados laminados con maderas preciadas: en álamo con las caras laminadas en nogal o caoba. Estos paneles son muy adecuados para la realización de puertas, porque tras el acabado final su aspecto parece el de una madera maciza preciada.

El contrachapado no resiste bien la humedad, por ello su uso está limitado a estructuras internas. No obstante, existe una versión adecuada para exteriores: el contrachapado (o compensado) marino. Este está formado por hojas encoladas con una cola insensible al agua, y recibe un tratamiento que lo convierte en impermeable. Con el contrachapado marino se pueden realizar estructuras destinadas a permanecer al aire libre, o incluso partes de embarcaciones o de elementos sumergidos.

Celosía para enredaderas

Ofrece un firme soporte para el crecimiento de las enredaderas y ejerce de discreto separador tanto en terrazas como en jardines.

La estructura está compuesta por un armazón rectangular, en cuyo interior se hallan unos listones con una inclinación de 45° que forman una serie de rombos. Para efectuar los numerosos cortes a 45° en el extremo de los listones, es necesario utilizar una guía para cornisas; siguiendo el plano de corte se obtienen todos los listones cortados a la longitud correcta: el lado de la cuadrícula se tiene que llevar hasta 50 mm. En los puntos de cruce, los listones oblicuos se superponen mediante un ensamble a media madera, es decir, dentro del espesor del mismo listón.

Para obtener un buen ensamble a media madera deben practicarse dos cortes laterales de 5 mm de profundidad con un serrucho de costilla; seguidamente, con la ayuda de un formón bien afilado, se elimina la madera comprendida entre los dos cortes y, cuando sea necesario, se uniformiza el fondo con un escalpelo; por descontado, esta operación se realiza en las dos partes que deben unirse.

Antes de fijar todas las uniones con cola y tornillos, hay que disponer en plano todas las piezas de la estructura en su posición definitiva, para comprobar que los ensambles encajan perfectamente y que los cortes a 45° son exactos.

Los listones que forman la cornisa rectangular se unen entre sí con tornillos autorroscantes introducidos en el borde largo a 10 mm y por el lado externo; otros autorroscantes situados en el mismo borde fijan los listones oblicuos. Las alcayatas de metal (F) refuerzan los ángulos y permiten que la celosía se pueda colgar, quedando separada de la pared.

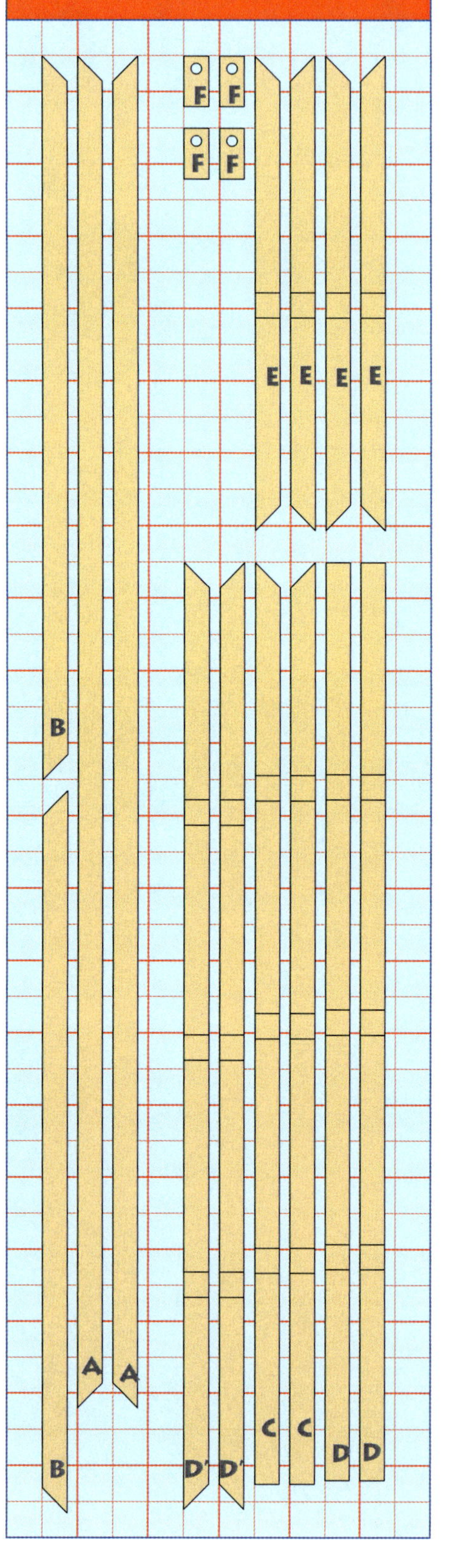

LISTA DE MATERIALES NECESARIOS

•**Listones de abeto de 10 x 14 mm de sección:** *2 piezas (A) de 1.875 mm de longitud; 2 piezas (B) de 1.000 mm de longitud; 2 piezas (C) de 1.275 mm de longitud; 2 piezas (D) de 1.275 mm de longitud; 2 piezas (D') de 1.300 mm de longitud; 4 piezas (E) de 650 mm de longitud; 4 piezas (F) de 75 mm de longitud.*

•**Otros:** *tornillos autorroscantes de 3 x 20 mm; tornillos autorroscantes de 4 x 60 mm; 4 tacos, cola vinílica; tapaporos o esmalte.*

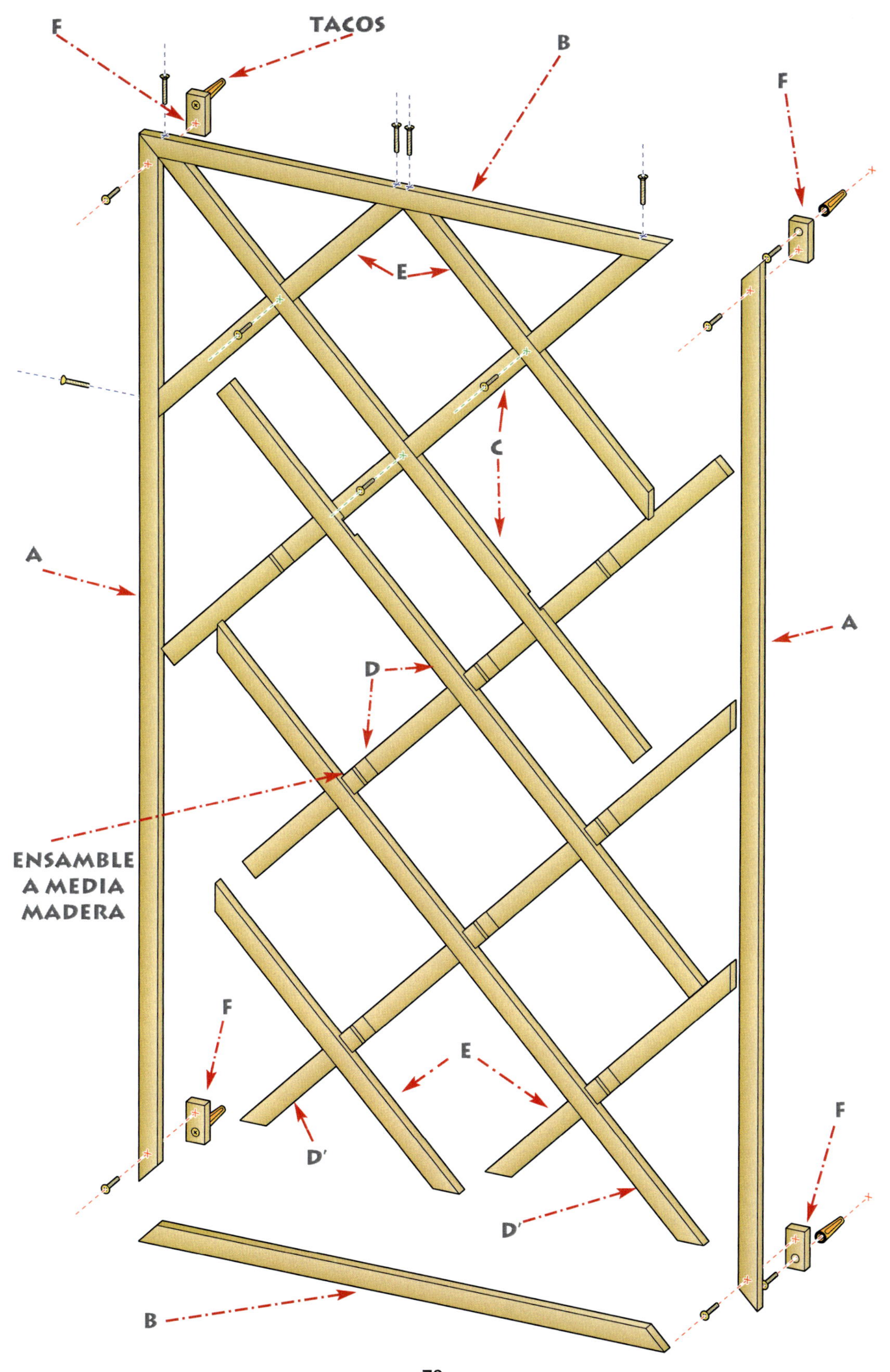
F
TACOS
B
F
E
C
A
A
D
ENSAMBLE
A MEDIA
MADERA
F
E
D′
F
D′
B

Usar los tacos

Los tacos utilizados para colgar la celosía resultan muy prácticos para colgar y fijar en paredes de obra y en otros materiales.

Aunque existen muchos modelos de tacos, su funcionamiento sigue siempre el mismo principio: una parte de plástico o de metal que se introduce en el interior de un agujero practicado en la pared. Esta parte es la que aloja el cuerpo metálico del taco; el atornillado progresivo provoca una expansión de dicha parte que comprime fuertemente las paredes del agujero y, por lo tanto, crea una notable presión en el cuerpo del taco mismo, fijándolo con firmeza.

Cuando se finaliza el atornillado y la expansión es completa, el taco queda totalmente fijado y la parte del mismo que sobresale de la pared (que puede tener formas diferentes: redondo, en gancho, etc.) ya puede ser utilizada para aguantar pesos o someterse a tracciones de diversa índole.

Para colocar un taco es necesario practicar un agujero en la pared que sea muy preciso y del mismo diámetro del cuerpo externo del taco.

Una vez realizado el agujero, se introduce la parte destinada a la expansión y a continuación se atornilla hasta que quede fijado por completo.

No hay que excederse en la fuerza al apretar porque cuando el taco comienza a ensancharse, ejerce una presión muy fuerte en el interior de la pared y podría llegar a dañarla.

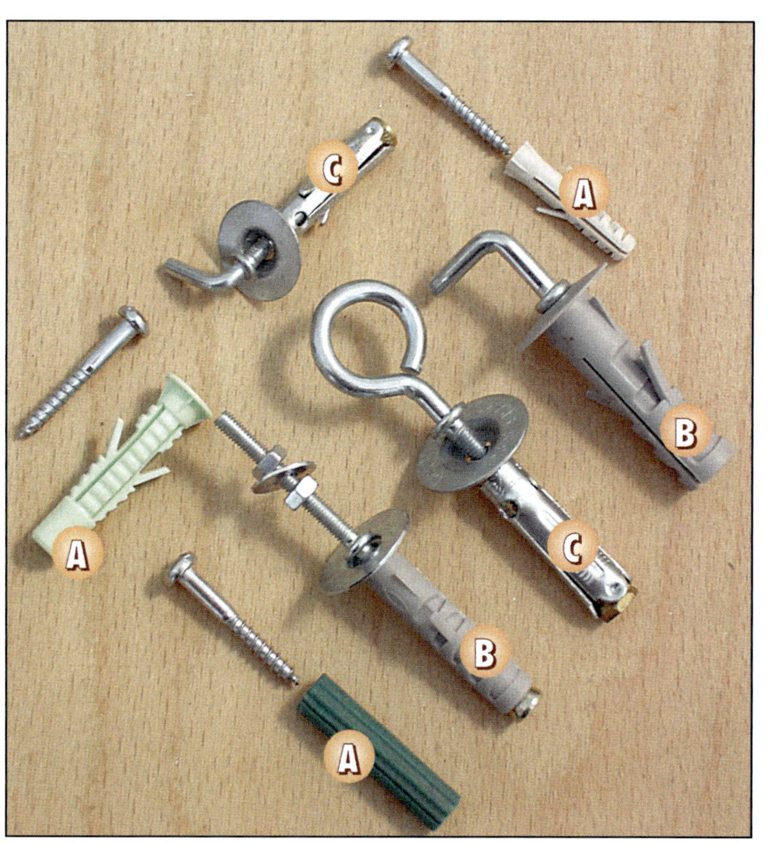

Varios tipos de tacos. Los más sencillos (A) están formados por una cápsula de plástico en la que se enrosca el tornillo. Los otros tienen la cápsula de plástico (B) o de metal (C) y el tornillo de hierro con una tuerca, que cuando se enrosca provoca la expansión.

Estantería rinconera

Esta práctica estantería puede ocupar cualquier esquina de la casa, alegrando la decoración de la habitación.

Puede aprovechar el espacio comprendido entre dos ángulos utilizando cuatro listones de pino de Suecia de 15 x 40 mm y formando una estructura cónica en la que se montan varios estantes en disminución.

Los dos listones centrales se unen con cola vinílica y tornillos, formando un ángulo de 90°. La anchura de los dos listones (A y A') no debe ser la misma para que, cuando se superpongan, constituyan un ángulo con lados idénticos.

A continuación, proceda a trazar la posición de los estantes sobre los listones angulares; atorníllelos por la parte posterior, porque, como estarán pegados a la pared, los tornillos no se verán.

Aplique los montantes laterales en posición oblicua, utilizando siempre los tornillos para fijarlos a los estantes: se comienza atornillando el estante más alto, después el más bajo y, por último, los intermedios.

Para dar mayor robustez a la estructura, es conveniente colocar un tornillo oblicuo entre el montante lateral y el central, a 10 mm del extremo superior. Finalmente, puede efectuar los cortes oblicuos en los extremos de los montantes laterales, para obtener un apoyo estable en el suelo y un bonito acabado en su parte superior.

Si aplica unos recuadros adhesivos de fieltro en la parte inferior de los montantes, garantizará la estabilidad de la estructura y protegerá el suelo. Un color vivo alegrará el trípode rinconero.

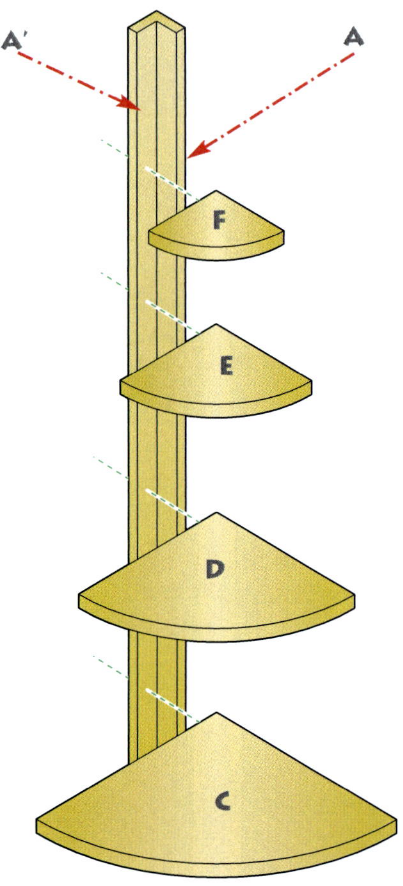

CORTE INCLINADO

LISTA DE MATERIALES NECESARIOS

•**Listones de pino de Suecia de 15 x 40 mm de sección:** *1 pieza (A) de 1.500 mm de longitud; 2 piezas (B) de 1.650 mm de longitud.*

•**Listones de pino de Suecia de 15 x 55 mm de sección:** *1 pieza (A') de 1.500 mm de longitud.*

•**Panel de contrachapado de 15 mm de espesor:** *1 pieza (C) de 400 x 400 mm; 1 pieza (D) de 300 x 300 mm; 1 pieza (E) de 200 x 200 mm; 1 pieza (F) de 100 x 100 mm.*

•**Otros:** *tornillos autorroscantes de 4 x 40 mm; fieltro adhesivo; pintura plástica.*

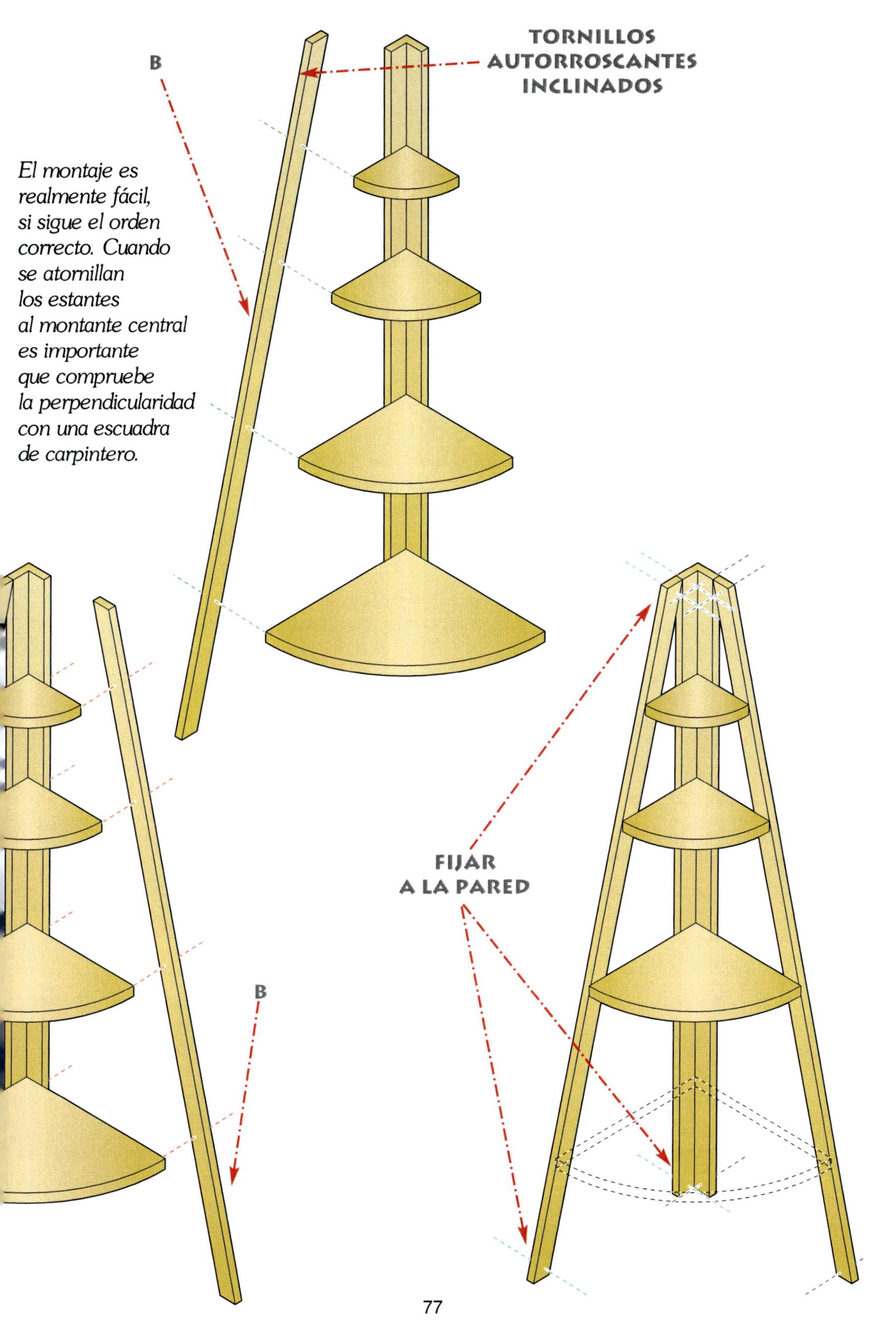

El montaje es realmente fácil, si sigue el orden correcto. Cuando se atornillan los estantes al montante central es importante que compruebe la perpendicularidad con una escuadra de carpintero.

Estantes alistonados

Para obtener las repisas de un cuarto de circunferencia para montar en la estantería, puede comprar los estantes alistonados, disponibles en varias medidas y formas, y con los bordes ya redondeados.

1. Repisas laminadas prefabricadas, adecuadas para los estantes de la construcción de la estantería rinconera. El canto delantero es redondeado y, por regla general, la madera se trata con tintes que muestran el veteado. También hay repisas de madera sin tratar.

Los paneles alistonados son especialmente adecuados para la construcción de muebles, puertas, estanterías y otras estructuras.

El alistonado está compuesto por varios listones unidos y encolados entre sí.

Los listones pueden ser de varias secciones: desde pequeños listones rectangulares unidos a lo largo del lado más grande hasta tablillas de sección relativamente grande (25 x 75 mm).

NO SE DEFORMA

El panel alistonado presenta una alta resistencia a la flexión, porque la estructura del panel está formada por varios elementos que le confieren gran robustez.

Es fácil de trabajar, de cortar y de ensamblar. Este material resulta muy práctico, sobre todo, para la construcción de librerías, aunque también es válido para la realización de amplios y robustos planos.

2. Un tablero alistonado, visto de testa, refleja claramente su composición de listones de madera encolados entre sí.

Estante multiuso

Martillos, clavos y otros elementos metálicos se pueden tener en orden en este práctico estante que se realiza con pocos materiales y tres recipientes de cristal reciclados.

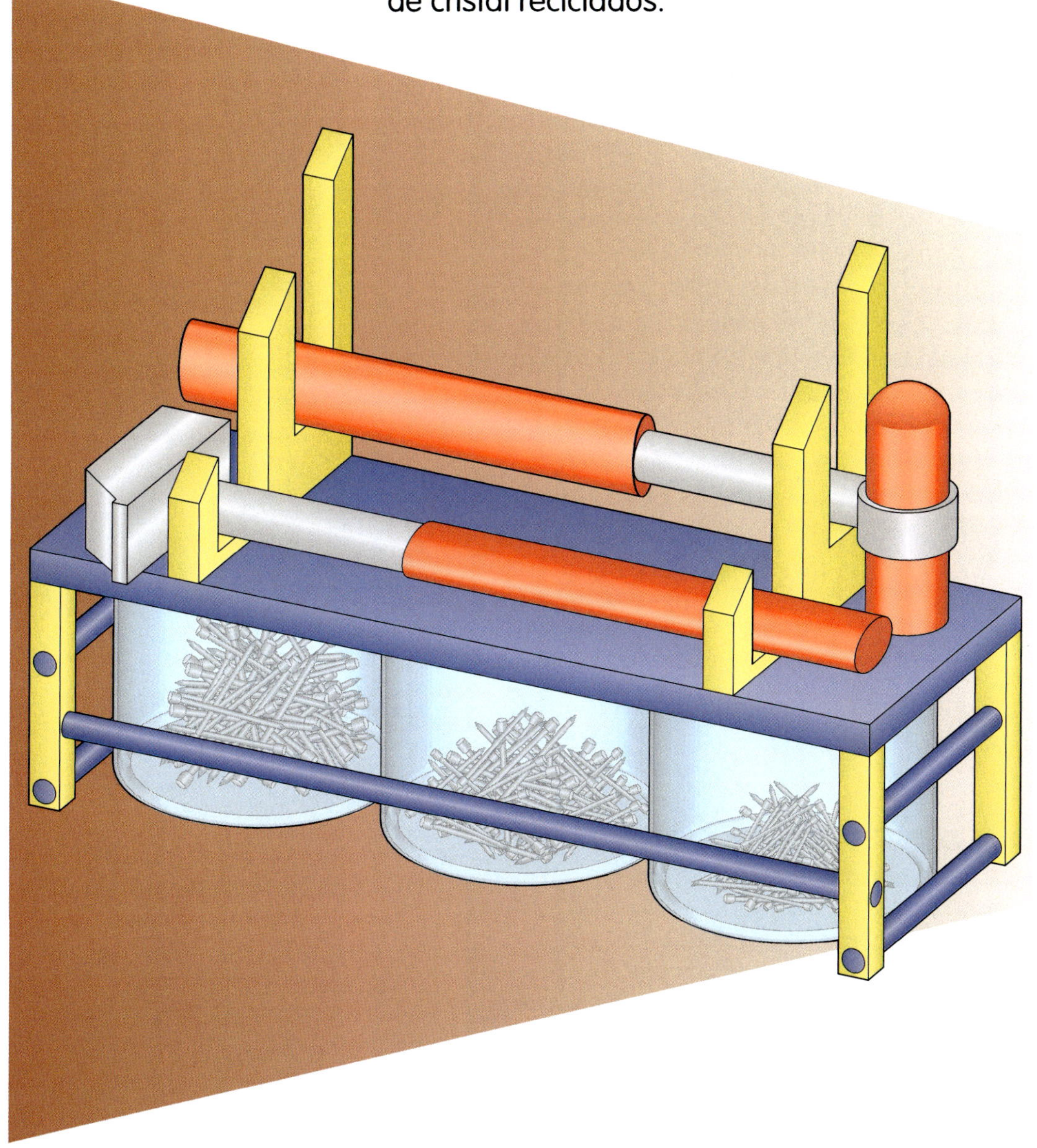

La estructura de este portaherramientas tiene un plano de apoyo cuya parte superior aloja dos martillos y cuya parte inferior sostiene tres recipientes de cristal que cuelgan de él por la tapa. Un armazón formado por cuatro montantes y travesaños en varillas cilíndricas de ramín protege los recipientes del exterior.

El estante se cuelga en la pared, sobre el banco de trabajo, con dos tacos: en el plano superior se fijan dos soportes en forma de Ôtenedor» que sostienen los mangos de los martillos. Los soportes se cortan con la sierra de vaivén y se fijan al estante con tornillos autorroscantes.

Coja tres recipientes de cristal de la misma medida. Atornille las tapas a la parte inferior del estante utilizando tres pernos con tuerca. Si los dos agujeros pasantes para atornillar las tapas coinciden con los soportes de tenedor (B), habrá que practicar dos fresados en el panel (A) para que la tuerca del perno quede a ras de la madera y el soporte quede apoyado en ella. Fije cuatro montantes de la misma altura que los recipientes en el estante con tornillos autorroscantes introducidos por la parte superior. Para cerrar la estructura y hacerla más fuerte, se pueden introducir varillas cilíndricas de ramín de 15 mm en los montantes por agujeros pasantes: dos barras para los lados cortos y una sola, introducida a una altura intermedia respecto a las otras dos, para los lados más largos.

LISTA DE MATERIALES NECESARIOS

•Contrachapado de 12 mm de espesor:

1 pieza (A) de 150 x 320 mm; 2 piezas (B) de 150 x 120 mm.

•Listón de sección cuadrada de 20 x 20 mm:

4 piezas (C) de 120 mm de longitud.

•Varilla cilíndrica de ramín de 15 mm de diámetro:

1 pieza (D) de 320 mm de longitud; 4 piezas (E) de 150 mm de longitud.

•Otros: *tornillos autorroscantes; cola vinílica; 2 tacos; 3 pernos con tuerca de 4 x 20 mm.*

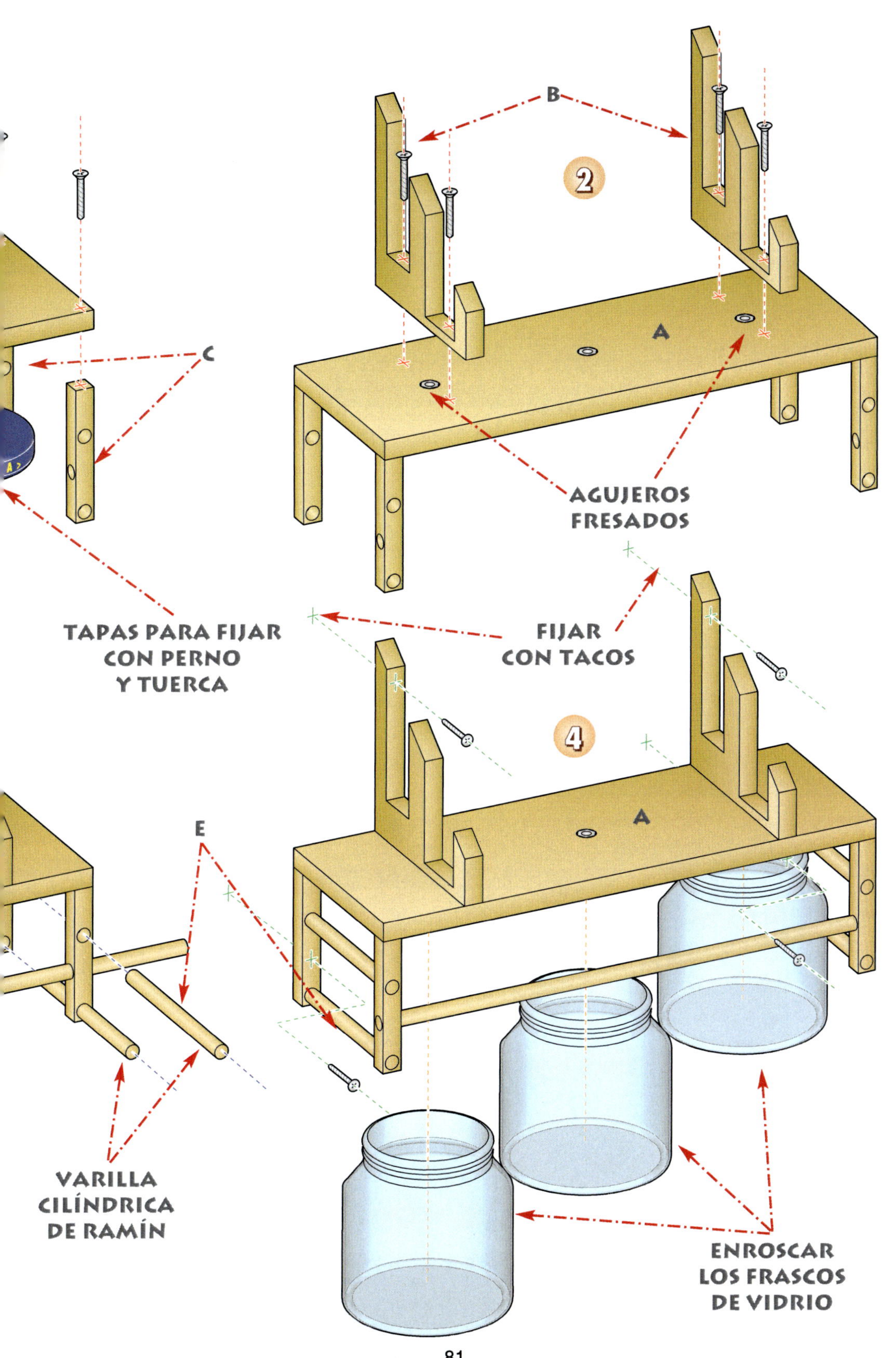
B
2
A
C
AGUJEROS
FRESADOS
TAPAS PARA FIJAR
CON PERNO
Y TUERCA
FIJAR
CON TACOS
4
A
E
VARILLA
CILÍNDRICA
DE RAMÍN
ENROSCAR
LOS FRASCOS
DE VIDRIO

Cola vinílica y otros adhesivos

La cola vinílica, llamada también cola blanca o PVA, es la cola más utilizada en los ensambles de madera.

No es tóxica, resulta barata y fácil de utilizar, y es muy eficaz para encolar otros materiales. Se aplica extendiéndola con un pincel o con la boquilla directamente sobre una de las partes que se desee unir.

Una vez aplicada, se deja secar durante unos minutos y después se juntan las piezas y se mantienen apretadas por medio de mordazas.

Para un encolado definitivo con cola vinílica deben transcurrir 24 horas.

Cola de contacto: permite un encolado bastante rápido en materiales diversos, incluso en los flexibles. La cola se aplica en las dos piezas y se deja secar hasta que no resulte pegajosa; en ese momento, se juntan las dos partes y se pegan enseguida.

Colas en caliente: son sustancias sólidas que se introducen en contenedores con resistencia, en los que se disuelven, y después se aplican; cuando se enfrían, se solidifican. Las colas de este tipo se aplican con pistola y son muy utilizadas en trabajos de diversa índole.

Cola animal: es de origen orgánico; antes se utilizaba para ensambles de madera. En la actualidad, se sigue utilizando en la restauración y reparación de muebles antiguos para mantener las características constructivas originales. Se compra en bolas y se disuelve al baño maría mezclándola con agua (75 g de cola cada 100 g de agua). Se aplica tibia y fluida, se juntan las dos piezas que se van a encolar y se aprietan con mordazas durante al menos 8 horas.

Cola a la caseína: se utiliza para la realización de contrachapados. Es resistente a la humedad.

La cola vinílica es la más adecuada para los ensambles de madera. Se aplica con pincel, se deja secar unos minutos, se unen las piezas y se aprietan en una mordaza durante 24 horas.

Minicajonera

Un mueble con muchos cajones pequeños para tener siempre en su sitio clavos, tornillos, tuercas y otros utensilios pequeños.

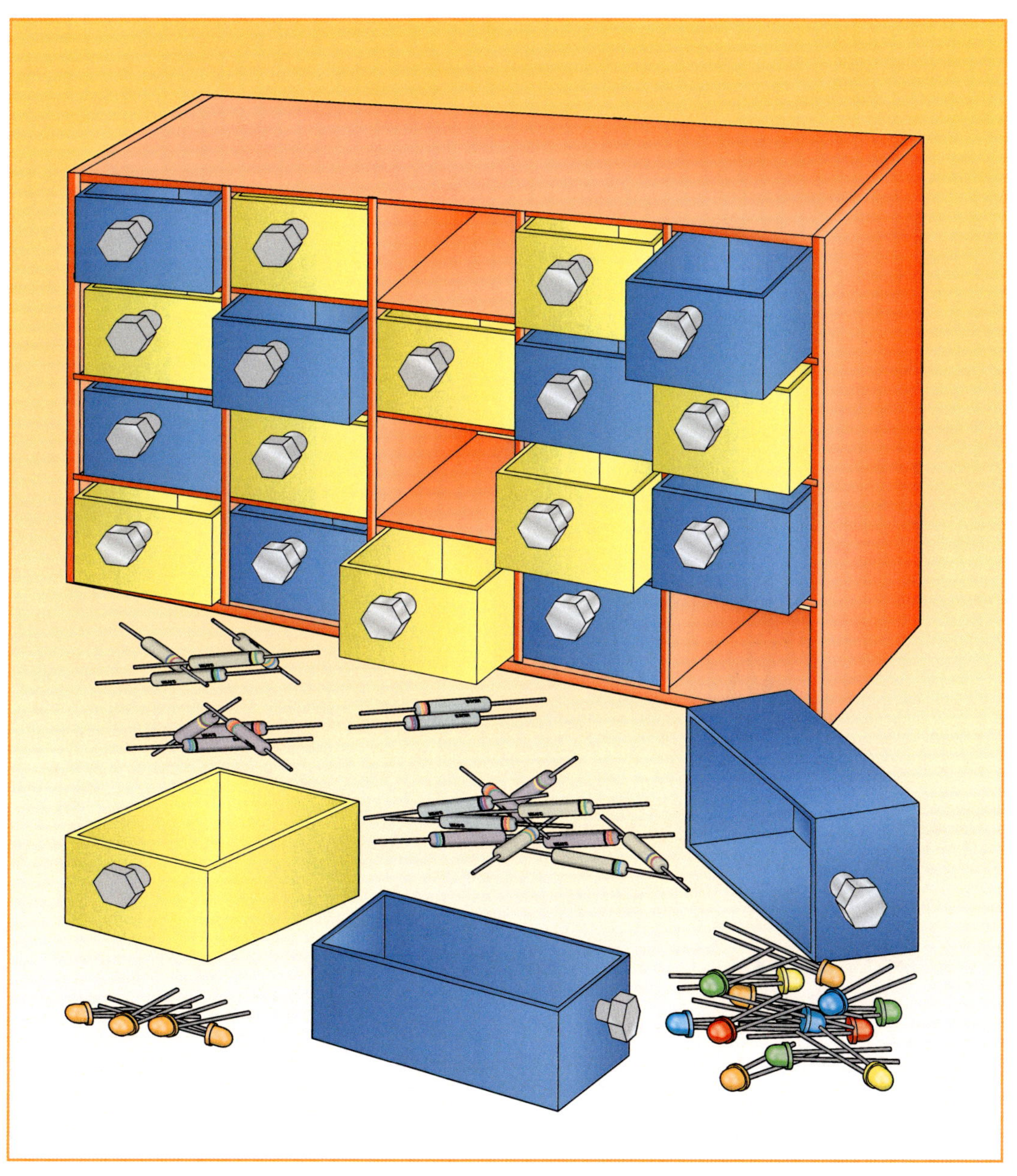

La estructura de este pequeño mueble está formada por un armazón exterior cuyas piezas están unidas entre sí mediante tornillos autorroscantes; en la superficie interior del armazón hay unos acanalados de 6 mm de profundidad que sostienen los paneles internos, unidos entre sí con ensambles a media madera; el cruce de los paneles crea unos huecos en los que se deslizan los cajones.

Para obtener los acanalados en las paredes internas del armazón puede utilizar, según sus preferencias, una fresadora portátil, una sierra circular o un serrucho de costilla.

Cada acanalado debe tener una anchura de 6 mm: si utiliza un serrucho obtendrá dicha medida con tan sólo dos cortes paralelos.

El ensamble a media madera garantiza una juntura precisa si la profundidad del corte es igual a la mitad exacta de la anchura de la pieza. Para conseguirlo, es necesario que sierre las cuatro piezas juntas (D), sujetándolas con la ayuda de unas mordazas; de este modo, con un único corte obtendrá ensambles idénticos en todas y cada una de las piezas. Aplique el mismo sistema en las tres piezas (C).

Todos los paneles cruzados se fijan al armazón externo mediante cola caliente en barra aplicada con pistola. Las piezas de los cajones también se encolan entre sí del mismo modo. Los pomos de los cajones pueden ser simples pernos de hierro provistos de tuerca por ambos lados.

LISTA DE MATERIALES NECESARIOS

•Contrachapado de 12 mm de espesor: *2 piezas (A) de 110 x 400 mm; 2 piezas (B) de 110 x 240 mm.*

•Contrachapado de 6 mm de espesor: *3 piezas (C) de 110 x 412 mm; 4 piezas (D) de 110 x 228 mm; 40 piezas (E) de 108 x 49 mm; 40 piezas (F) de 75 x 49 mm; 20 piezas (G) de 63 x 108 mm.*

•Otros: *20 pomos con tuerca y arandela, o con dos tuercas; tornillos autorroscantes de 3 x 30 mm; cola caliente en stick.*

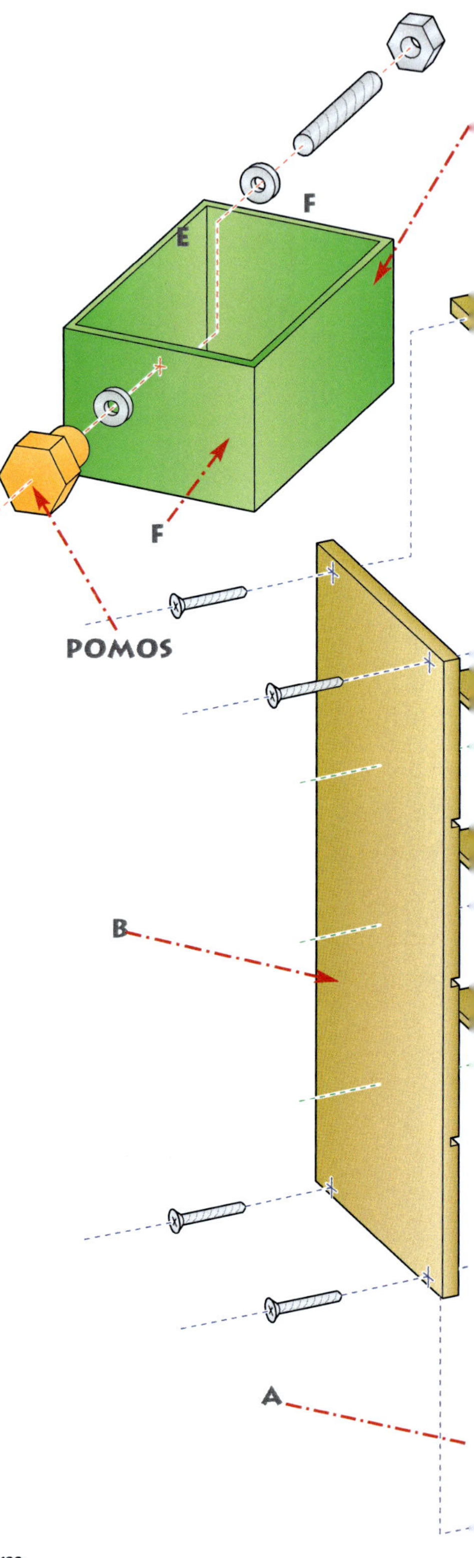

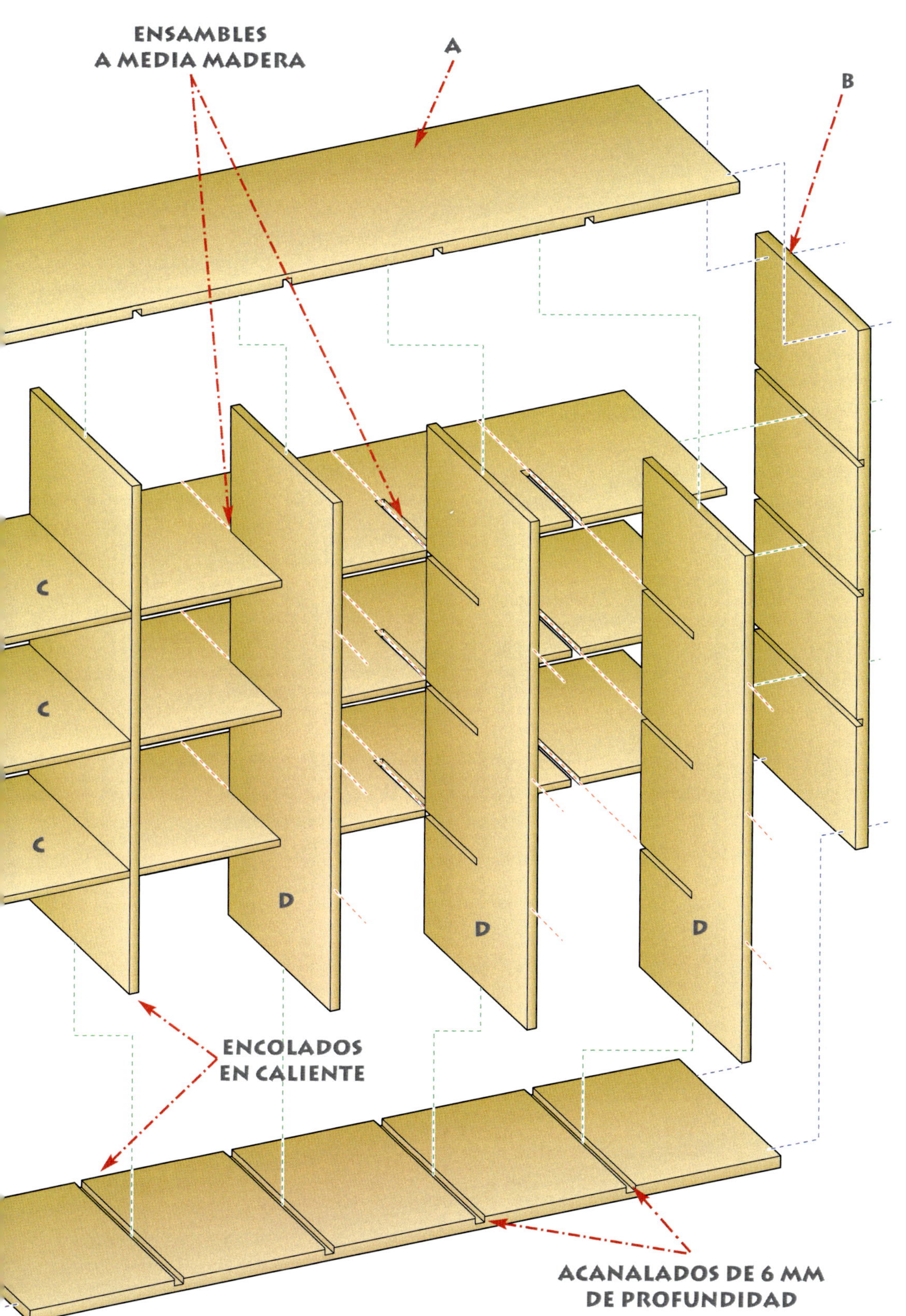
ENSAMBLES
A MEDIA MADERA
A
B
C
C
C
D
D
D
ENCOLADOS
EN CALIENTE
ACANALADOS DE 6 MM
DE PROFUNDIDAD

Serrucho de costilla y cortador de ingletes

Los numerosos acanalados de la minicajonera se pueden realizar con gran precisión, incluso a mano, si se emplean el serrucho de costilla y el cortador de ingletes.

Se trata de un serrucho manual formado por una hoja muy robusta de forma rectangular, reforzada en la parte superior con una vaina de hierro que termina en una empuñadura recta. Es una especie de serrucho, pero con una hoja tan fuerte que permite realizar cortes muy precisos sin correr el riesgo de que la hoja se curve.

PARA QUÉ SIRVEN

El serrucho de costilla sirve para realizar uniones de espiga y caja y ensambles diversos, o bien para cortar listones y otras piezas de madera que requieren ángulos muy precisos. Para ello, se utiliza también el cortador de ingletes; este accesorio sirve para cortar, en el ángulo justo, las barras de cornisas de manera que se puedan llevar a cabo las cornisas de cuadros. Hay muchos modelos de cortadores de ingletes, algunos muy sencillos y otros más complejos.

El modelo básico está formado por una especie de caja en forma de U sin los lados pequeños; en sus lados grandes hay unas entallas a 45° y 90°, tanto hacia la derecha como hacia la izquierda. De este modo, colocando el montante de la cornisa en el interior de la caja se puede introducir el serrucho de costilla (es el que se utiliza más, porque es muy rígido) y cortar el montante a 90° o a 45°, de manera que dos montantes cortados con el mismo ángulo formen una unión a 90°.

Existe otro modelo de cortador de ingletes formado por un pequeño banco con soportes verticales sobre el que se monta una sierra con ángulos regulables gracias a una guía de referencia. Con este último tipo de cortador de ingletes se pueden efectuar cortes de varios ángulos e incluso se pueden realizar cornisas poligonales.

El serrucho de costilla se guía con exactitud por las entallas presentes en el cortador de ingletes. De este modo, se pueden realizar acanalados y cortes en escuadra a 90° y 45°.

Armario de cocina

Un pequeño mueble con estantes para guardar manteles y otros accesorios y con una mesa de trabajo abatible: es perfecta para las cocinas pequeñas.

El armario está provisto de dos pequeñas puertas con cierre de muelle y comprende cuatro estantes. Una pequeña repisa (D) abatible y sujeta por dos cadenas se convierte en una útil mesa para preparar los alimentos.

Debajo del estante inferior aún queda suficiente espacio para colocar provisiones.

Los estantes están sujetos por listones (F), que se atornillan a los paneles por el interior; la distancia entre los estantes debe ser tal que la mesa (D), en posición vertical, cierre sobre el borde del estante y pueda mantenerse en dicha posición mediante un cierre magnético, cuya placa se atornilla en la parte interior del mismo estante. La mesa gira sobre una bisagra de cierre largo atornillada en el borde exterior de uno de los estantes.

El asidero practicado muy cerca del borde superior de la mesa, en posición central, facilita la maniobra: para cortar el asidero, practique dos agujeros que correspondan a los extremos del mismo y una los dos agujeros con dos cortes utilizando una sierra de vaivén. Antes de unir los paneles (A) al panel (B) de base, es necesario trazar y fijar en los paneles los listones (F) que sostienen los estantes. Después, se atornilla el fondo (H) y se colocan dos tablillas provistas de una serie de agujeros en la parte interior de una de las puertas, fijándolas con tornillos autorroscantes. De este modo se obtiene un cómodo portaherramientas.

LISTA DE MATERIALES NECESARIOS

•Contrachapado de 22 mm de espesor:
2 piezas (A) de 400 x 1.500 mm; 2 piezas (B) de 400 x 600 mm; 4 piezas (C) de 556 x 375 mm; 2 piezas (E) de 300 x 1.544 mm; 1 pieza (D) de 555 x 500 mm.

•Listón de 30 x 30 mm de sección:
8 piezas (F) de 375 mm de longitud.

•Tablilla de 15 x 50 mm de sección:
2 piezas (G) de 250 mm de longitud.

•Contrachapado de 8 mm de espesor:
1 pieza (H) de 1.544 x 400 mm.

•Otros: *4 bisagras; un cierre magnético con placa; 1 bisagra de piano de 550 mm de longitud; tornillos autorroscantes de 4 x 40 mm; tornillos autorroscantes de 3 x 20 mm; tornillos autorroscantes de 4 x 70 mm; 60 cm de cadena.*

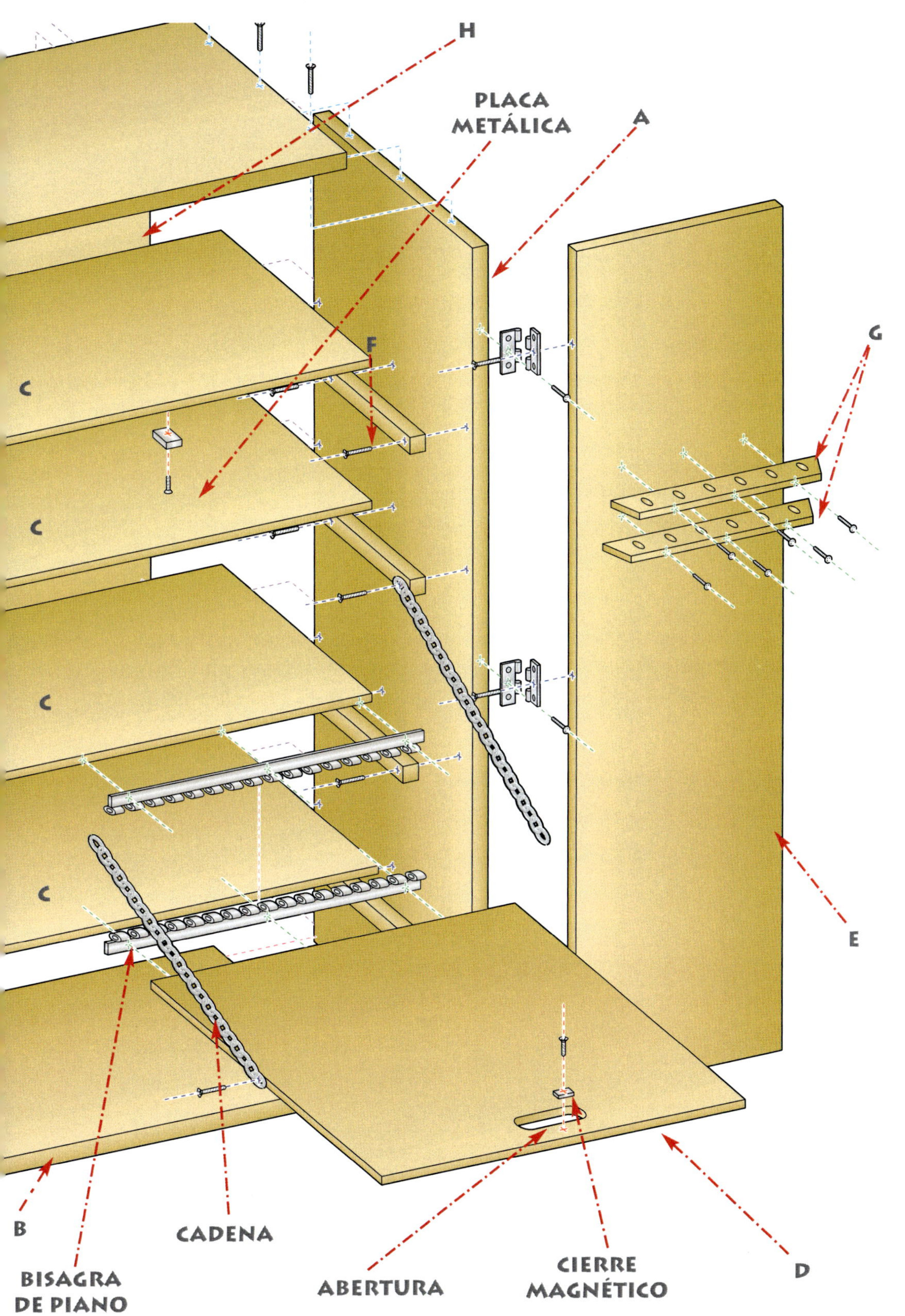
H
PLACA
METÁLICA
A
G
F
C
C
C
C
E
B
CADENA
BISAGRA
DE PIANO
ABERTURA
CIERRE
MAGNÉTICO
D

Sierra manual

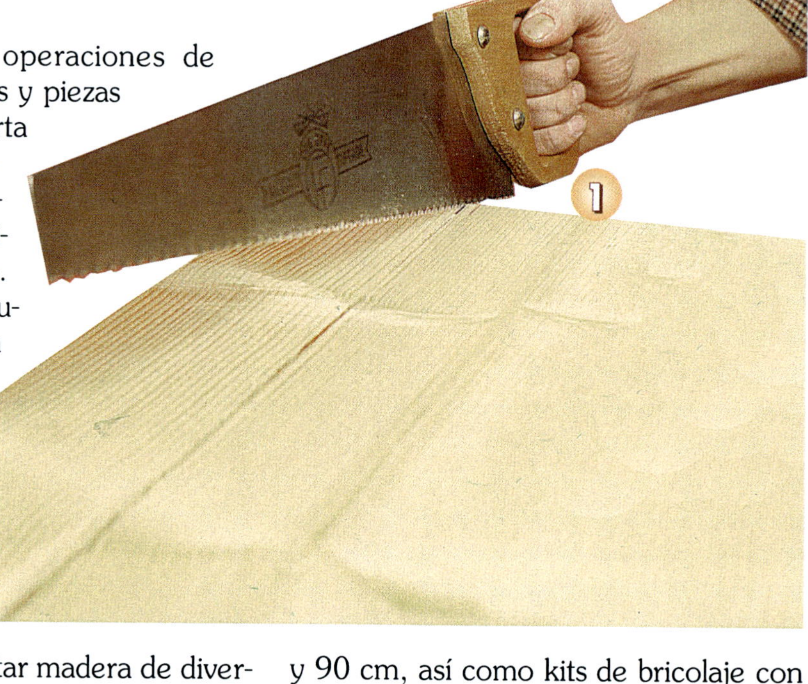

Las numerosas operaciones de corte en listones y piezas varias que comporta la construcción de este armario también se pueden realizar con un serrucho.

Las sierras o serruchos de mano están formados por una larga hoja dentada en forma de trapecio y una empuñadura. Es la sierra más práctica y la más utilizada en los talleres para cortar madera de diversas medidas, aunque suele emplearse para piezas pequeñas. Hay serruchos con hojas cuya longitud oscila entre 30 y 90 cm, así como kits de bricolaje con hojas de diversas formas y medidas intercambiables en una misma empuñadura.

1. Típico serrucho manual con hoja de 60 cm de longitud. Es un utensilio que, aunque haya sido superado por las máquinas eléctricas modernas, todavía es válido para efectuar rápidos cortes en superficies grandes.

2. Para cortar con el serrucho, la pieza se debe fijar (mejor si se usa un banco especial como el de la fotografía). Las pasadas deben ser regulares y no demasiado rápidas. Trabaje con la parte más ancha de la hoja para evitar quedarse «clavado»con la punta con la consiguiente curvatura de la hoja.

Sillita infantil

Pequeña, pero robusta,
capaz de resistir
los juegos más enérgicos
de los niños, porque
sus piezas están unidas
mediante clavijas.

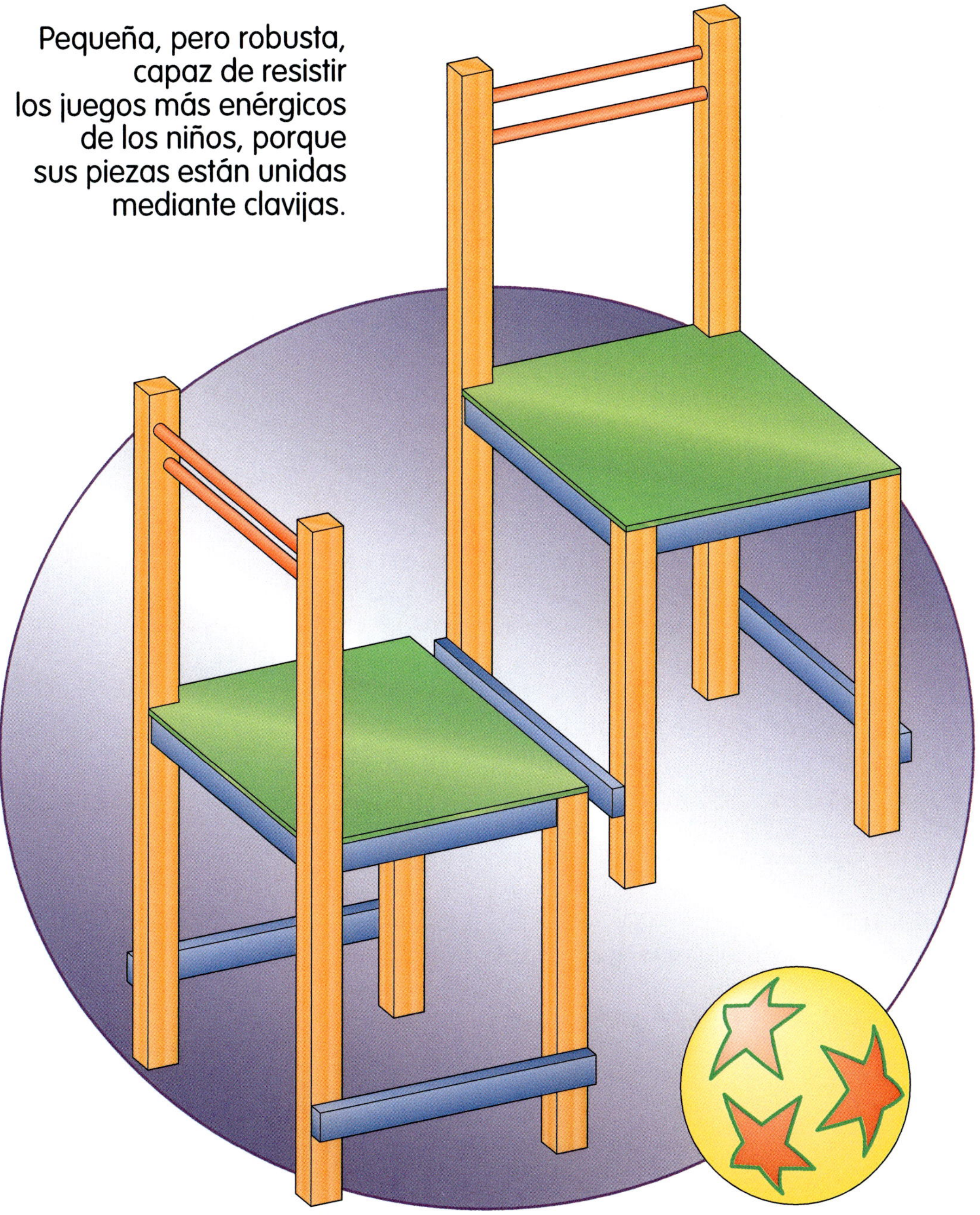

Esta sillita, más que para sentarse, está pensada para que los niños jueguen con ella. Está formada por un caballete posterior que comprende también el respaldo, un caballete delantero, más bajo, y el panel de asiento. Los dos caballetes están unidos por medio de travesaños horizontales (D) y travesaños de refuerzo (E).

Tratándose de un objeto destinado a los niños, hay que tener en cuenta su seguridad: todos los cantos se deben redondear con papel de lija, sobre todo el del panel del asiento; por la madera no deben sobresalir puntas de tornillos; el color del acabado debe realizarse con base de agua y no con disolvente.

Antes de comenzar el trabajo, es conveniente comprobar si se puede reciclar alguna madera que ya no sirva: los listones de 30 x 30 mm no son difíciles de encontrar; la madera cilíndrica de ramín, indispensable para el respaldo, se encuentra con facilidad en las tiendas de bricolaje.

Para que la unión con clavijas sea más rápida, se usan clavijas pasantes y, en lugar de agujeros ciegos, se practican agujeros pasantes con el taladro. En cualquier caso, antes de esta operación, realice un montaje previo de todas las piezas con unos tensores; así, con un único agujero y menos trabajo de trazado, se pueden preparar las dos piezas que se van a unir. La parte visible de la clavija no es antiestética en absoluto. Trabajando con esta técnica, es conveniente comprar las clavijas en barra y no cortar la parte sobrante hasta que haya introducido la barra en los agujeros de la unión.

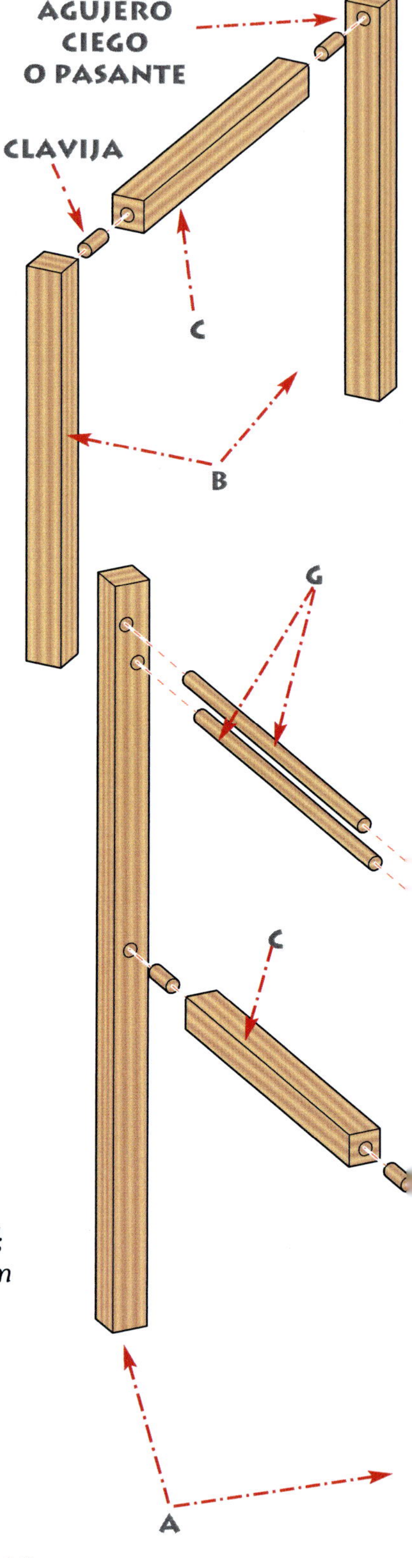

LISTA DE MATERIALES NECESARIOS

•Listón de abeto de 30 x 30 mm de sección: *2 piezas (A) de 500 mm de longitud; 2 piezas (B) de 250 mm de longitud; 2 piezas (C) de 190 mm de longitud; 2 piezas (C') de 190 mm de longitud.*

•Listón de abeto de 15 x 40 mm de sección: *4 piezas (E) de 250 mm de sección.*

•Panel de contrachapado de 12 mm de espesor: *1 pieza (F) de 250 x 250 mm.*

•Varilla de ramín de 15 mm de diámetro: *2 piezas (G) de 210 mm de longitud.*

•Otros: *4 protectores angulares de 20 x 20 mm; tornillos de 3 x 15 mm; tornillos de 3 x 30 mm; clavijas de metro, de 10 mm de diámetro; cola vinílica; pintura no tóxica con base de agua.*

El panel del asiento está sujeto por cuatro escuadras metálicas y atornillado por la parte inferior. Antes de fijarlo definitivamente, elimine los dos cuadrados posteriores correspondientes a la sección de los montantes (A) con una sierra de vaivén.

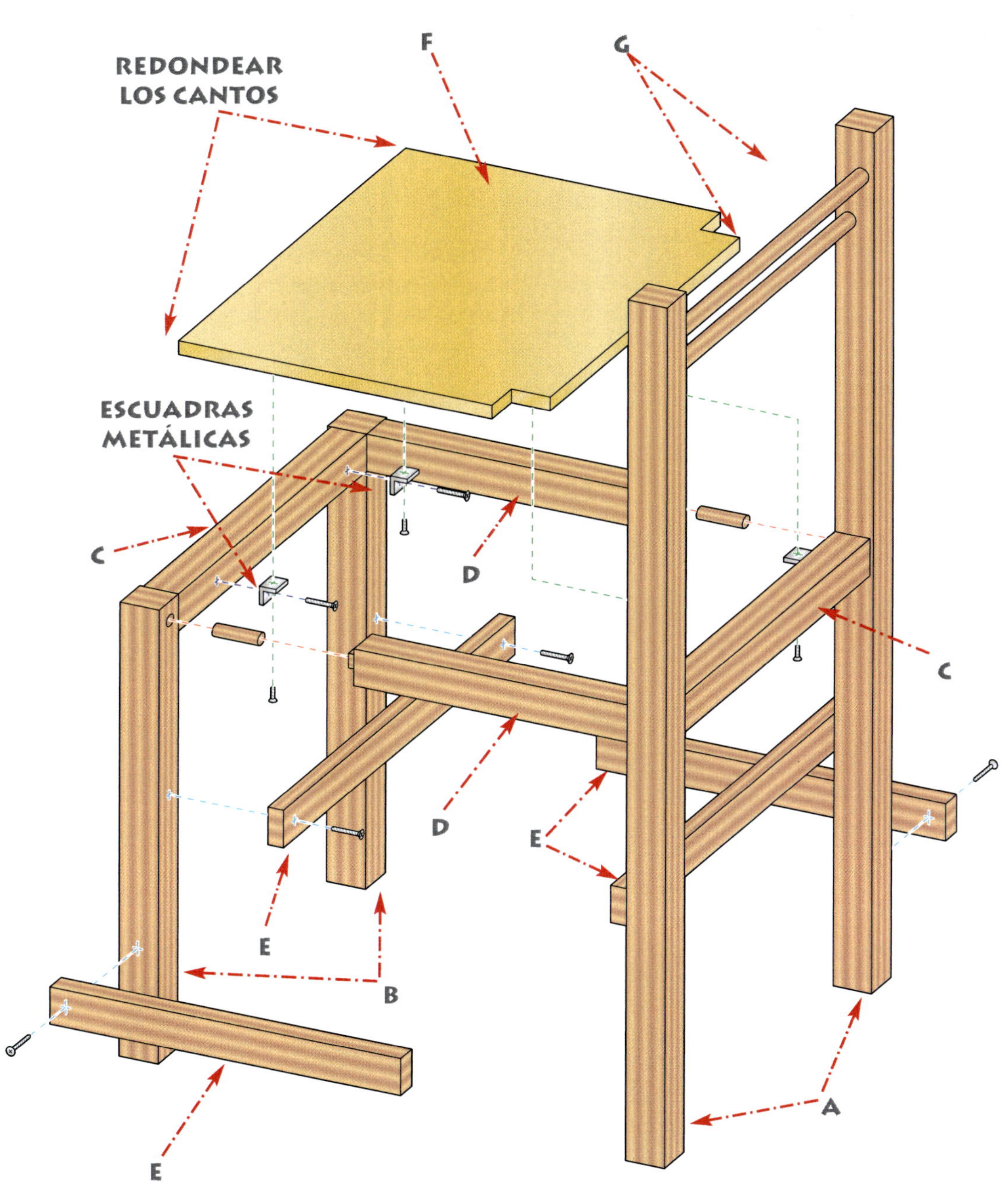

Un buen lijado

Una buena operación de lijado en madera o en sus derivados se puede realizar con papel de lija, aplicándolo manualmente tras haberlo doblado o haberlo envuelto en un calce de madera.

Por lo general, el lijado es una fase de aplanado y regularización posterior al cepillado y al alisado, por lo que se puede realizar con un papel de lija de grosor grande, medio o fino.

1. Para trabajar en grandes superficies planas, es conveniente aplicar el papel de lija en un calce de material sintético (más fácil de empuñar) y apoyar la madera sobre un material blando que le impida resbalar.
2. El aglomerado y el contrachapado se deben trabajar de manera especial en los bordes y cantos, porque al cortarlos se muestran ligeramente astillados.

CON EL PLATO LIJADOR

Si desea una acción enérgica y eficaz, puede utilizar el plato lijador para taladro y la lijadora orbital o de banda. Para obtener un lijado que proporcione una superficie fina y agradable al tacto, use el papel de lija extrafino.

EL ESMERIL

Se denomina con este nombre el papel o la tela abrasiva utilizada para pulir la madera o el metal (y otros materiales), con gránulos abrasivos extraordinariamente pequeños, que sirve, sobre todo, para definir y alisar a la perfección una superficie ya lijada con abrasivos más gruesos y agresivos. La medida del abrasivo, aplicado sobre un papel de lija o una tela abrasiva, se diferencia según el tamaño de sus gránulos. La medida del gránulo se define con un número: cuanto más alto es el número, más fino es el gránulo:

— para el papel de lija los gránulos van de 40 a 400;
— para el esmeril en seco, de 80 a 800;
— para las telas abrasivas de esmeril para carrocería (uso mojado), de 400 a 1.200.

Librería colgante

Una librería también se puede colgar si contiene libros pequeños u objetos decorativos.

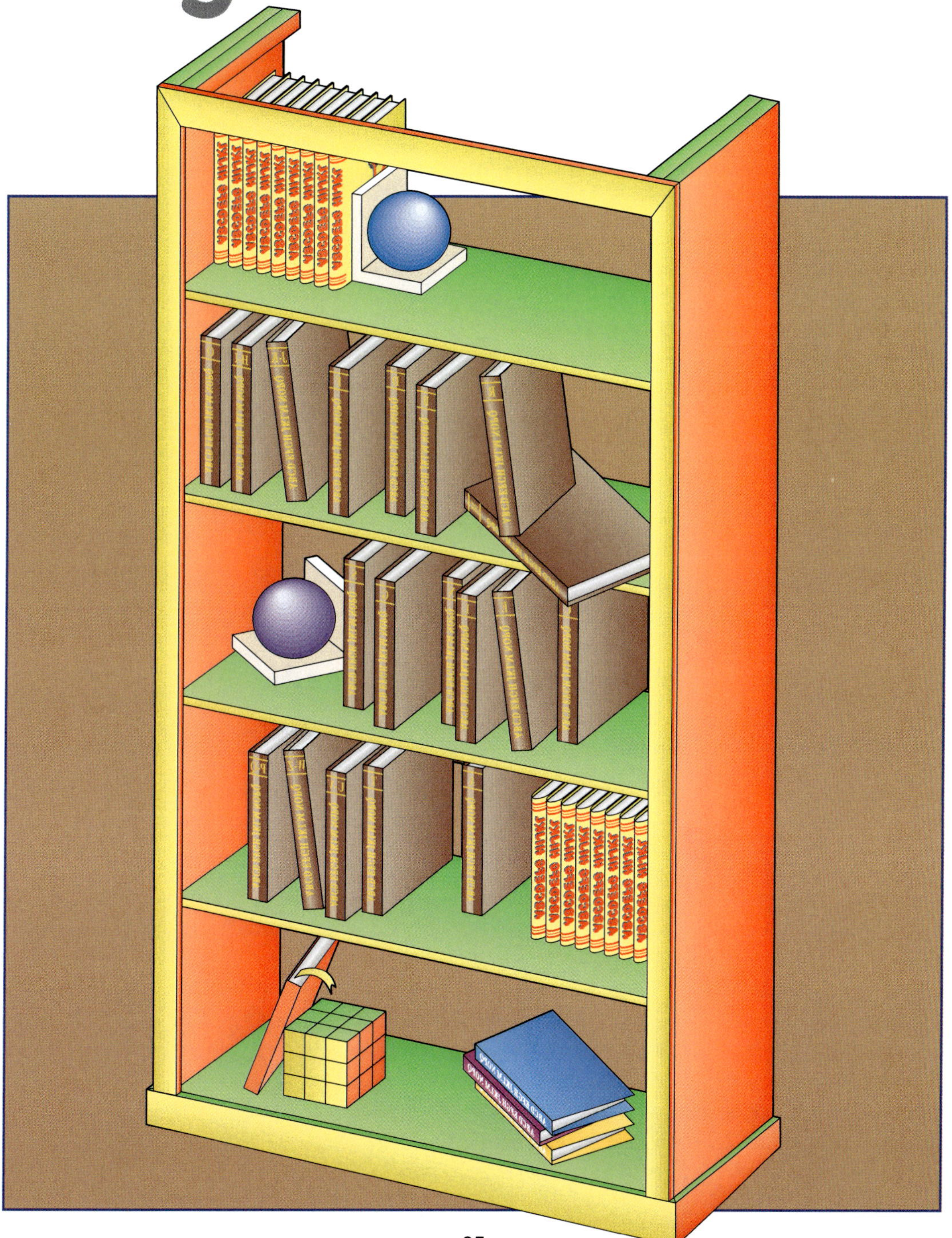

Solucione los típicos problemas de espacio colgando en la pared esta minilibrería con robustas alcayatas de hierro que se fijan, a su vez, a los montantes laterales. De hecho, son estos últimos los que sostienen la estructura, mientras que en los bordes externos se aplica una cornisa de valor puramente estético que, fijada con pequeños clavos, sirve para ocultar las junturas entre los estantes (B) y los montantes (A).

Puede realizar la fijación de los estantes a los montantes de varias formas; la elección depende sólo de los materiales y las herramientas de que disponga. Si dispone de una fresadora portátil, la mejor solución consiste en practicar unos acanalados de 10 mm de profundidad y 20 mm de anchura en los montantes, en los que introducirá y encolará los estantes.

Para fortalecer la base de la librería se aplican dos listones (C) atornillados a un listón (D); sobre estos se colocan los listones de acabado (E, H). El primer estante, comenzando por abajo, se atornilla a los listones (C, D) y queda en posición interior respecto a los montantes; por este motivo, se debe acortar su longitud en 20 mm antes de ensamblarlo.

El acabado se puede realizar con una mano de selladora seguida de una pintura al agua del color que prefiera. Sobre el canto visto de los estantes, se aplica una tira termoadhesiva del mismo color del acabado.

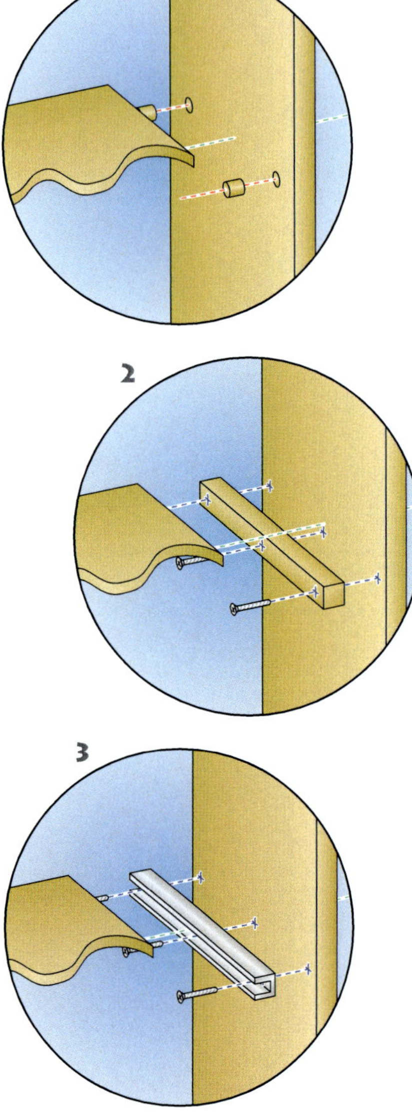

LISTA DE MATERIALES NECESARIOS

*•**Contrachapado de 20 mm de espesor:** 2 piezas (A) de 250 x 1.100 mm; 5 piezas (B) de 250 x 800 mm.*
*•**Listón de 30 x 30 mm de sección:** 4 piezas (C) de 250 mm de longitud; 1 pieza (D) de 720 mm de longitud.*
*•**Listón para cornisa de 5 x 30 mm de sección:** 1 pieza (E) de 830 mm de longitud; 2 piezas (F) de 1.100 mm de longitud; 1 pieza (G) de 820 mm de longitud; 2 piezas (H) de 255 mm de longitud.*
*•**Otros:** tornillos autorroscantes de 3 x 30 mm y 3 x 40 mm; tacos de 10 mm; 2 alcayatas metálicas; cola vinílica; selladora; pintura al agua; chapa de cantos termoadhesiva.*

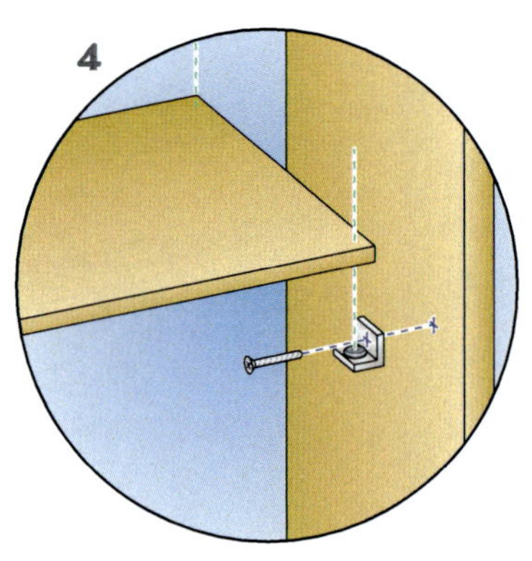

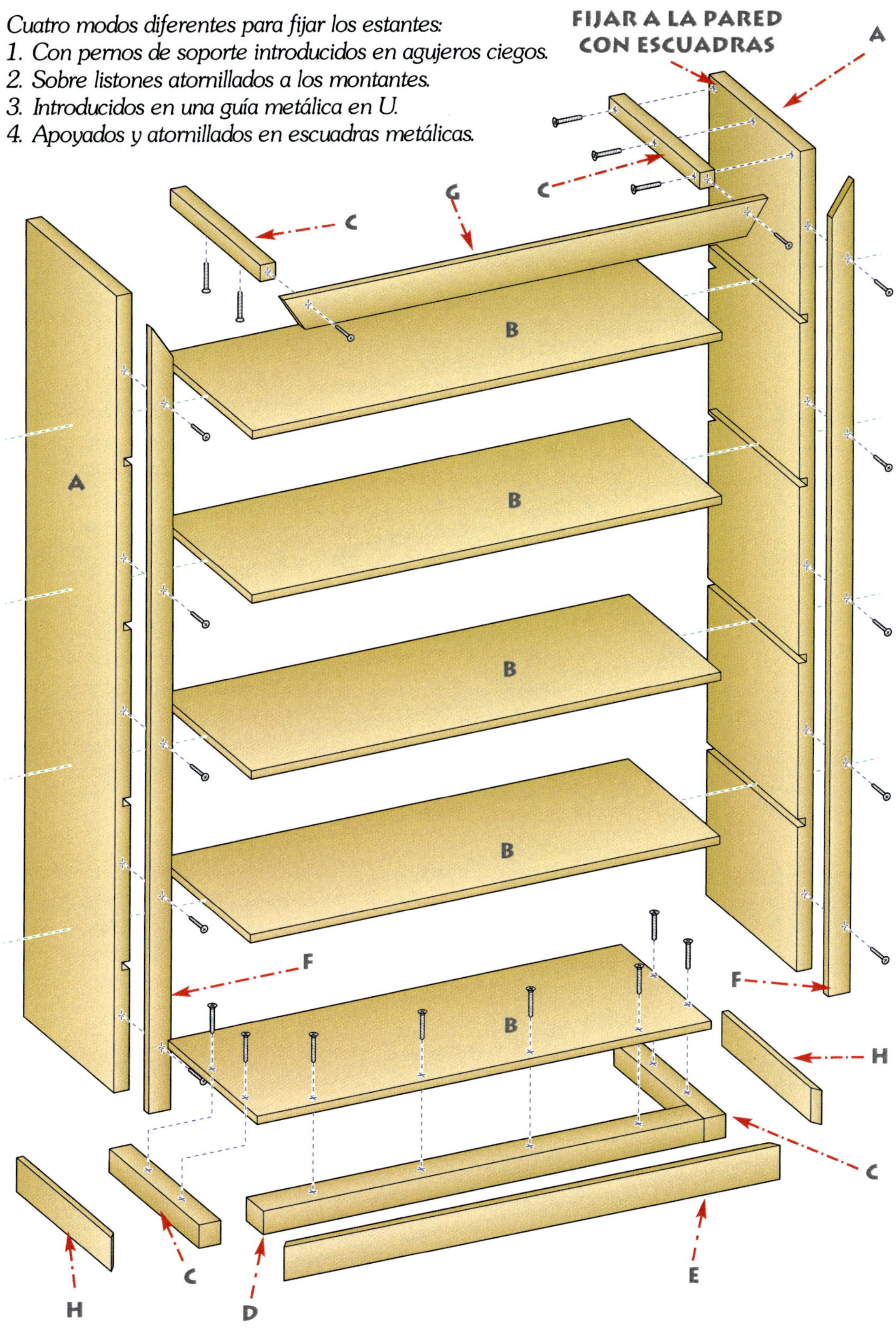

Cuatro modos diferentes para fijar los estantes:
1. Con pernos de soporte introducidos en agujeros ciegos.
2. Sobre listones atornillados a los montantes.
3. Introducidos en una guía metálica en U.
4. Apoyados y atornillados en escuadras metálicas.
FIJAR A LA PARED CON ESCUADRAS
A
C
G
C
A
B
B
B
B
B
F
F
H
C
H
C
D
E

Brocas de atornillar

Para realizar un gran número de atornillados, como en el caso de la librería colgante, es muy útil disponer de un taladro eléctrico o de un atornillador con velocidad regulable y fuerza de apriete preestablecida. Para fijar los tornillos se utilizan unas brocas especiales, intercambiables, que se introducen en el mandril del destornillador para fijar tornillos con varios tipos de ranura en la cabeza de los mismos (recta, phillips, pozidriv, etc.). Algunas brocas son de tipo magnético y otras se colocan mediante un pequeño muelle de acero.

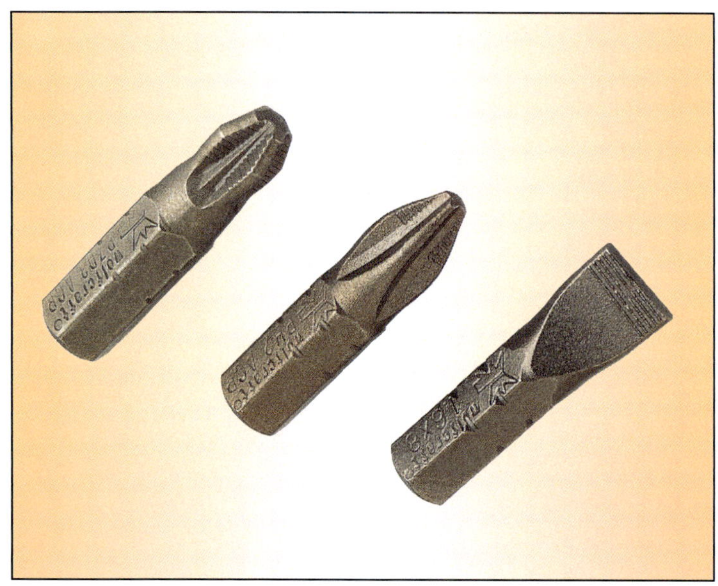

Tres brocas de atornillar: dos con punta de estrella y una con punta plana. Las primeras son para tornillos con la cabeza provista de ranura en cruz de varias medidas (para cabeza grande el primero y para cabezas pequeñas el segundo). El corto vástago con forma hexagonal facilita el bloqueo de la broca en el mandril.

Atornillado con atornillador eléctrico. La broca está sujeta por el mandril y acciona el tornillo. Los taladros atornilladores están provistos de rotación en ambas direcciones (derecha e izquierda) para atornillar y desatornillar. Los modelos más completos disponen de un dispositivo para regular la fuerza de atornillado para que el tornillo no se empotre excesivamente en la madera.

Mesa auxiliar de jardín

Cómoda y fuerte, se realiza con muy poco material.
Para colocarla al aire libre, al borde de la piscina...

No hacen falta ni clavijas ni ensambles; la unión de las distintas partes se realiza con tornillos autorroscantes y, si se desea, con un hilo de cola resistente al agua.

Se pueden encontrar con facilidad piezas sobrantes de otros trabajos y cortarlas a la medida necesaria, lijándolas un poco para redondear los cantos, y aplanando y eliminando las rebabas típicas de la madera sin tratar; en cualquier caso, para esta construcción sólo se necesitan tablas de un único tipo.

La estructura está formada por dos repisas iguales, unidas por medio de cuatro patas. Cada repisa está compuesta por una cornisa a la que se unen las tablas que forman el plano de apoyo.

Para obtener la cornisa, atornille dos tablas transversales (B) en el extremo de dos tablas longitudinales (A): necesitará dos tornillos para cada unión. Si trabaja en una superficie plana, como la de una mesa, evitará la aparición de combas en la cornisa. Atornille las tablas superiores (C) hasta cubrir todo el plano.

Una vez preparados los dos planos de apoyo, estos se unen a las patas (D) y el trabajo habrá terminado.

Si aplica una o dos manos de barniz de exteriores, la mesa será resistente a la lluvia y a la humedad.

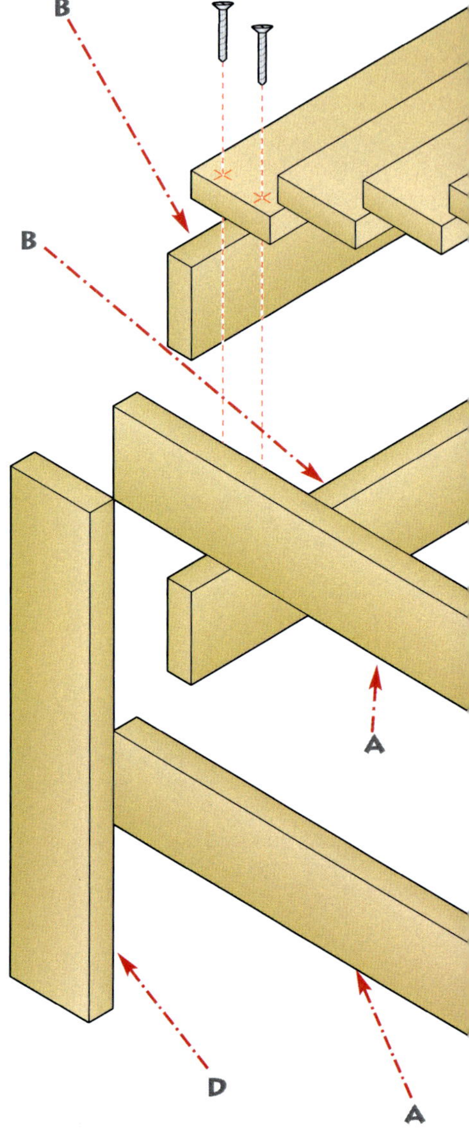

LISTA DE MATERIALES NECESARIOS

•*Tablas de 20 x 100 mm de sección:* *4 piezas (A) de 1.100 mm de longitud; 4 piezas (B) de 500 mm de longitud; 14 piezas (C) de 500 mm de longitud; 4 piezas (D) de 500 mm de longitud.*

•*Otros:* *tornillos autorroscantes de 4 x 40 mm; cola resistente al agua; tinte y barniz para exteriores.*

Debido a la sencillez de la estructura de la mesa, es posible preparar en primer lugar todas las piezas necesarias, cortarlas a medida, lijarlas y después ensamblarlas. Si se tratan las piezas con barniz de exteriores antes de ensamblarlas, la madera se conservará en buen estado incluso en el interior de las uniones.

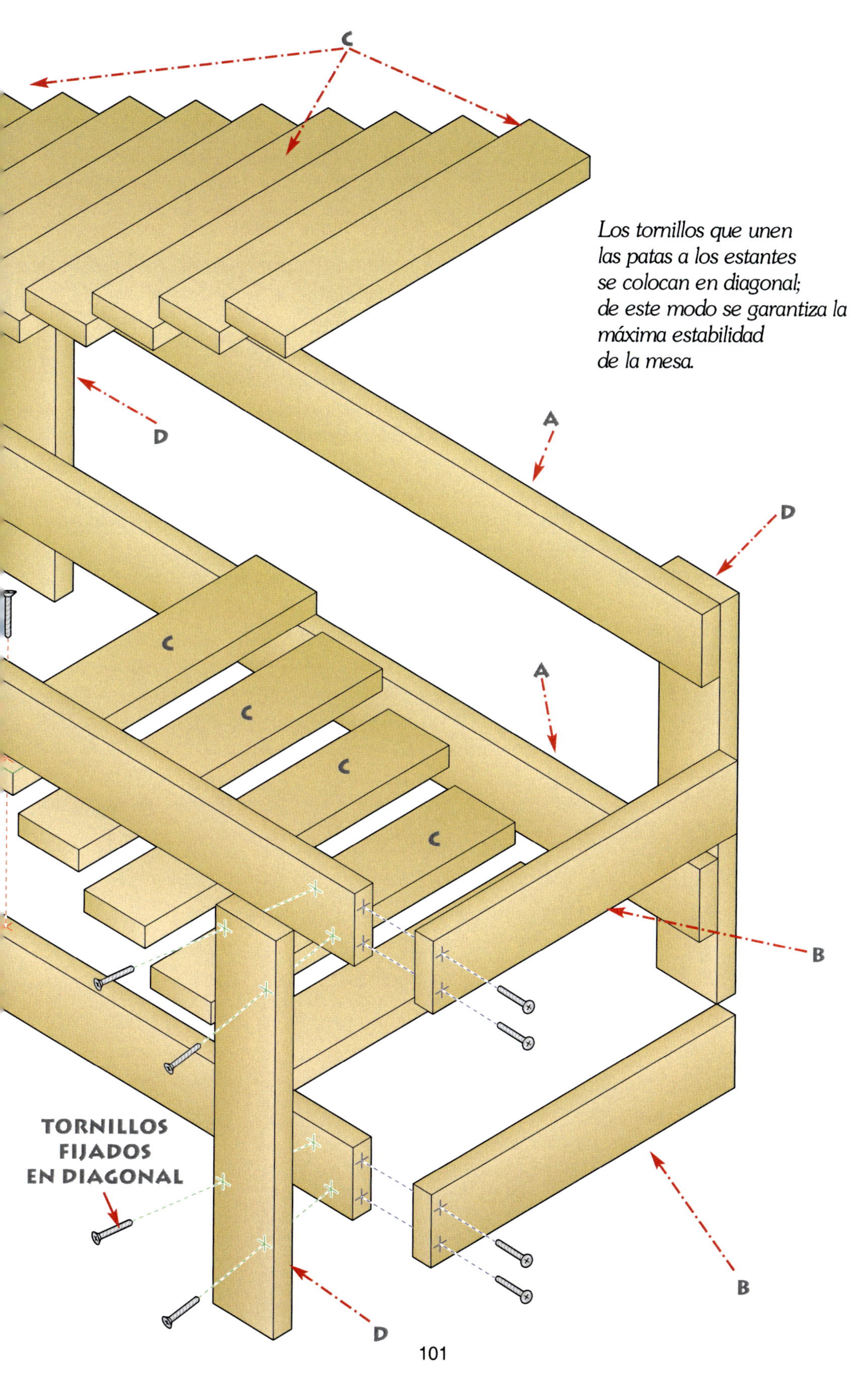

Los tornillos que unen las patas a los estantes se colocan en diagonal; de este modo se garantiza la máxima estabilidad de la mesa.

Tintes de color

El tinte que se aplica a la madera de la mesa para darle una nota alegre de color es un colorante muy fuerte.

En general, los tintes son anilinas que se venden en polvo o en gránulos; existen varios tipos de anilinas que se pueden disolver en agua, en alcohol o en aceite para aplicarlas en la madera.

DILUIDA EN AGUA

Cada tipo de solución presenta ventajas y desventajas. La anilina disuelta en agua es muy fácil de aplicar pero, por otra parte, la madera no absorbe de manera homogénea el agua y por ello algunas partes de la misma pueden presentar una coloración más o menos intensa.

En resumen, la anilina disuelta en agua se debe usar en maderas poco porosas y poco absorbentes.

LAS VENTAJAS DEL ALCOHOL

La anilina disuelta en alcohol se seca muy rápidamente, pero hay que prestar mucha atención cuando se aplica, porque si se pasa dos veces por el mismo sitio, la zona resultará más oscura que las demás y, por lo tanto, la técnica de aplicación debe ser más precisa.

En compensación, la superficie tratada con anilina disuelta en alcohol resulta mucho más brillante.

Finalmente, la anilina disuelta en aceite es fácil de aplicar, su absorción es muy lenta y por ello la superficie resulta más uniforme; el único inconveniente reside en que se debe esperar algunos días

para que se seque por completo antes de pasar a fases posteriores de acabado. En cualquier caso, la superficie que se vaya a tratar debe estar muy lisa y sin polvo, incluso se puede desengrasar con una solución de agua y amoníaco que, además, tiene la propiedad de ensanchar los poros de la madera y favorecer la posterior penetración de la anilina.

En la preparación de un tinte disuelto en agua se deben realizar algunas pruebas para determinar la cantidad de tinte necesaria para obtener el color deseado. Tenga en cuenta que hasta que no se seque por completo no se puede valorar el color obtenido.

Terrario casero

Un recipiente de cristal provisto de ruedas giratorias para exponer y proteger cactus y plantas tropicales.

La estructura de este terrario comprende un robusto armazón con elementos acanalados en los que se introducen paneles de cristal de 6 mm de espesor.

Los montantes y los travesaños del armazón se atornillan con tornillos y tuercas de cabeza hexagonal que se aprietan con una sencilla llave allen.

Cuatro ruedas giratorias atornilladas a los montantes de las patas convierten el terrario en un elemento fácilmente transportable.

El plano de base está sujeto por cuatro listones atornillados a los travesaños inferiores (A y B).

Se practican unos acanalados longitudinales de 6 mm de anchura y 10 mm de profundidad en todos los listones, mediante la fresadora portátil con fresa cilíndrica de 6 mm de anchura; también sirve la sierra circular, efectuando dos pasadas paralelas de 10 mm de profundidad de corte. Atornille los listones de apoyo de los planos a los travesaños inferiores; una los travesaños inferiores (A y B), a los montantes (C) con pernos de tornillo y tuercas.

Tras haber introducido los cristales en los acanalados, se procede a cerrarlos por arriba con los travesaños superiores (D y E), que se unirán a los montantes mediante tornillos y tuercas, al igual que los travesaños inferiores. El terrario estará terminado en cuanto introduzca el panel de base (H), que se coloca apoyándolo simplemente sobre los listones (G y F).

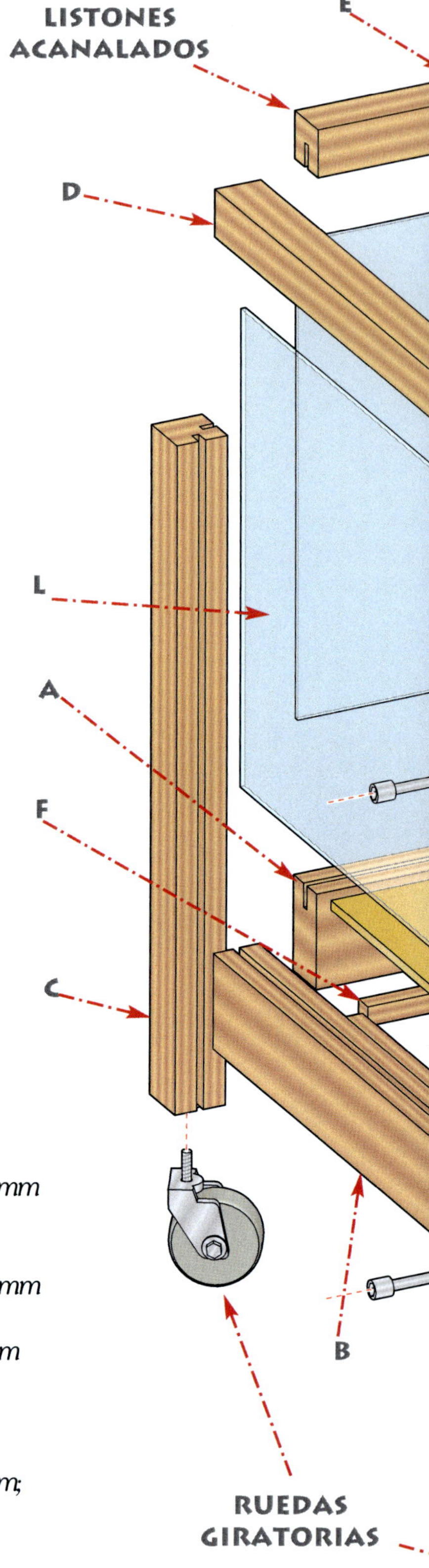

LISTA DE MATERIALES NECESARIOS

•Listón de pino de Suecia de 35 x 55 mm de sección: *2 piezas (A) de 600 mm de longitud; 2 piezas (B) de 300 mm de sección.*

•Listón de pino de Suecia de 35 x 35 mm de sección: *4 piezas (C) de 700 mm de longitud; 2 piezas (D) de 300 mm de longitud; 2 piezas (E) de 600 mm de longitud.*

•Listón de 15 x 15 mm de sección: *2 piezas (F) de 570 mm de longitud; 2 piezas (G) de 300 mm de longitud.*

•Contrachapado de 15 mm de espesor: *1 pieza (H) de 300 x 600 mm.*

•Cristal de 6 mm de espesor: *2 piezas (I) de 620 x 380 mm; 2 piezas (L) de 320 x 380 mm.*

•Otros: *4 ruedas giratorias; pernos con cabeza hexagonal de 6 x 50 mm.*

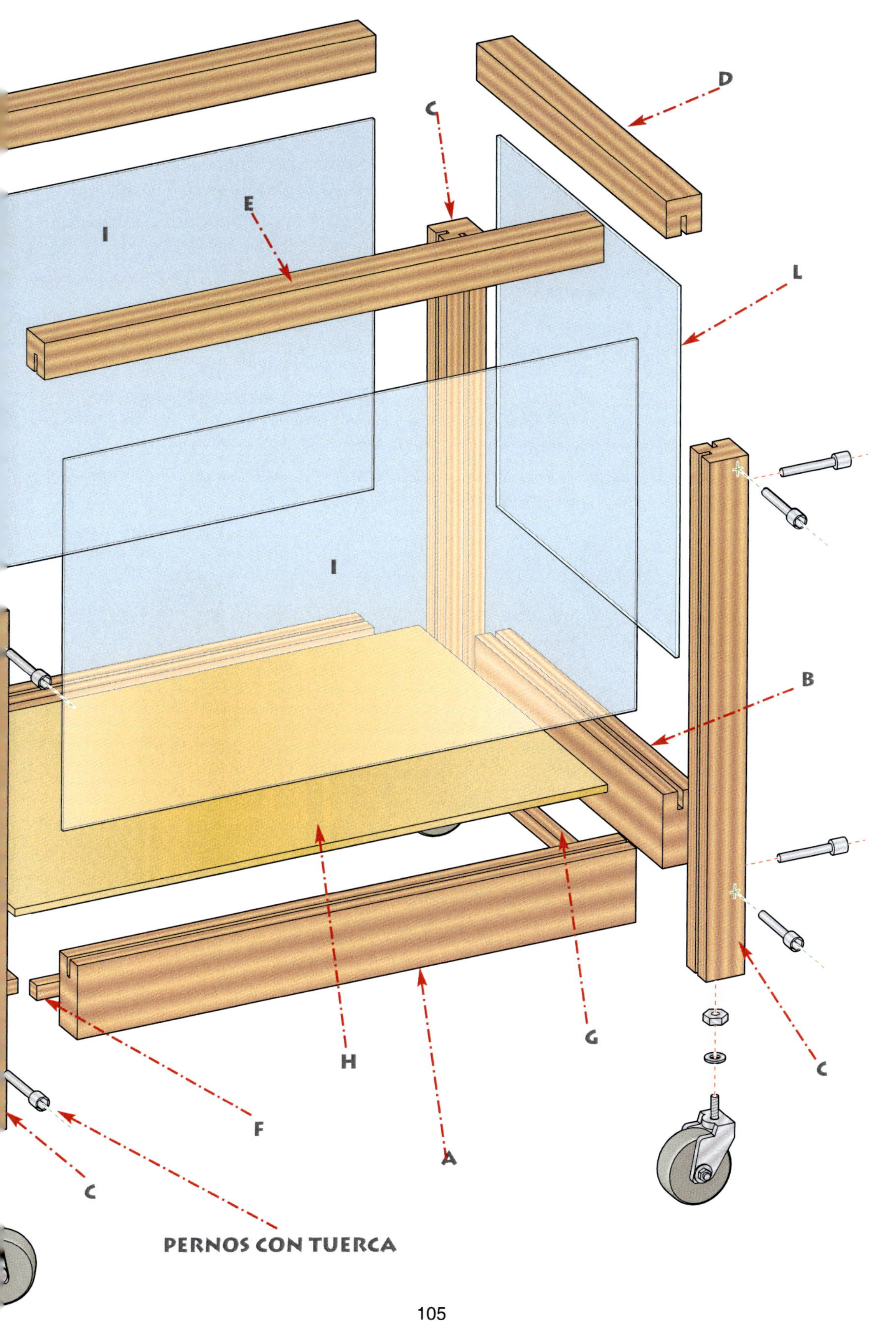
D
C
E
I
L
I
B
C
G
H
F
A
C
PERNOS CON TUERCA

Llave hexagonal

Los tornillos utilizados en la construcción del terrario presentan un alojamiento hexagonal en el que se puede introducir la llave correspondiente. Este tipo de tornillo se puede atornillar y desatornillar fácilmente varias veces.

Las llaves hexagonales o allen son de medidas y tipos diversos y se encuentran disponibles en varios diámetros. También hay *packs* que comprenden una serie de llaves de diámetro creciente y son muy prácticos, porque abarcan casi todas las medidas.

1-2. Las llaves para tornillos con cabeza hexagonal se venden en paquetes que contienen tamaños diversos. Las de forma de L tienen dos tipos de palancas que se adaptan a varias situaciones operativas.

3. Si tiene que utilizar varias veces cierto tamaño de tornillos con cabeza allen, es conveniente que disponga de una llave especial con empuñadura en forma de T que facilita y agiliza el trabajo.

Cobertizo para herramientas

Construido con paneles y con un techo de tejas canadienses, está pensado para resistir a la intemperie.

La base es un armazón de tablas unidas con ensambles a media madera, sobre la que descansa el pavimento de contrachapado fenólico. Las junturas se fijan con clavos y cola marina. El panel del pavimento lleva cuatro acanalados de 50 x 50 mm en los cantos, en los que se introducen los montantes de las paredes.

Las paredes son panelados obtenidos a partir del anclaje de los paneles a los montantes, formados, a su vez, por pequeños listones; en el lado inferior, los montantes sobresalen 100 mm de los paneles para que encajen bien en los acanalados del pavimento. En el panelado posterior, los montantes se clavan a ras de los paneles; en los dos panelados frontales, los montantes (N) sobresalen 25 mm de los paneles para crear el juego de la puerta.

El revestimiento se realiza con tejas canadienses, con tres estratos superpuestos que se clavan a las tablas subyacentes.

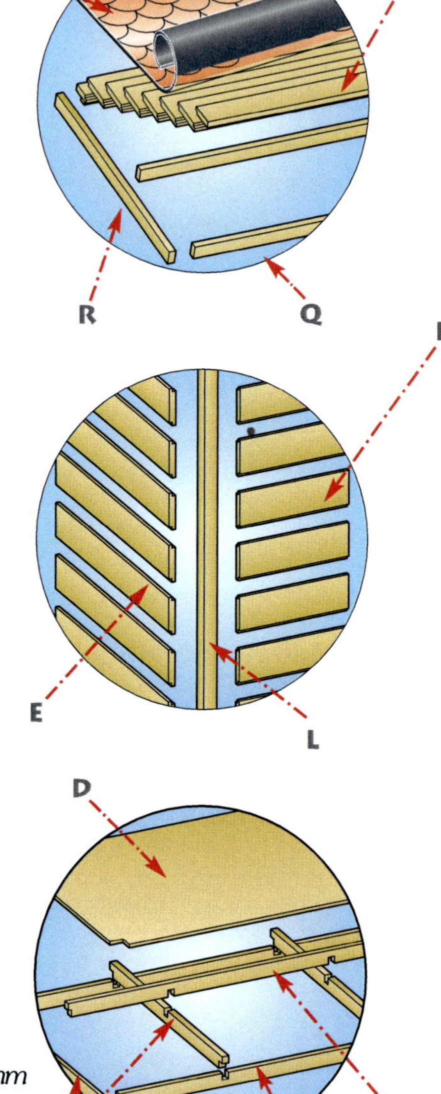

LISTA DE MATERIALES NECESARIOS

Base

•Tablas de 30 x 100 mm: *2 piezas (A) de 1.940 mm de longitud; 4 piezas (B) de 1.200 mm de longitud; 1 pieza (C) de 2.000 mm de longitud.*

•Contrachapado fenólico de 25 mm de espesor: *1 pieza (D) de 1.140 x 1.940 mm.*

Paredes y puertas

•Paneles de 20 x 120 mm de sección: *18 piezas (E) de 2.000 mm de longitud; 36 piezas (F) de 1.200 mm de longitud; 30 piezas (G) de 550 mm de longitud; 1 pieza (H) de 2.000 mm de longitud; 7 piezas (I) de 1.800 mm de longitud.*

•Listones de 50 x 50 mm de sección: *2 piezas (L) de 2.260 mm de longitud; 2 piezas (M) de 2.020 mm de longitud; 2 piezas (N) de 1.800 mm de longitud; 2 piezas (O) de 1.800 mm de longitud; 2 piezas (P) de 720 mm de longitud.*

Techo

•Tablas de 30 x 100 mm de sección: *2 piezas (Q) de 2.060 mm de longitud; 2 piezas (R) de 1.350 mm de longitud.*

•Paneles de 20 x 100 mm de sección: *12 piezas (S) de 2.060 mm de longitud.*

•Tejas canadienses: *piezas (T) para cubrir un área de 2.060 x 1.350 mm.*

Otros

Clavos de 60 mm; cola marina; 1 candado; 2 escarpias para madera; barniz de exteriores; 2 bisagras para cierres.

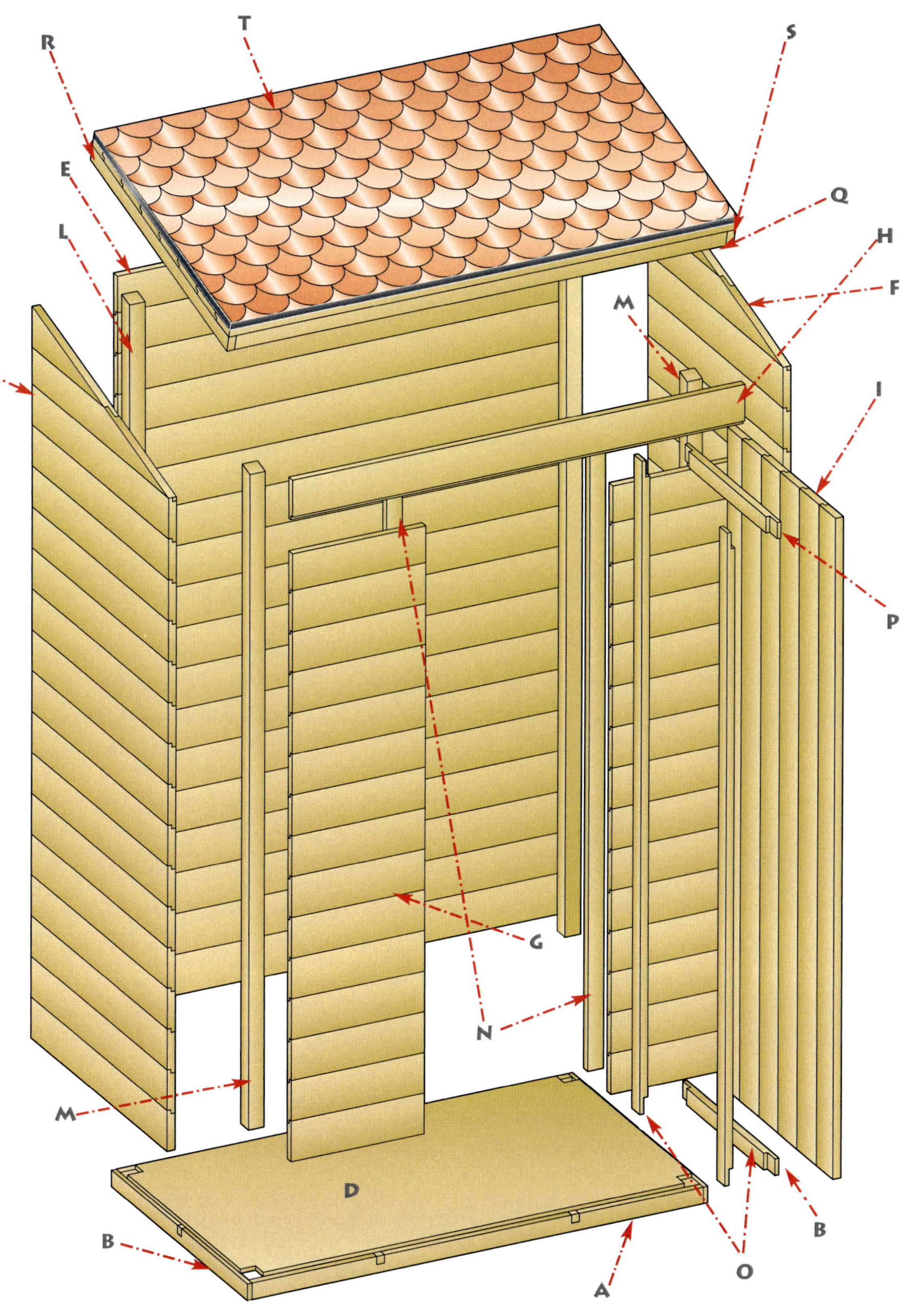
T
R
S
Q
E
H
L
F
M
I
P
G
N
M
D
B
B
O
A

Tejas canadienses

Las tejas canadienses son unos elementos de cobertura compuestos por material bituminoso.

Se trata de piezas rectangulares de notable extensión (90 x 35 cm), pero muy ligeras y resistentes. Se aplican sobre un fondo continuo de madera mediante clavos.

LA SUPERPOSICIÓN

Una parte de cada teja se superpone a la que le sigue; de este modo, se obtiene una cobertura perfectamente sellada.

Las tejas canadienses son prácticamente insensibles a los cambios de temperatura y soportan muy bien su ubicación en el exterior.

Son ideales para cubrir techos muy inclinados o techos cuya estructura no esté preparada para soportar el peso de las tejas normales. El recubrimiento se realiza comenzando por la parte más baja y clavando en el techo filas de tejas superpuestas la una a la otra. De este modo, se evita cualquier tipo de filtración de agua pluvial.

1. Recubrimiento con tejas canadienses de forma geométrica regular.

2. Tejas de 90 x 35 cm. La superposición parcial simula el recubrimiento con las clásicas tejas semirredondas.

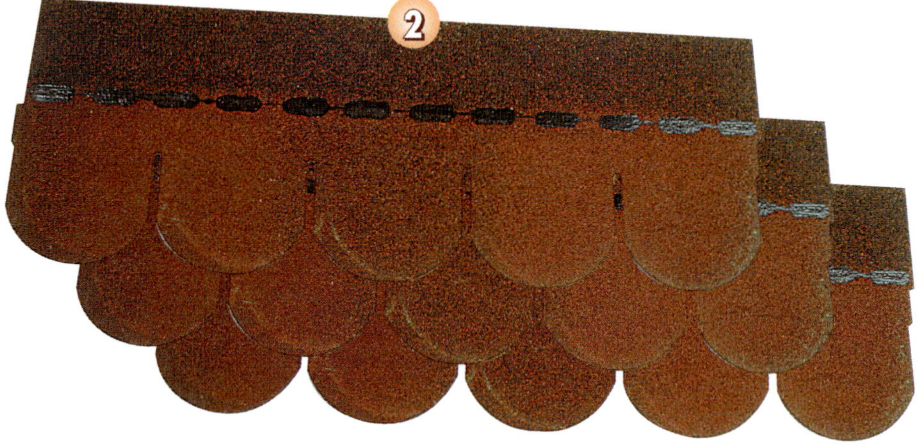

Repisa colgante

Esta pequeña repisa, que recuerda el clásico estilo marinero, permite tener a mano un servicio completo de copas.

Este accesorio de decoración se compone de tres únicas piezas, pero es muy importante cuidar la elaboración y el grado de acabado, sobre todo si se desea barnizar la repisa con un color natural, ya que este tipo de acabado no permite la aplicación de masilla para corregir imperfecciones.

Las copas, colocadas boca abajo, tienen el pie en la parte ancha de la hendidura, que se realiza con la broca del taladro. Es importante trazar previamente el centro de los agujeros para dividir la tabla (A) en 7 partes iguales, teniendo en cuenta que en los extremos de la tabla hay que dejar 7 mm más de ancho.

Las hendiduras se practican con una pasada doble con la sierra de vaivén; tras haber realizado el agujero, comience el corte por la parte delantera para terminarlo en el agujero mismo.

Los extremos inferiores de los montantes (B) son redondeados; para que la forma de ambos sea idéntica, proceda de la siguiente manera: superponga las dos tablas (B), cortadas a la medida justa, y únalas con dos puntas cónicas para realizar las siguientes operaciones en una única pieza; con la ayuda de un compás, trace un cuarto de circunferencia de 90 mm de radio; a continuación, apriete las dos piezas superpuestas (B) en una mordaza y con la sierra de vaivén practique un único corte; defina el corte con papel de lija de granulado 60; después, con papel de 120 y 220; por último, separe las dos piezas y enmasille los agujeros con cera de color cereza.

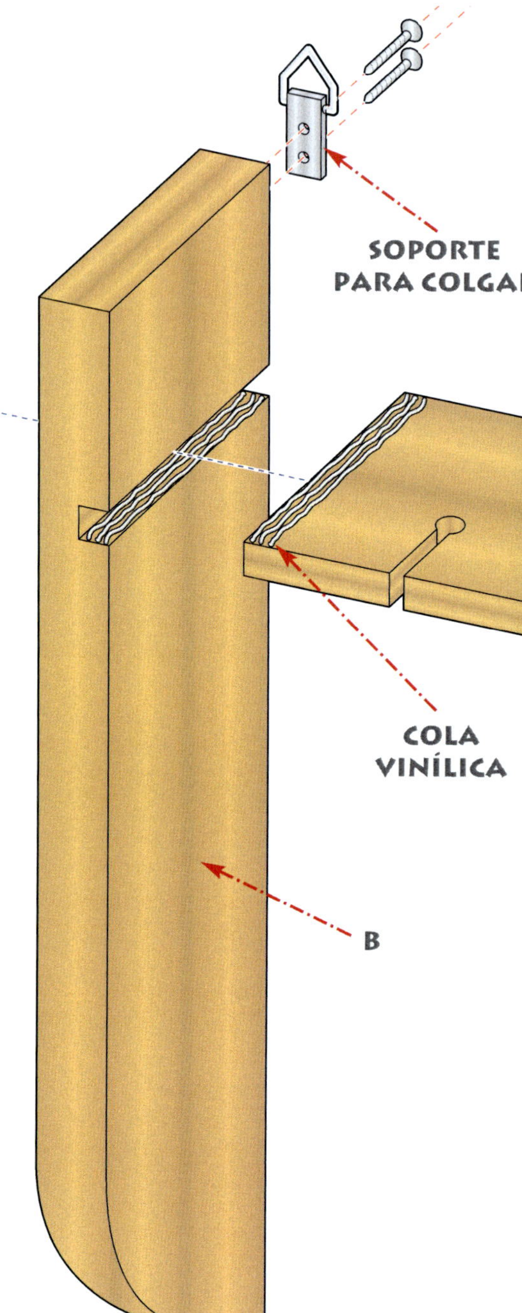

LISTA DE MATERIALES NECESARIOS

•***Tabla de 10 mm de espesor:*** *1 pieza (A) de 90 x 330 mm.*

•***Tabla de 15 mm de espesor:*** *2 piezas (B) de 90 x 270 mm.*

•***Otros:*** *2 alcayatas para cuadros; tornillos y clavos; cola vinílica; tinte disuelto en agua o en alcohol de tono cereza; tapaporos; cera o barniz transparente para acabado; barrita de cera para retoques de tono cereza.*

El acanalado de 10 mm de anchura y 7 mm de profundidad se obtiene con una sierra circular provista de tope de profundidad, o bien con el serrucho de costilla y el formón. En ambos casos, conviene juntar las dos partes y realizar los cortes de 180 mm de longitud a la vez para obtener una mayor exactitud. Antes de introducir la tabla (A) en el acanalado, extienda un hilo de cola vinílica.

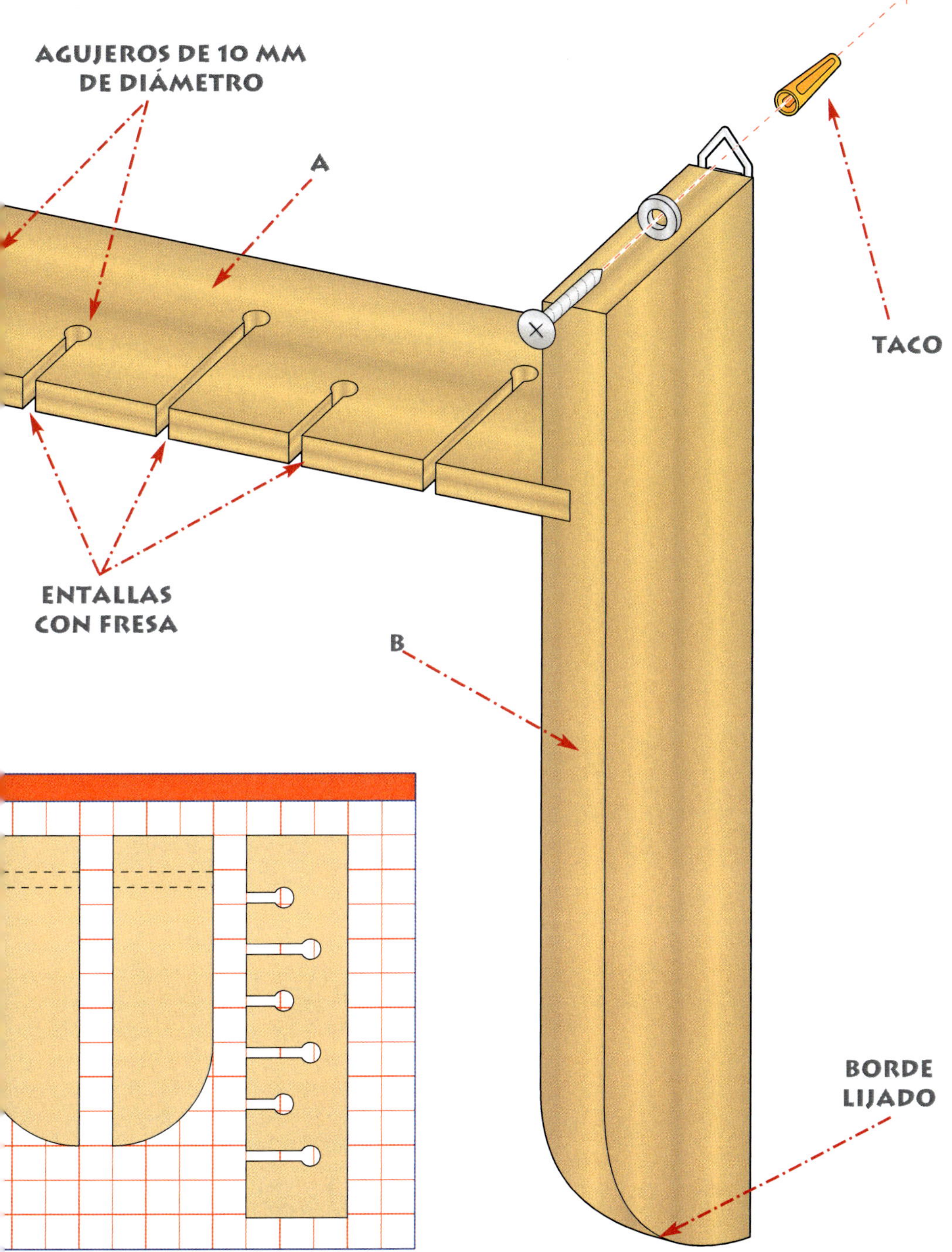

Fresa para acanalados

Los estrechos acanalados que se deben practicar en la repisa colgante se pueden realizar de varios modos: con la sierra de vaivén, con un serrucho de costilla o, mejor todavía, con una fresa del diámetro adecuado.

En el mercado se encuentran numerosos tipos de fresas (como la que aparece en la fig. 1), que se introducen en el mandril del taladro, montado a su vez en un soporte vertical de columna. Al poner la madera en contacto con la fresa en rotación se obtienen acanalados de una precisión absoluta.

Este tipo de fresa también puede accionarse con una fresadora vertical. Dicho aparato tiene una velocidad de rotación muy superior a la del taladro, y por ello permite obtener acabados de gran calidad, incluso con maderas blandas que se suelen astillar alrededor de los bordes trabajados.

1. Broca de fresadora introducida en el mandril del taladro. En el mercado se encuentran fresas de varios diámetros para la realización de acanalados de diversa anchura.

2. Para obtener acanalados de gran exactitud, se utiliza una fresadora vertical montada en un soporte de columna. La pieza de madera se fija en un banco de trabajo que, a su vez, se fija en la base del soporte de columna. En el modelo de la fotografía, el banco está provisto de un movimiento transversal, mientras que la base del soporte de columna puede desplazar el banco en sentido longitudinal. Combinando adecuadamente estos dos movimientos (mediante los manubrios de mando) se pueden realizar fresados labrados en diversas formas.

Caseta para el perro

Cómoda y sólida, esta caseta tiene
una habitación interior que protege...
¡la intimidad del perro!

Las medidas de esta casita sirven para acoger un perro de tamaño medio o grande; para proteger el animal del frío, la estructura debe ser más bien estrecha y distanciada del suelo. El tabique interior crea un ambiente de unos 600 x 700 mm doblemente protegido.

Todas las paredes están unidas con clavos o tornillos y cola marina; no obstante, para que la habitación interior se pueda limpiar y mantener bien, su pared (I) se debe fijar sólo con tornillos. El material elegido (contrachapado fenólico de 15 mm de espesor) es muy adecuado para exteriores, sobre todo si se trata con una o dos manos de barniz protector. La construcción se comienza por la base, que comprende los cuatros montantes en perpendicular fijados al armazón de la misma.

El panel de base (E), colocado en el armazón, deja a su alrededor un borde de 15 mm; de este modo, las paredes descansan en una posición más baja respecto al pavimento y se evitan las filtraciones de agua de lluvia en el interior. El tabique interior (G), colocado a 300 mm de una pared y a 700 mm de la pared opuesta, es sostenido por dos montantes (F) clavados en el pavimento por su parte inferior.

Antes de ensamblar las paredes exteriores a los montantes, es necesario practicar una abertura de 230 mm de anchura en la parte frontal, utilizando una sierra de vaivén.

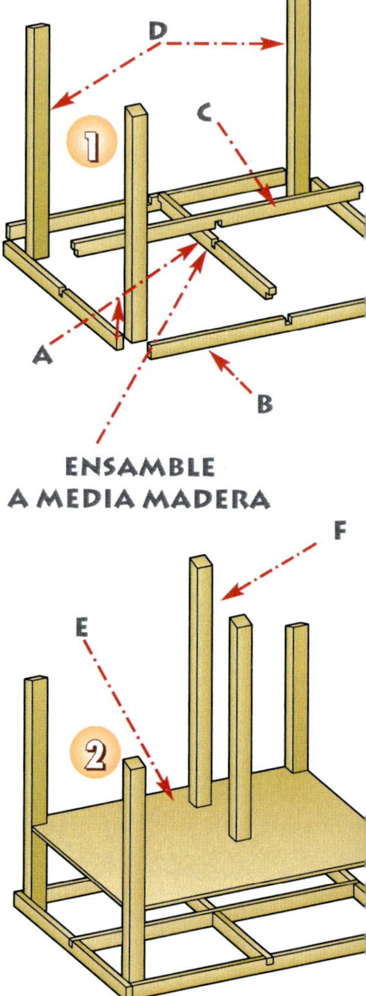

LISTA DE MATERIALES NECESARIOS

•Listones de 20 x 50 mm de sección:

3 piezas (A) de 600 mm de longitud; 2 piezas (B) de 960 mm de longitud; 1 pieza (C) de 1.000 mm de longitud.

•Listones de 30 x 30 mm de sección:

4 piezas (D) de 650 mm de longitud; 2 piezas (F) de 700 mm de longitud.

•Contrachapado fenólico de 15 mm de espesor:

1 pieza (E) de 970 x 570 mm; 1 pieza (G) de 300 x 700 mm; 2 piezas (H) de 970 x 550 mm; 2 piezas (I) de 600 x 700 mm; 2 piezas (L) de 1.200 x 315 mm.

•Listones de 50 x 50 mm de sección:

2 piezas (M) de 1.000 mm de longitud.

•Otros: *tejas canadienses para cubrir un área de 1.200 x 630 mm; clavos de 40 mm de longitud; tornillos autorroscantes de 4 x 40 mm; cola marina; barniz protector.*

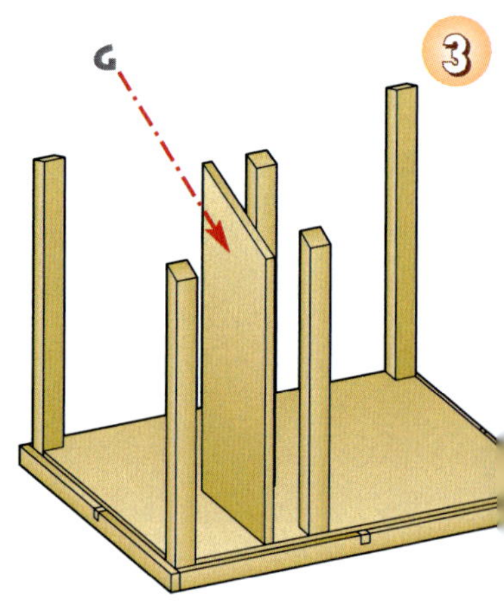

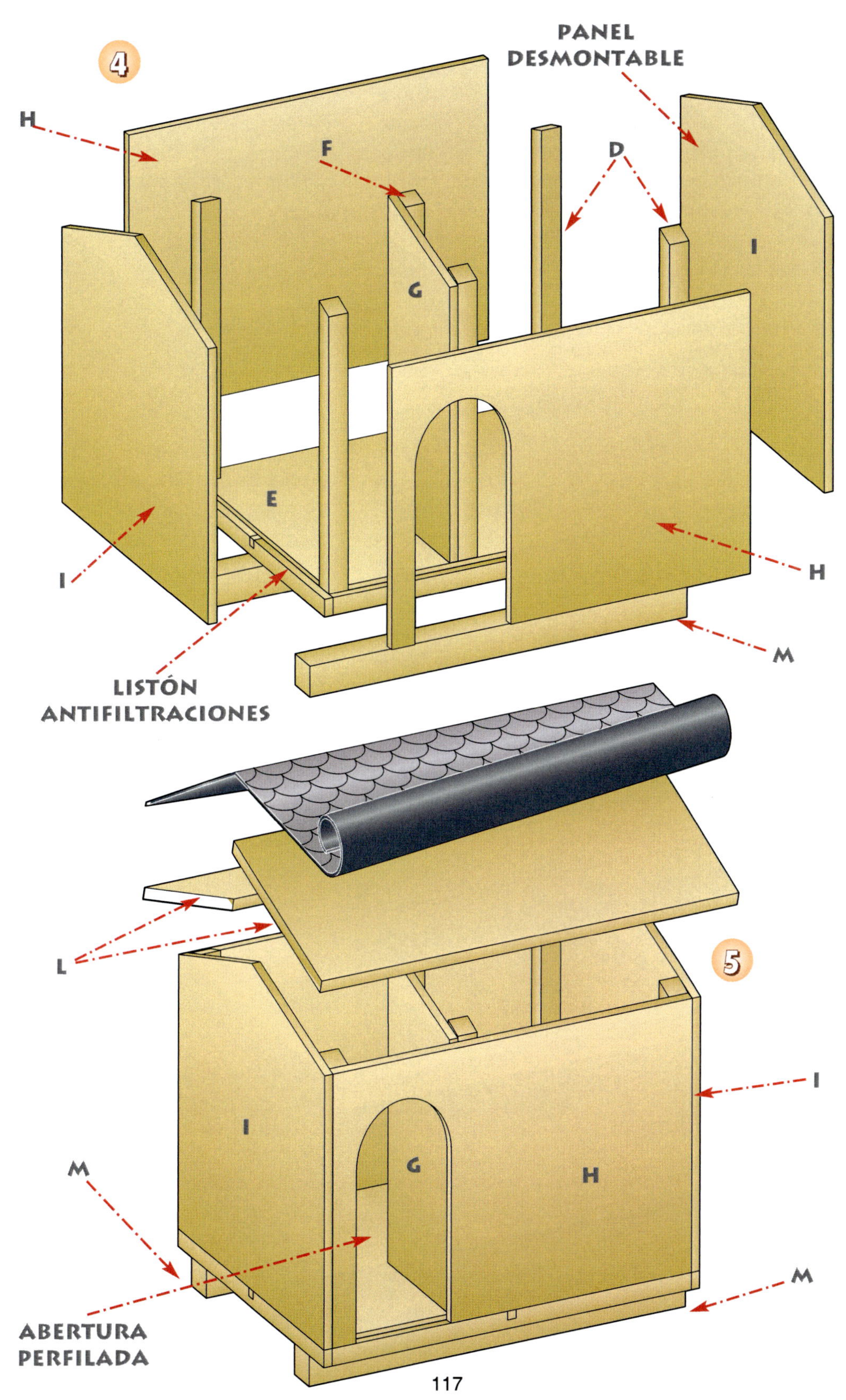
4
PANEL DESMONTABLE
H
F
D
I
G
E
I
H
M
LISTÓN ANTIFILTRACIONES
L
5
I
I
M
G
H
M
ABERTURA PERFILADA

Cortes seguros

Cuando se corta la madera con una sierra de cinta o una sierra circular de banco, hay que prestar la mayor atención durante todo el tiempo que dure la operación para evitar graves accidentes en las manos, típicos de quienes tienen poca práctica o, al contrario, de quienes se confían demasiado debido a su experiencia con las herramientas. La regla general consiste en no colocar nunca las manos a lo largo de la línea de corte, porque un movimiento imprevisto de la madera (un saco de resina o una hendidura) podría hacer que la pieza se adelantara rápidamente sin dar tiempo a apartar las manos. El riesgo aumenta cuando se cortan piezas de pequeño tamaño, que obligan a trabajar con las manos en una posición muy cercana a la sierra en movimiento. En estos casos, se recomienda el uso de un accesorio, de venta en comercios, que empuja la madera contra la hoja sin tener que acercar las manos a la misma. Este accesorio también puede ser de fabricación casera, realizado con un trozo de listón con los extremos perfilados.

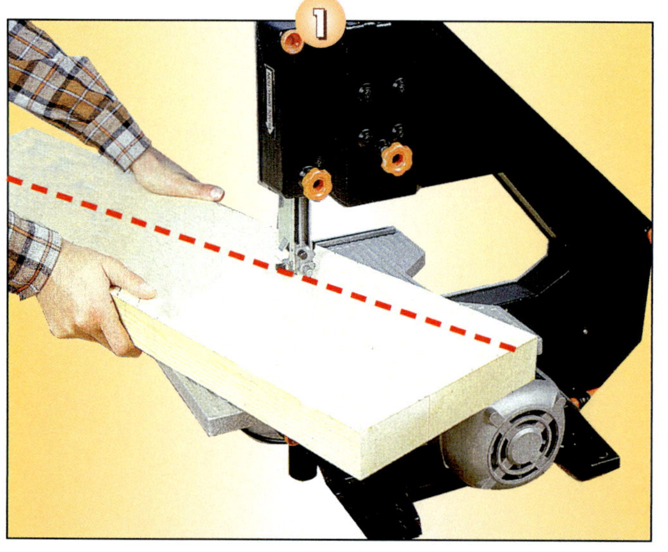

1. Trabajando con la sierra de cinta se debe prestar atención a no colocar las manos a lo largo de la línea de corte.
2. Para eliminar totalmente el riesgo de acercar demasiado las manos a la hoja de una sierra circular (sobre todo, cuando se está trabajando con piezas pequeñas) se utiliza una barra que empuja la madera.

Silla ligera

Este práctico accesorio de decoración sirve también para ejercitarse en la técnica del ensamble de caja y espiga.

En esta construcción, el plano de corte es útil sobre todo para trazar correctamente el perfil de las patas anteriores, que es más saliente justo en el punto de unión con los travesaños, y para trazar el perfil arqueado de los travesaños mismos.

Para realizar cómodamente el corte curvo de los travesaños es conveniente que construya, a partir del plano de corte y agrandando la cuadrícula hasta 20 mm, una forma en cartulina; de este modo, una vez que haya cortado los listones a la longitud justa, puede apoyar la forma sobre cada uno de ellos y trazar el corte curvo. Luego, practique el corte con la sierra de vaivén y alise la superficie con papel de lija.

El trazado de las cajas de las patas anteriores (A) y, por consiguiente, también el de las patas posteriores, requiere cierta atención: debe tener en cuenta el espesor del asiento de contrachapado, porque el plano superior de dicho asiento debe coincidir con el extremo de la pata. Todos los ensambles de caja y espiga se fijan con cola vinílica de buena calidad: todas las junturas están sometidas a un notable esfuerzo, por lo que es necesario cuidar la precisión de los ensambles.

Divida la operación de ensamblaje en varios tiempos: primero, una las patas posteriores (B) a los tres travesaños (C); a continuación, una las patas anteriores (A) al travesaño (C); cuando la cola haya fraguado, una las dos partes, anterior y posterior, al resto de los travesaños (C).

Corte los ángulos del asiento de contrachapado (D) para dejar espacio a las patas; atornille el asiento al armazón y cúbralo con una espuma fina forrada de tela.

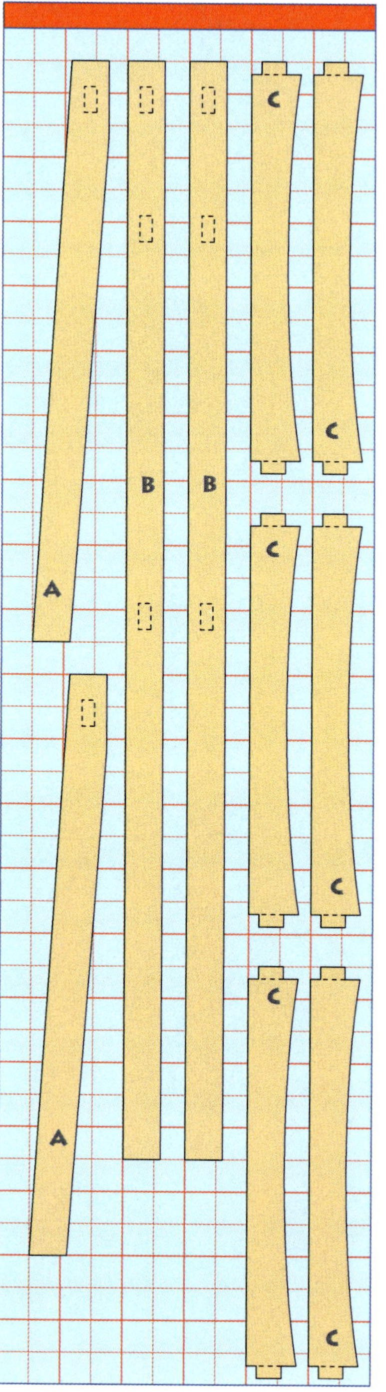

LISTA DE MATERIALES NECESARIOS

•Listón de haya de 20 x 30 mm de sección: *2 piezas (A) de 360 mm de longitud; 2 piezas (B) de 680 mm de longitud; 6 piezas (C) de 260 mm de longitud.*

•Contrachapado de 8 mm de espesor: *1 pieza (D) de 280 x 300 mm.*

•Otros: *tornillos autorroscantes de 3 x 30 mm; cola vinílica; espuma; selladora; esmalte; tela.*

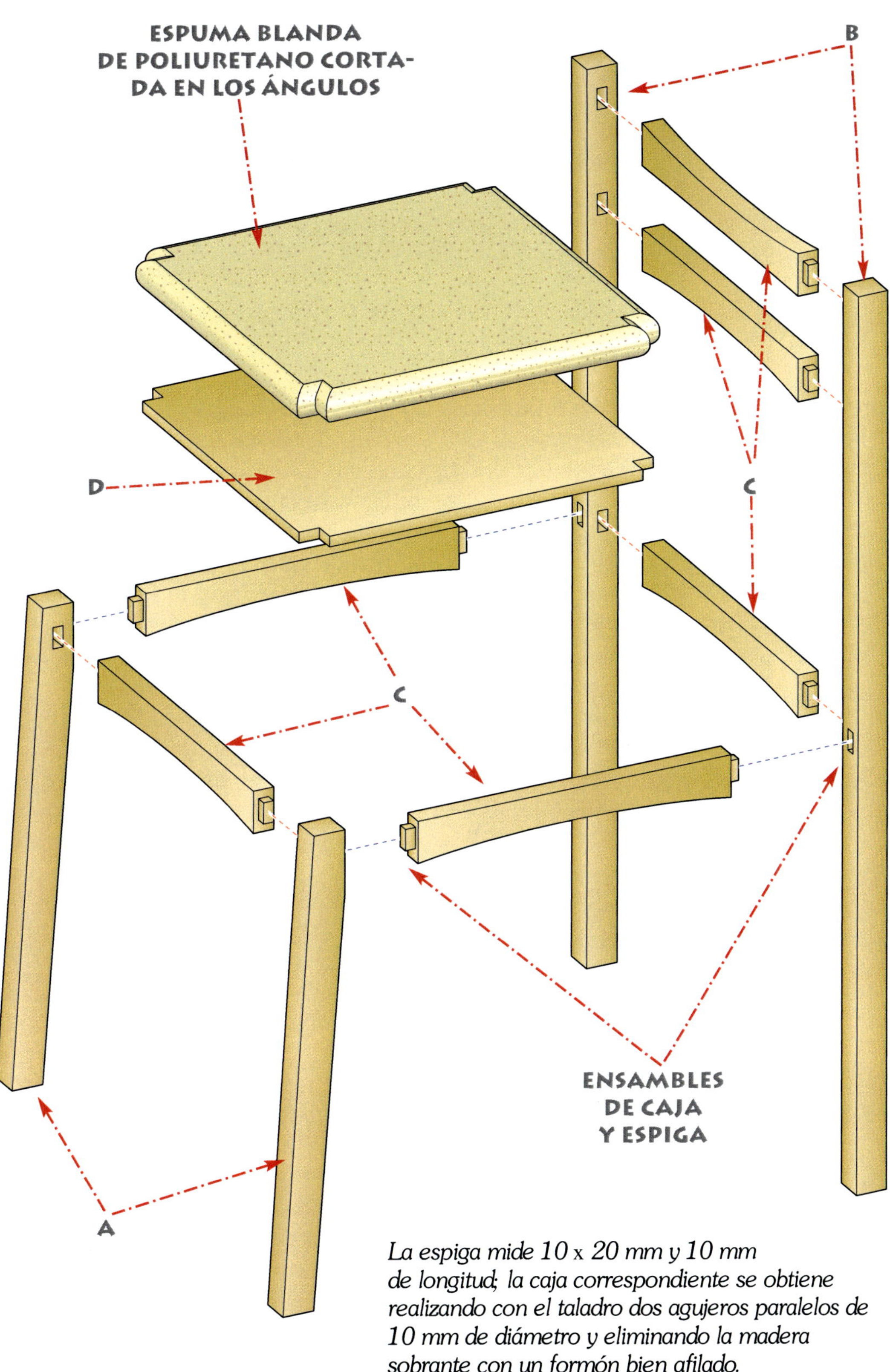

La espiga mide 10 x 20 mm y 10 mm de longitud; la caja correspondiente se obtiene realizando con el taladro dos agujeros paralelos de 10 mm de diámetro y eliminando la madera sobrante con un formón bien afilado.

Ensambles de caja y espiga

La caja es una cavidad rectangular con los lados cortos semicurvos que se realiza en la madera para acoger a otra madera con una parte perfilada (espiga) que se aloja en su interior. La espiga se introduce en la caja y se fija con cola o con una clavija pasante.

La caja se puede realizar con un formón, tras haber trazado su forma. El formón elimina la madera del interior del trazado. Para definir las paredes de la cavidad se utiliza una escofina.

Típico ensamble de caja y espiga entre el armazón del asiento de una silla y la pata posterior. En este caso se trata de una caja ciega, pero en muchas construcciones de estilo rústico se efectúan cajas pasantes que son más fáciles de realizar.

La caja también se puede realizar con una broca de fresadora, accionada en el interior de la madera por un aparato especial para cajas.

TIPOS DE CAJAS

Una caja puede ser ciega o pasante:

- caja ciega: no atraviesa todo el espesor de la madera y, por lo tanto, su fondo es cerrado;
- caja pasante: el agujero de la caja atraviesa toda la madera. En este caso, cuando se introduce la espiga en la caja, se ve por el lado opuesto.

LA ESPIGA

La espiga es el diente macho de la unión de caja y espiga.

La espiga es un perfil especial que se realiza en el extremo de un listón o de otro elemento de madera; suele ser de sección rectangular y presenta los lados menores curvados.

La espiga penetra en el interior de la caja y se fija con cola o con una clavija pasante.

Se realiza con un serrucho de costilla o con algunas pasadas de la sierra circular; es muy importante la precisión del corte para evitar que Ôbaile» en el interior de la caja.

Carretilla de juguetes

Pequeña pero funcional, ideal para que los niños jueguen con la tierra y la pala y se diviertan con sus grandes construcciones.

Esta pequeña carretilla se construye casi exclusivamente con la sierra de vaivén: sus componentes son paneles de contrachapado fenólico, resistente a la humedad, que se unen entre sí mediante ensambles y cola.

Para obtener las medidas correctas de las piezas hay que seguir el plano de corte con precisión, sobre todo en cuanto a las partes anguladas y la anchura de los ensambles. Tras haber trazado y cortado todas las piezas, proceda a un montaje preliminar sin cola para comprobar que todas las partes coinciden a la perfección. La rueda, el elemento más importante, se coloca en último lugar, cuando la cola haya fraguado. En función del espesor de la rueda, corte el largo de las dos volanderas de madera, en cuyo interior gira el eje, también de madera; a título orientativo, si la rueda tiene 20 mm de espesor, cada volandera debe medir 90 mm de longitud, para que ruede sin una excesiva laxitud. Para mejorar el agarre en las dos empuñaduras, encole en ambos lados dos parejas de listones (E) de madera semirredonda y, como refuerzo, los listones transversales (F).

Introduzca dos grapas en dos agujeros pasantes y dóblelas con unos alicates, para evitar que el perno se salga de su sede.

Este juguete, destinado a un uso intenso, se define con una mano de fondo, seguida de, al menos, dos manos de esmalte de óptima calidad.

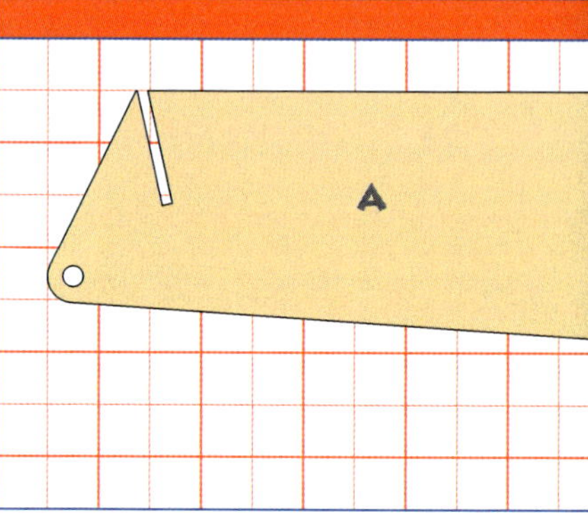

Plano de corte con cuadrícula de 50 mm de lado. Aumentando las medidas de la malla se puede realizar una carretilla con la misma forma, pero un poco más grande.

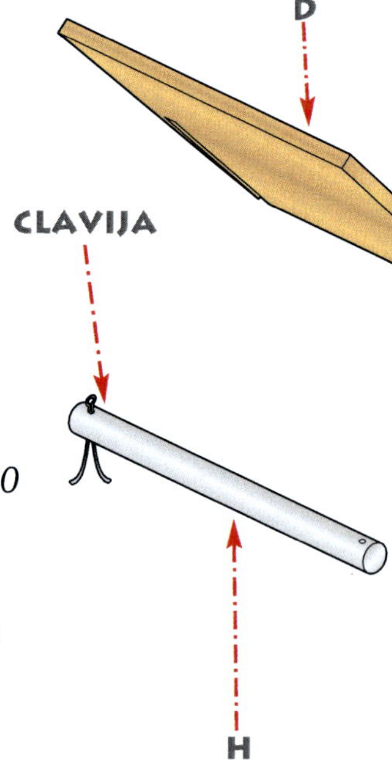

LISTA DE MATERIALES NECESARIOS

•Contrachapado fenólico de 15 mm de espesor: *2 piezas (A) de 820 ∞ 250 mm; 1 pieza (B) de 400 ∞ 280 mm; 1 pieza (C) de 350 ∞ 350 mm; 1 pieza (D) de 270 ∞ 220 mm.*

•Listón de sección cuadrada de 30 ∞ 30 mm: *1 pieza (F) de 250 mm de longitud; 1 pieza (G) de 350 mm de longitud.*

•Listón semirredondo de 28 mm de diámetro: *4 piezas (E) de 250 mm de longitud.*

•Varilla de 20 mm de diámetro: *1 pieza (H) de 240 mm de longitud.*

•Varilla hueca de 40 mm de diámetro: *2 piezas (I) de 90 mm de longitud.*

•Otros: *1 rueda; clavos o tornillos autorroscantes; cola; 2 grapas; selladora; esmalte para acabados.*

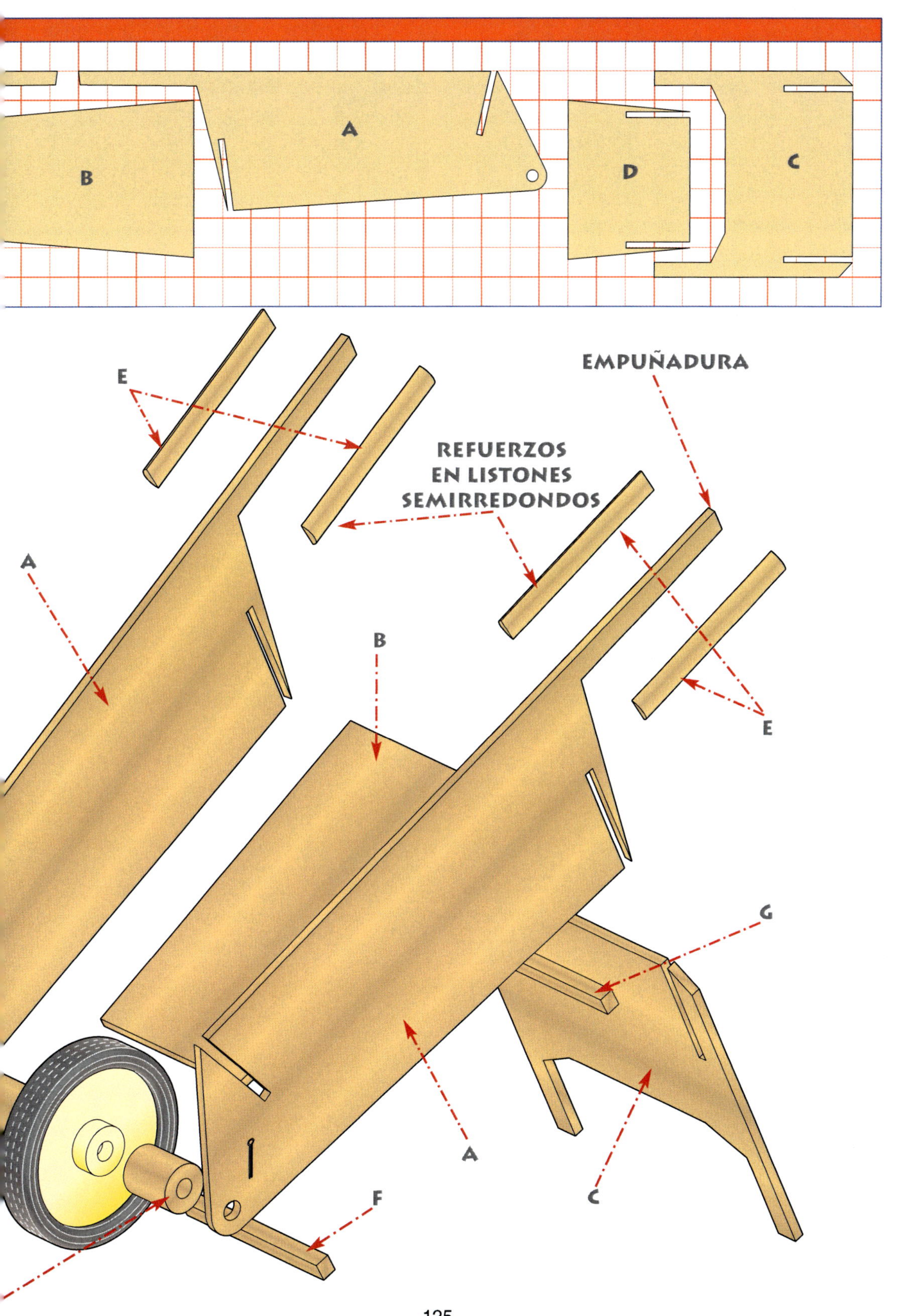
A
B
D
C
E
EMPUÑADURA
REFUERZOS
EN LISTONES
SEMIRREDONDOS
A
B
E
G
A
F
C

Grapas de fijación

La grapa de fijación es un elemento de metal que se usa para evitar que pernos y tuercas se aflojen. Su forma más habitual es la de una pequeña barra semirredonda doblada en U muy estrecha y más abultada en el extremo de la curva.

La grapa se introduce en un agujero practicado en el vástago fileteado donde se enrosca la tuerca, que queda justo detrás de él. Las dos puntas de la grapa se ensanchan por la parte opuesta al agujero de manera que la grapa no se salga de manera accidental.

Existe un tipo de grapa muy simple y muy usada en varios utensilios y accesorios que necesitan recambios constantes. Se trata de un pequeño y sencillo muelle con una parte recta y otra perfilada. Se introduce la parte recta en el agujero del eje, de manera que, al estrecharse la parte perfilada, bloquea el muelle impidiendo que se salga.

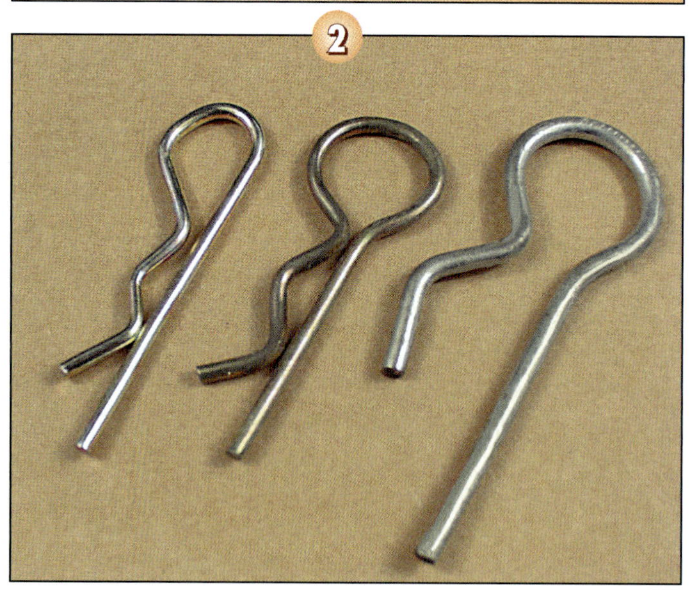

1. Grapa de fijación para bloquear una tuerca en una barra fileteada o en un perno. Los dos extremos libres se ensanchan hacia el exterior para que la grapa no se salga.

2. Grapas formadas por acero de sección redonda que funcionan como muelles que, presionando contra la pieza que se quiere bloquear, no se salen del agujero.

Mueble para TV

Además del televisor, este práctico mueble puede alojar el vídeo, el transformador digital, etc.

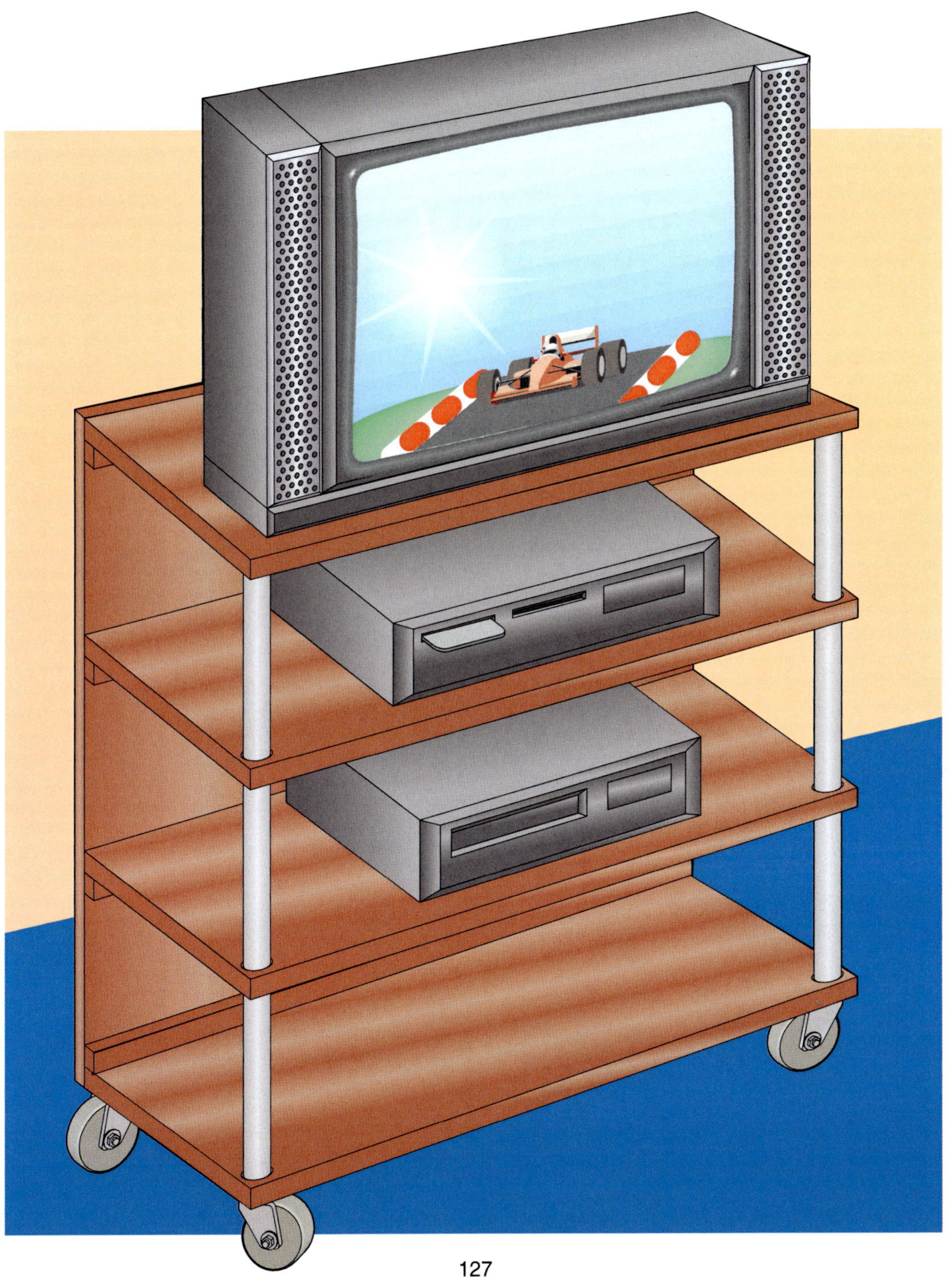

La rigidez de la estructura se ve facilitada por el panel posterior y los cuatro listones de refuerzo ubicados debajo de cada estante. Si se usan tornillos autorroscantes y cola vinílica en las uniones, se asegurará un conjunto sólido y robusto.

Cuatro ruedas giratorias (mejor provistas de freno) permiten dirigir el televisor y sus accesorios hacia la posición más oportuna.

Los montantes de madera redonda de ramín sostienen la parte anterior de los cuatro estantes; cada montante se introduce en un agujero ciego, de idéntico diámetro y de 10 mm de profundidad, presente en ambas caras de cada estante, con el centro ubicado a 25 mm de los bordes.

Para practicar los agujeros ciegos de manera precisa, es necesario disponer de un taladro montado en un soporte vertical de columna, con un dispositivo que permita regular la profundidad del agujereado; las brocas más adecuadas para este tipo de agujeros se llaman Forstner y son las mismas que se utilizan para los montajes de bisagras con muelle. Para obtener un agujero sin rebabas ni astillas, accione el taladro a una velocidad de rotación bastante elevada.

Tras cortar a medida los paneles laminados, es conveniente colocar el fondo (A) en posición horizontal y trazar sobre él la posición de los estantes, a 233 mm de distancia el uno del otro.

Luego, se atornillan los listones de refuerzo (D) en el fondo y se colocan los estantes; cuando se introducen los montantes redondos (C) en los agujeros, hay que comprobar que los estantes quedan paralelos entre sí. Para finalizar, se colocan las ruedas giratorias.

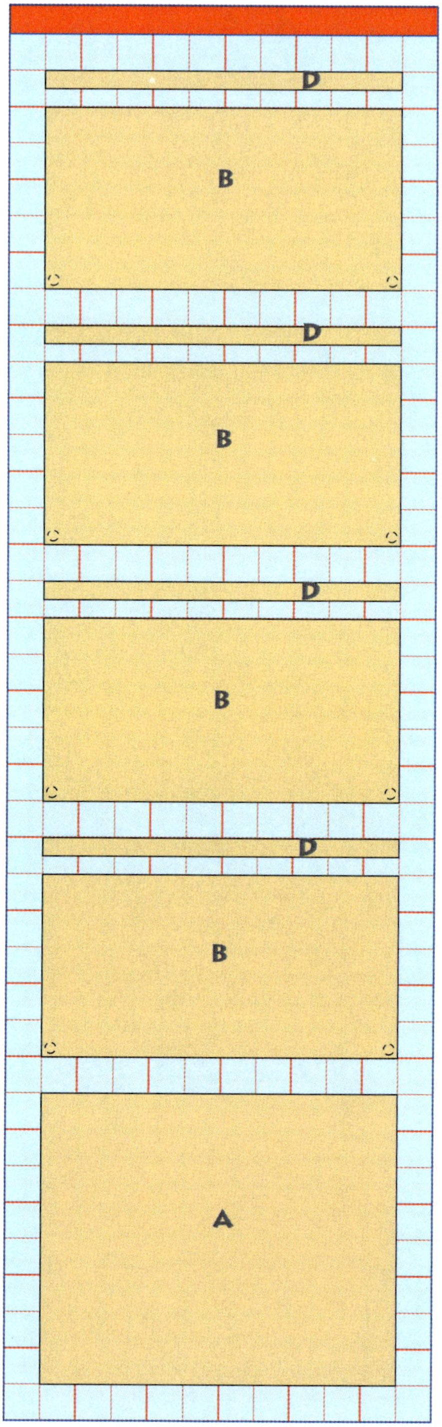

D

B

D

B

D

B

D

B

A

LISTA DE MATERIALES NECESARIOS

•Panel laminado de 25 mm de espesor:

1 pieza (A) de 800 ∞ 1.000 mm; 4 piezas (B) de 500 ∞ 1.000 mm.

•Listón cuadrado de 30 ∞ 30 mm de sección: *4 piezas (D) de 1.000 mm de longitud.*

•Varilla de ramín de 28 mm de diámetro: *6 piezas (C) de 253 mm de longitud.*

•Otros: *4 ruedas giratorias con freno; tornillos autorroscantes de 4 ∞ 50 mm; cola vinílica; tapaporos; cera o barniz transparente para acabados.*

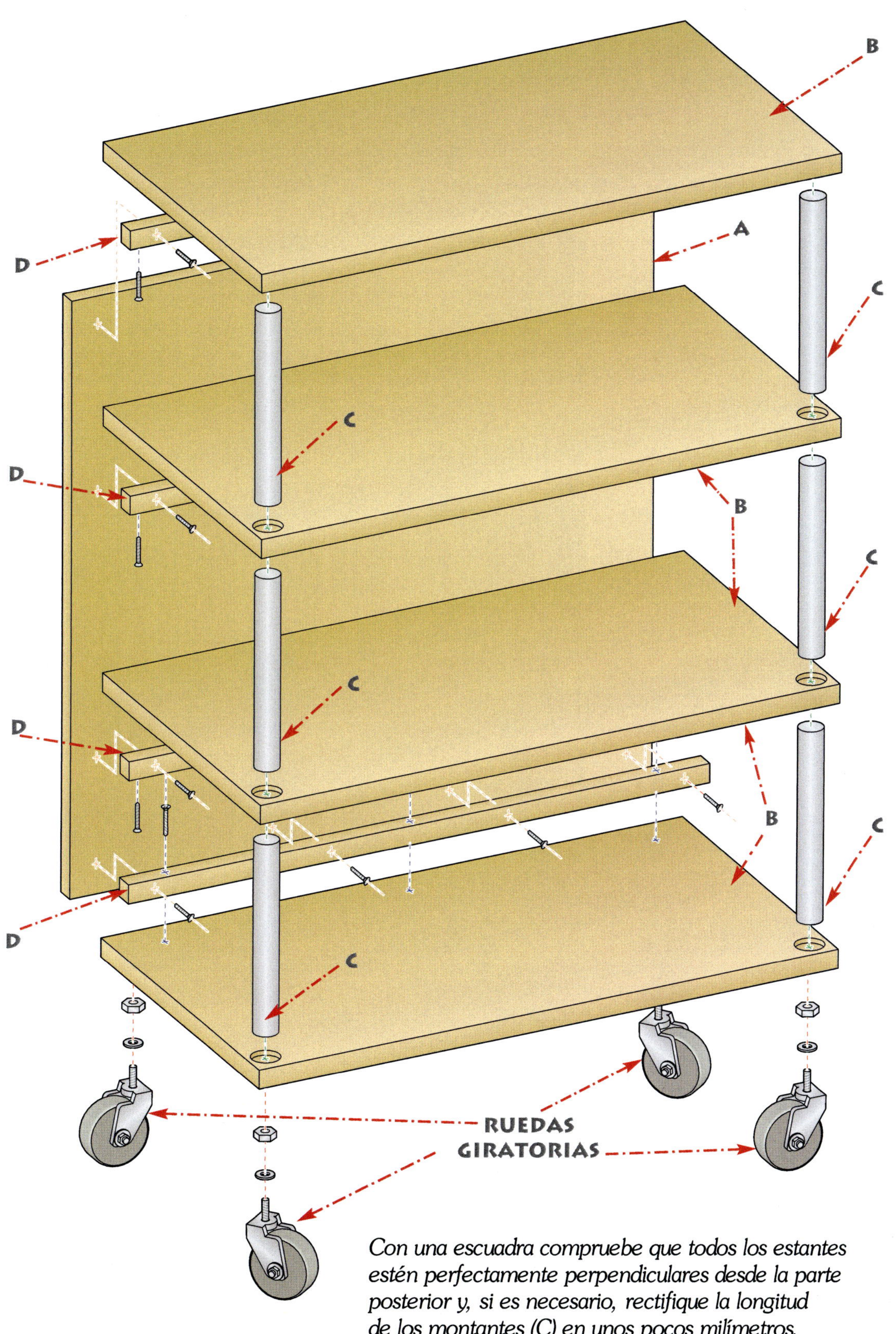

Con una escuadra compruebe que todos los estantes estén perfectamente perpendiculares desde la parte posterior y, si es necesario, rectifique la longitud de los montantes (C) en unos pocos milímetros.

Varillas cilíndricas de ramín

En el mueble para el televisor (y en otras construcciones presentadas en estas páginas) se utilizan varillas de ramín.

El ramín es una madera exótica muy dura y compacta que, en cierta medida, se parece a la haya europea. Es muy adecuado para la realización de astas, manijas, asideros, perfiles y cilindros.

Fácil de lijar, barnizar y tratar, es un óptimo material para el torno. Aunque se puede utilizar en la carpintería de interiores, su uso no es muy frecuente, ya que su coste es elevado.

1. En los centros de bricolaje se encuentran muchos tipos de varillas de ramín de varios espesores y longitudes.
2. Varilla cilíndrica de ramín con longitudes de hasta 2 m.
3. El corte de una varilla cilíndrica de ramín es más limpio si se realiza con la sierra de hierro.

Espejo de pie

Es un elemento práctico y móvil con capacidad de movimiento bascular para orientar el espejo en función de la estatura de quien lo usa.

Este espejo suele colocarse en una esquina de la habitación, pero se desplaza con rapidez gracias a las cuatro ruedas giratorias enroscadas en el armazón de base. El movimiento bascular, que permite orientar el espejo para aprovechar mejor su superficie, es facilitado por dos pernos con tuerca provistos de una arandela separadora, que unen el panel (D) a los montantes del armazón.

Compre el espejo en la cristalería, ya cortado, según el diseño que prefiera; a partir de esta forma, debe trazar la forma del panel de soporte en contrachapado, dejando un borde de 20 mm de anchura que sobresalga a lo largo de todo el perímetro del espejo. El armazón está formado por dos largueros, dos travesaños y dos montantes, que se unen con ensambles de caja y espiga. Realice las espigas con un serrucho de costilla y las cajas, con el taladro y el formón; en primer lugar, encole los largueros (A) a los travesaños (B) y, luego, introduzca los montantes (C) en las cajas situadas justo en medio de los travesaños.

Instale el panel de soporte en los pernos y aplíquele el espejo. Este se coloca con un adhesivo de contacto, tras haber abrillantado la superficie de la madera con tapaporos y barniz o con esmalte de definición. Si desea mantener la superficie del panel al natural, deberá utilizar un adhesivo de montaje más denso que pueda rellenar las cavidades de la madera natural.

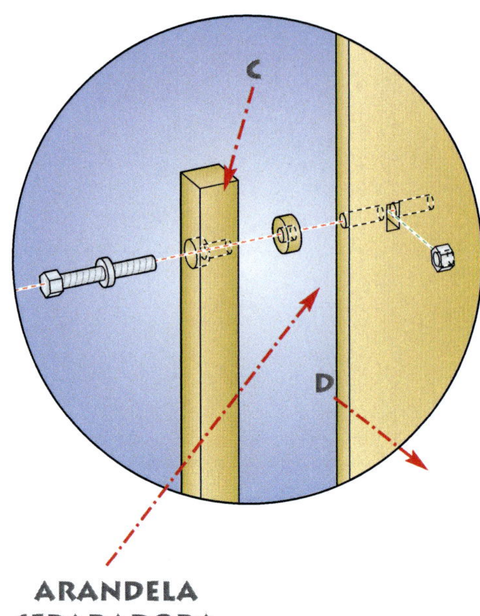

Tras haber encolado definitivamente los listones de la base del armazón, unido, a su vez, con ensambles de caja y espiga, practique el agujero pasante para fijar la rueda giratoria; realice un fresado de diámetro superior al del agujero en la parte superior, para que aloje la tuerca de apriete de la rueda y la arandela.

LISTA DE MATERIALES NECESARIOS

•Listón de 40 ∞ 40 mm de sección: *2 piezas (A) de 600 mm de longitud; 2 piezas (B) de 500 mm de longitud; 2 piezas (C) de 1.000 mm de longitud.*

•Panel de contrachapado de 24 mm de espesor: *1 pieza (D) de 500 ∞ 1.600 mm.*

•Otros: *1 espejo de 460 ∞ 1.560 mm; 4 ruedas giratorias; 2 pernos de 8 ∞ 80 con tuercas; dos arandelas de 10 mm de espesor; adhesivo de contacto; tapaporos; esmalte.*

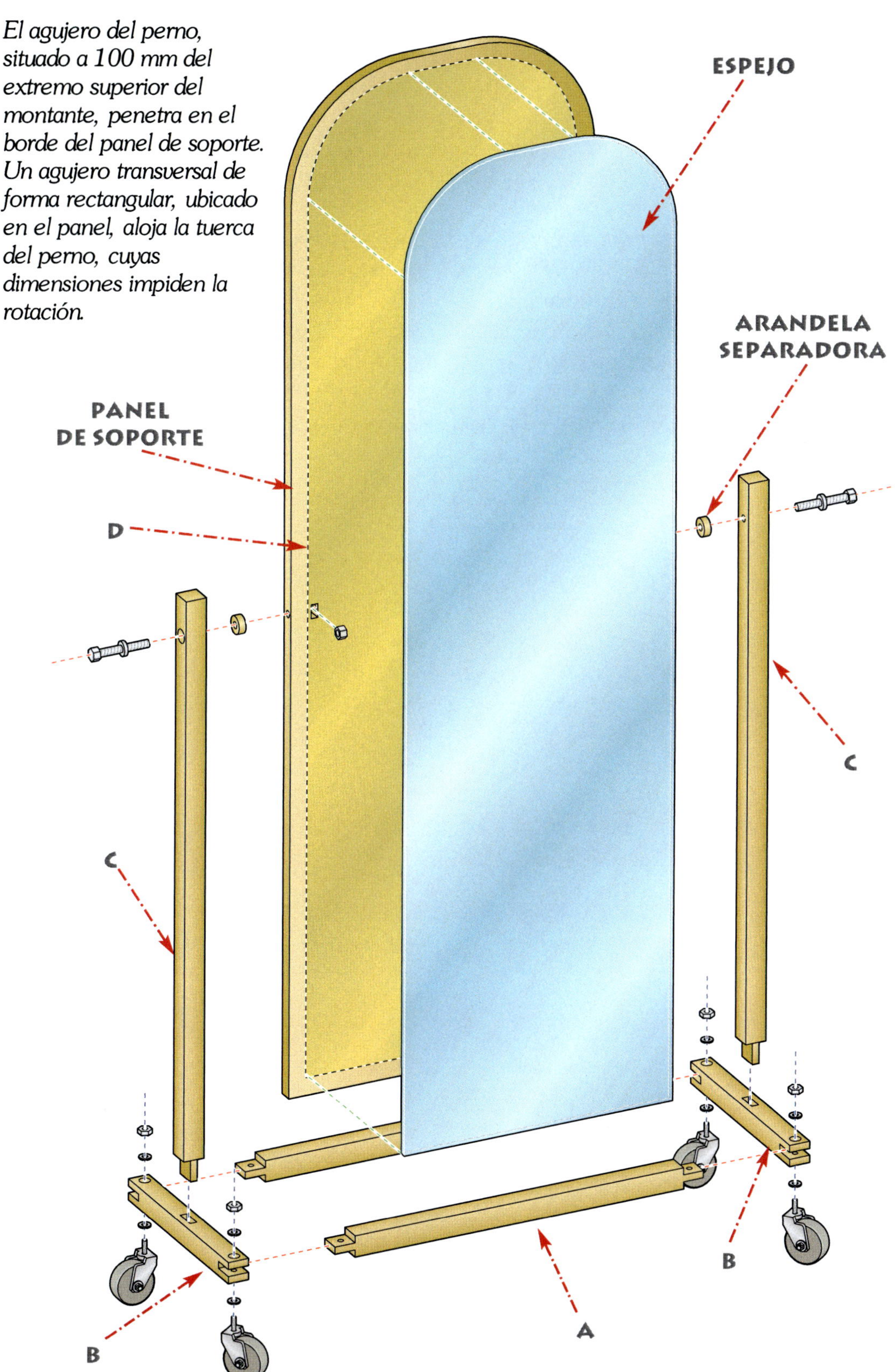
El agujero del perno, situado a 100 mm del extremo superior del montante, penetra en el borde del panel de soporte. Un agujero transversal de forma rectangular, ubicado en el panel, aloja la tuerca del perno, cuyas dimensiones impiden la rotación.
ESPEJO
ARANDELA SEPARADORA
PANEL DE SOPORTE
D
C
C
B
B
A

Cortar y amolar el vidrio

Para cortar el vidrio se usa el cortavidrios. Existen dos versiones: el más tradicional es el de *punta de diamante*, llamado así porque es precisamente un diamante el que, acoplado en una barra de metal con empuñadura de madera, incide en la placa de vidrio marcando la línea de corte por donde el vidrio se partirá después.

Sin embargo, para los trabajos de bricolaje se suele usar el tipo con *ruedecilla*. Se trata de una barra metálica con una serie de pequeñas ruedas de acero de gran dureza que, una a una, se ponen en contacto con el vidrio provocando una leve incisión en el mismo. Cuando el vidrio ya está rayado, se coloca un objeto un poco alto (una barra metálica, un listón, etc.) por debajo de la línea de corte y se aprietan las dos partes de la placa para provocar la rotura justo por la línea rayada. La línea de corte se define después con piedra al carborúndum.

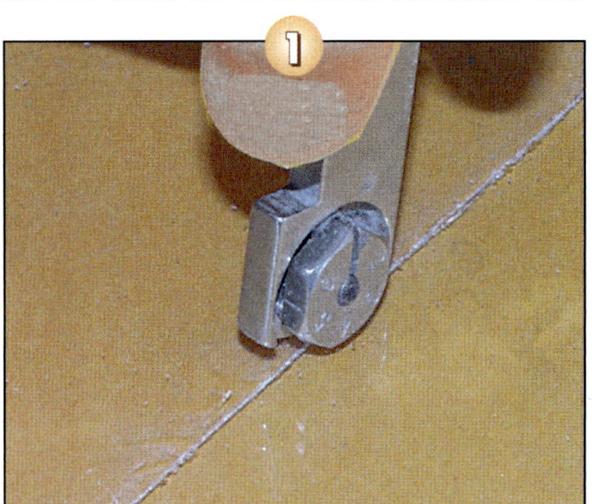

LA PIEDRA DE AMOLAR

Se trata de un compuesto de silicio (carburo de silicio) que, dada su extrema dureza, se utiliza como abrasivo. Fabricado en astillas diminutas, se empasta para realizar piedras u otros elementos con una gran acción abrasiva en el pulimento de metales. Aplicado en polvo, a través de colas hepoxídicas, permite amolar materiales durísimos, incluido el vidrio.

Sirve también para la realización de telas y papel de esmeril de considerable poder abrasivo.

1. Deslizando sobre el vidrio el cortavidrios con ruedecilla, con varias pasadas por la misma línea, se realiza la incisión que permitirá partir la placa.

2. El borde se trabaja con la piedra de carborúndum (mojada) para biselar el borde cortante.

Cama con cajones

Cuatro grandes cajones con ruedas permiten aprovechar al máximo el espacio de debajo de la cama.

Debajo de una cama con una altura de 400 mm respecto al pavimento, hay casi un metro cúbico de espacio que no suele utilizarse; este proyecto contempla la construcción de cuatro grandes cajones para guardar mantas, cojines, etc., y aprovechar así dicho espacio. Es preciso que a ambos lados de la cama haya espacio suficiente para sacar los cajones (800 mm); en caso contrario, puede construir los cajones en un único lado.

El colchón se apoya en panel agujereado que, a su vez, descansa sobre paneles en laminado dispuestos perpendicularmente y que constituyen el armazón a vista; el panel (A), más alto que los demás, forma el cabezal. Los dos paneles interiores (B y C), dispuestos en cruz, sirven para repartir mejor el peso del colchón; la juntura que los une es un ensamble a media madera. Los dos largueros laterales (D) se apoyan en acanalados practicados en el cabezal y el final de la cama, a 300 mm del pavimento. Algunas uniones, como la de a media madera y la de caja y espiga que unen el panel interior (B) al cabezal y al final, no necesitan ni tornillos ni clavos; el resto se debe fijar con tornillos para que se pueda desmontar con rapidez. Los cajones, que se realizan con paneles de compensado, se desplazan con ruedas fijas.

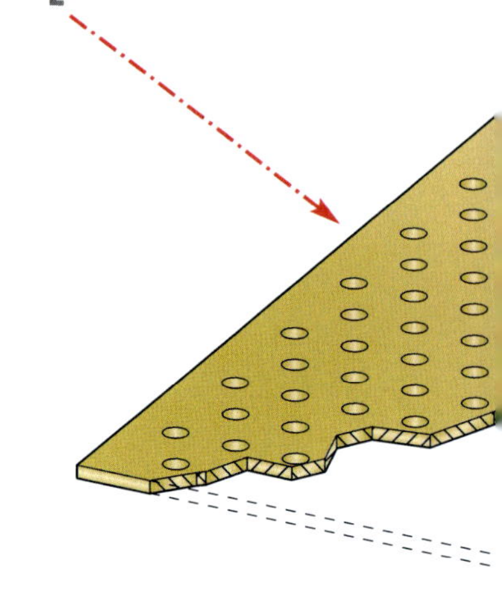

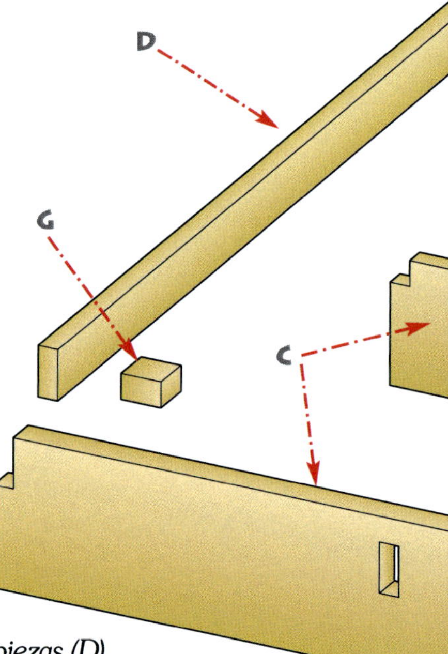

LISTA DE MATERIALES NECESARIOS

Cama

•Panel de laminado de 20 mm de espesor:
1 pieza (A) de 1.700 ∞ 800 mm; 1 pieza (B) de 400 ∞ 2.000 mm; 2 piezas (C) de 1.700 ∞ 400 mm; 2 piezas (D) de 2.000 ∞ 100 mm; 1 pieza (F) de 2.500 ∞ 250 mm.

•Panel de 20 mm de espesor: *1 pieza (E) de 1.660 ∞ 1.960 mm.*

•Tacos de 40 ∞ 40 ∞ 30 mm: *4 piezas (G).*

Cada cajón

•Panel de abeto de 20 mm de espesor: *1 pieza (H) de 950 ∞ 295 mm; 1 pieza (L) de 910 ∞ 250 mm; 2 piezas (I) de 790 ∞ 250 mm.*

•Contrachapado de 15 mm de espesor: *1 pieza (M) de 910 ∞ 770 mm.*

•Listón de 25 ∞ 25 mm de sección: *2 piezas (N) de 910 mm de longitud; 2 piezas (O) de 720 mm de longitud.*

Otros

4 ruedas fijas para cada cajón; tornillos autorroscantes de 4 ∞ 40 mm y 4 ∞ 60 mm; clavos; cola vinílica; pintura acrílica.

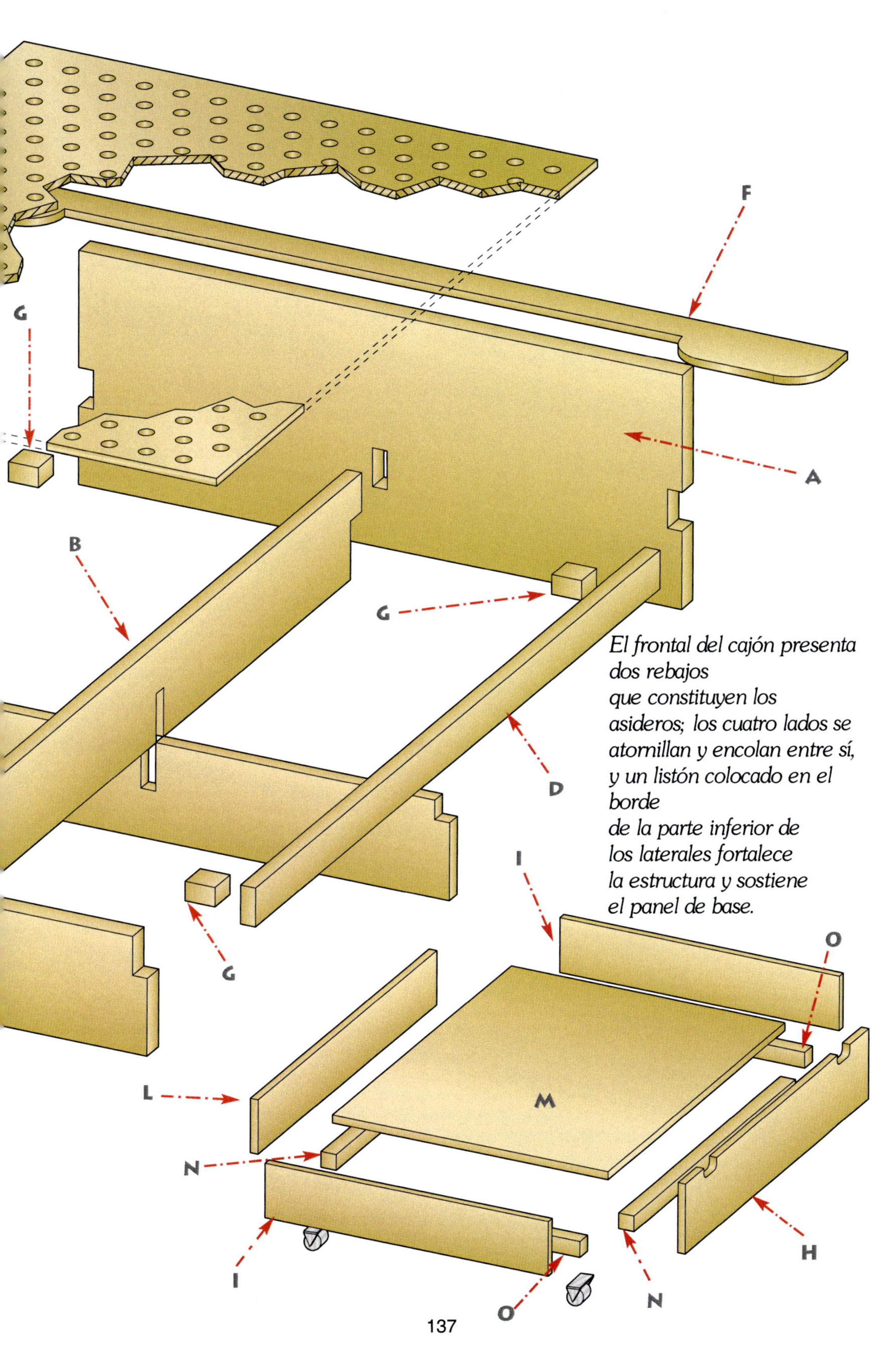

El frontal del cajón presenta dos rebajos que constituyen los asideros; los cuatro lados se atornillan y encolan entre sí, y un listón colocado en el borde de la parte inferior de los laterales fortalece la estructura y sostiene el panel de base.

Sierra de corona para grandes agujeros

Para hacer la serie de agujeros en el panel grande de la cama, use la sierra de corona.

Se trata de una sierra en forma de disco con dientes frontales (como la cinta de la sierra de cinta) que se introduce en un soporte con acanalados concéntricos para acoger hojas dentadas de varios diámetros. Cuando se acciona el taladro, la sierra de corona realiza agujeros de gran diámetro (hasta 6 cm), tanto en madera como en otros materiales.

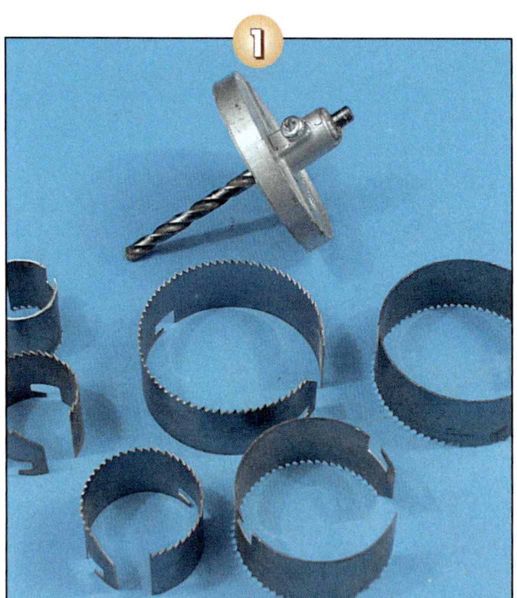

PARA AGUJEREAR

Una vez decidido el diámetro del agujero, se quitan las hojas dentadas y se deja sólo la del diámetro adecuado.

También existen sierras de corona al carborúndum para elaboraciones en metal, piedra u otros materiales.

1. Una sierra de corona desmontada en sus varios componentes; el soporte de agujereado y las diversas hojas circulares.
2. Para practicar un agujero ancho, se monta la hoja de mayor diámetro en el soporte. El vástago de la broca central se introduce en el mandril del taladro.
3. Para espesores especiales se usan sierras de corona y hojas con la altura necesaria.

Mesa de centro

De estructura robusta, pero fácilmente desmontable, se puede utilizar tanto en el comedor como en la terraza.

Aunque el espesor de las partes que conforman esta mesa es bastante grueso, para construirla sólo necesita una sierra circular portátil y una sierra de vaivén; ambas pueden cortar sin problemas espesores de hasta 40 mm. Para obtener las espigas de las patas en forma de V invertida, puede utilizar una sierra manual.

La estructura está formada por dos grandes patas unidas por un travesaño longitudinal fijado por llaves perfiladas en madera; cada pata se apoya sobre un travesaño que mejora la estabilidad de la mesa. La abertura triangular de las patas (A) se obtiene practicando tres agujeros con una broca de 12 mm de diámetro, en correspondencia con los vértices del triángulo; a continuación, se unen los tres agujeros con la sierra de vaivén y se elimina la madera comprendida en dicho espacio. Naturalmente, hay que definir todas las líneas de corte con papel de lija.

Preste mucha atención cuando perfile la forma de las dos llaves que se introducen en las cajas de los largueros: las llaves ejercen de auténticas cuñas y su presión es la que mantiene unidos los largueros y las patas; por este motivo, la inclinación de uno de los bordes que está en el exterior debe adaptarse a la abertura en la que se introducen.

Puede definir la mesa tanto con tapaporos y cera como con pintura de la tonalidad que desee.

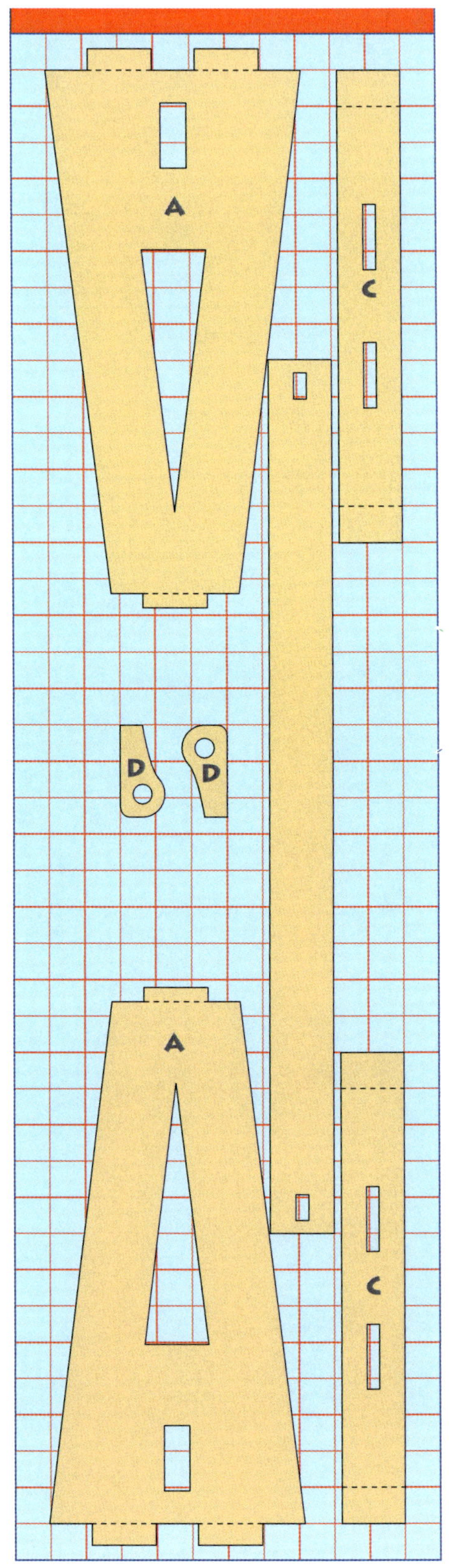

LISTA DE MATERIALES NECESARIOS

•*Tableros de abeto de 40 mm de espesor:* *2 piezas (A) de 360 ∞ 770 mm; 1 pieza (B) de 90 ∞ 1.220 mm; 2 piezas (C) de 90 ∞ 650 mm.*

•*Panel de madera maciza o laminada de 30 mm de espesor:* *1 pieza (E) de 670 ∞ 1.220 mm.*

•*Listón de 20 ∞ 60 mm de sección:* *2 piezas (D) de 120 mm de longitud.*

•*Otros:* *tornillos autorroscantes; tapaporos; cera; esmalte.*

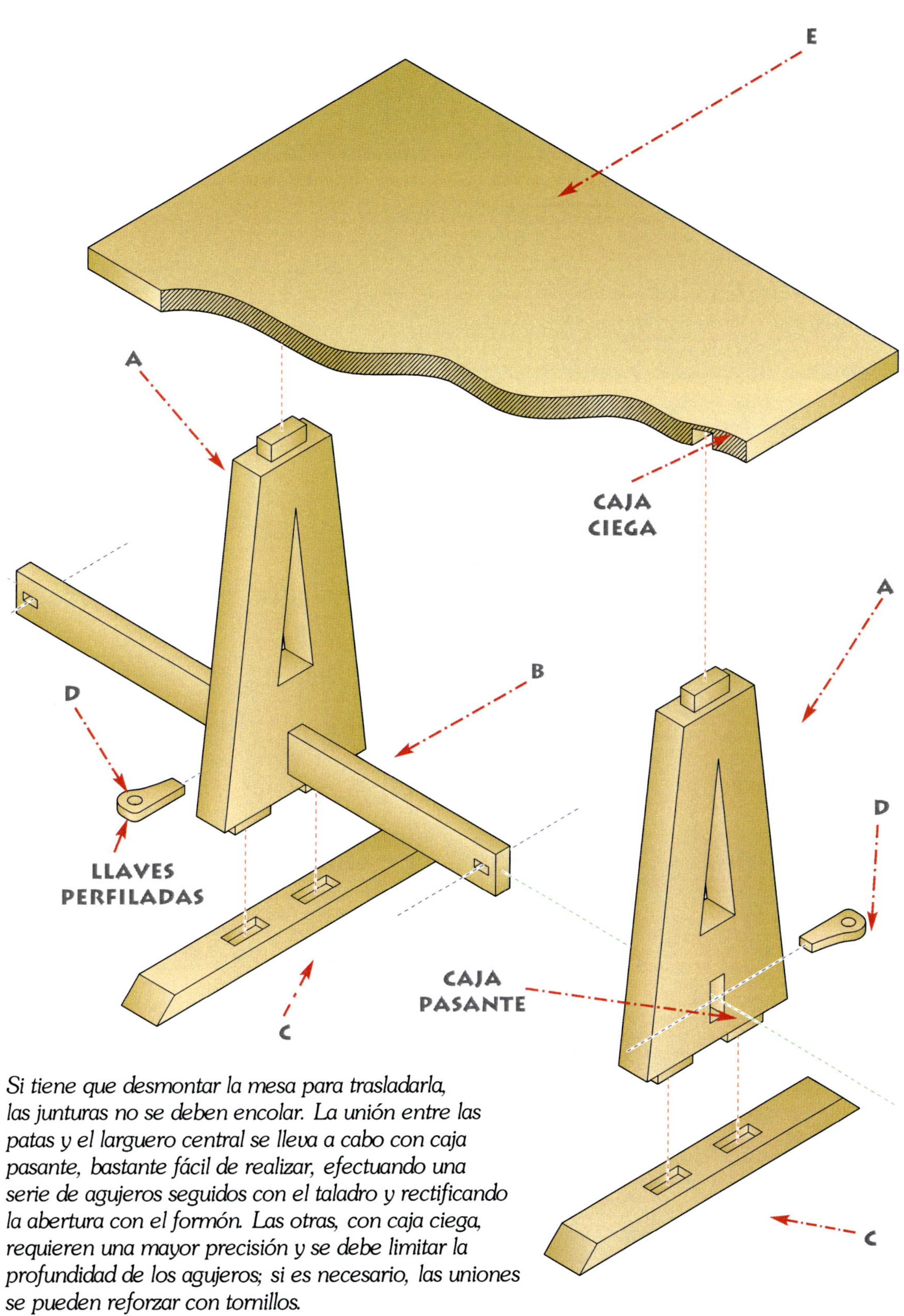

Si tiene que desmontar la mesa para trasladarla, las junturas no se deben encolar. La unión entre las patas y el larguero central se lleva a cabo con caja pasante, bastante fácil de realizar, efectuando una serie de agujeros seguidos con el taladro y rectificando la abertura con el formón. Las otras, con caja ciega, requieren una mayor precisión y se debe limitar la profundidad de los agujeros; si es necesario, las uniones se pueden reforzar con tornillos.

Caballete de apoyo con rodillo

Este soporte es un accesorio auxiliar cuya función consiste en sujetar tableros o paneles largos durante el corte para evitar que al sobresalir por el plano de trabajo de la sierra (o de otra máquina) se doblen hacia abajo y dificulten el corte. El soporte está formado por un trípode con un listón vertical que sostiene un receptáculo en forma de U en el que se coloca un rodillo metálico o de material sintético. El soporte se regula a la altura deseada y se coloca a una distancia adecuada respecto a la máquina con la que se está trabajando. Cuando se empuja el tablero y sobresale por el plano de corte, se apoya sobre el soporte y se puede seguir cortando sin peligro de flexiones.

Una regruesadora trabaja con precisión sólo si la pieza no se dobla cuando sale de la máquina. En la imagen de la fotografía, en la que se trabaja un grueso y largo listón, es imprescindible la presencia de un caballete de apoyo con rodillo situado a una distancia conveniente.

Durante la elaboración manual de largos listones o tablas (en especial para el cepillado) la pieza se debe sostener en dos puntos diversos. Por este motivo, es conveniente fijarla en la mordaza del banco por un extremo mientras que el otro se puede apoyar en el caballete de apoyo con rodillo. El soporte de la fotografía es muy práctico, porque es plegable y se guarda fácilmente cuando no se necesita.

Pequeño columpio

Un entretenimiento desmontable y móvil que ofrece una diversión segura a los niños para que jueguen también en casa.

Esta construcción, apta para niños de 4 a 5 años, no contempla el uso de la cola sino de tornillos y tuercas; de este modo, cuando llegue el invierno, será mucho más sencillo desmontarlo y trasladarlo incluso en coche; de hecho, la pieza más larga mide tan sólo 1.600 mm. Para las uniones use pernos pasantes: son más resistentes que los tornillos.

Los cuatro montantes (B) presentan un ensamble oblicuo en sus extremos superiores; para obtenerlo de manera precisa, corte de la misma pieza de la que ha obtenido el travesaño (A) un montante de 50 mm de longitud y úselo como muestra para trazar el ensamble, tras haber colocado en plano dos montantes con el ángulo deseado.

A mitad de cada montante (B) practique el ensamble a media madera que aloja el travesaño (C). Las tablas de los asientos (D) se unen a las cadenas por medio de barras fileteadas que se introducen en unos agujeros practicados a 10 mm de los cantos de cada tabla.

Compre barras de 1 m de longitud, córtelas a 330 mm con una sierra de metal y deles forma de U manteniéndolas presionadas con una mordaza; a continuación, puede enroscar las tuercas y las contratuercas para fijar los asientos a las barras; entre la tuerca y la madera interponga siempre una arandela ancha.

Por supuesto, antes de fijar las barras en los agujeros del asiento, introduzca en ellas un extremo de las cadenas. Si estas tienen el mismo número de eslabones, los asientos tienen que adoptar una posición perfectamente horizontal.

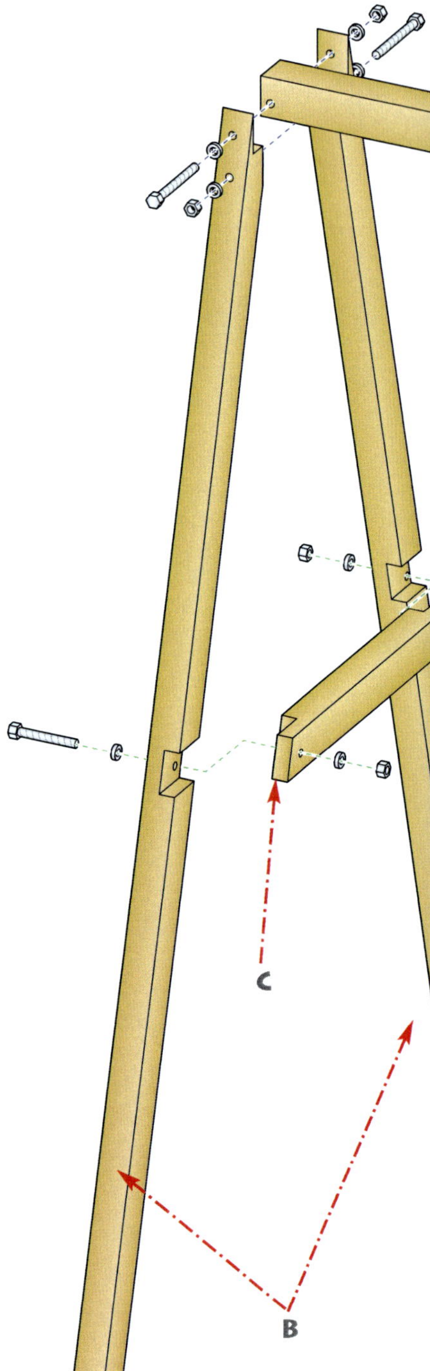

LISTA DE MATERIALES NECESARIOS

•Listón de 50 ∞ 50 mm de sección: *1 pieza (A) de 1.600 mm de longitud; 4 piezas (B) de 1.500 mm de longitud; 2 piezas (C) de 400 mm de longitud.*

•Tablas de 30 ∞ 200 mm de sección: *2 piezas (D) de 350 mm de longitud.*

•Barra roscada M8: *4 piezas (E) de 330 mm de longitud.*

•Otros: *4 cadenas de 900 mm de longitud; 4 escuadras metálicas de 40 ∞ 40 mm; pernos con tuerca de 8 ∞ 60 mm; pernos con tuerca de 8 ∞ 130 mm; pernos con tuerca de 8 ∞ 40 mm; arandelas; barniz transparente; esmalte.*

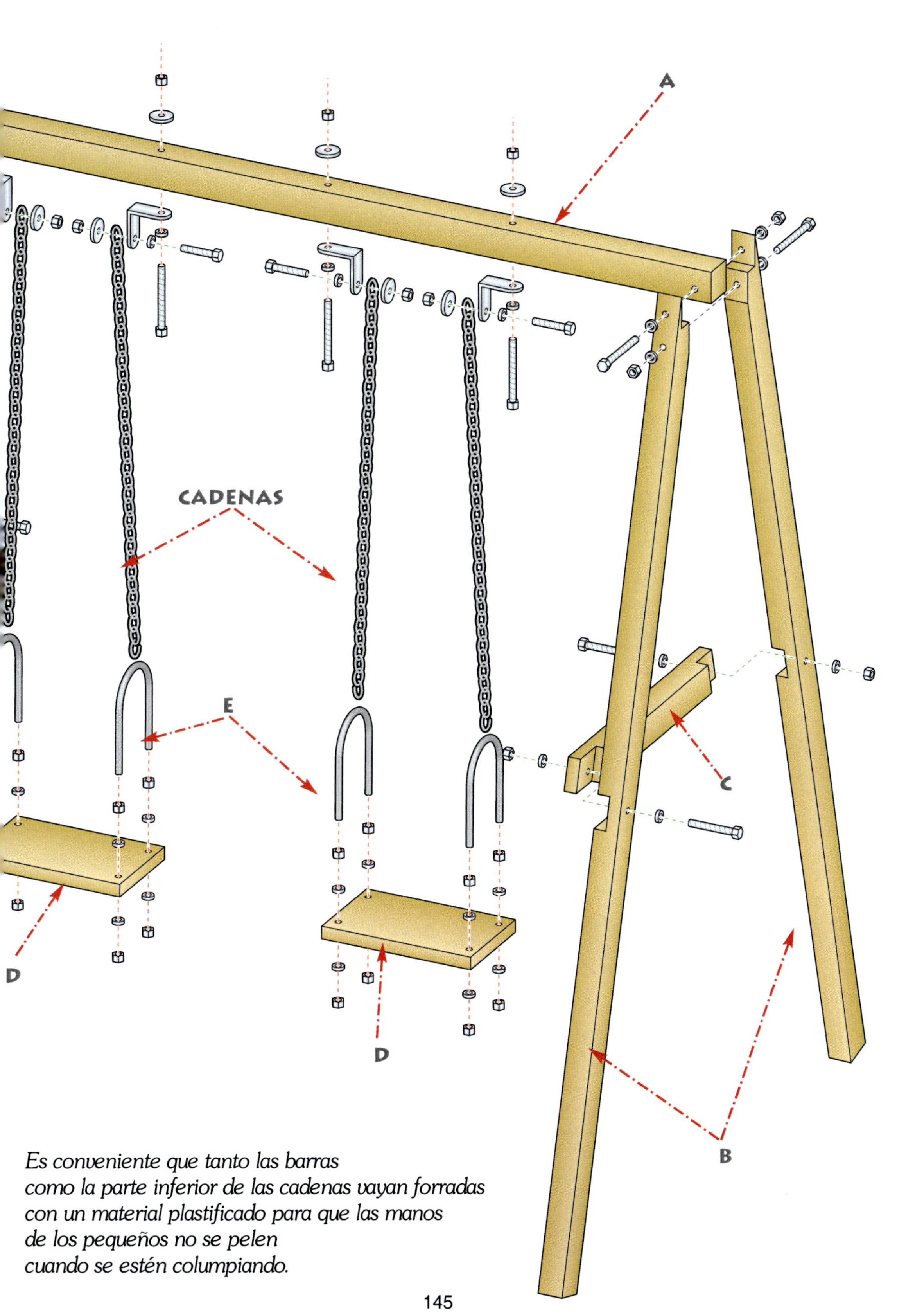

Es conveniente que tanto las barras como la parte inferior de las cadenas vayan forradas con un material plastificado para que las manos de los pequeños no se pelen cuando se estén columpiando.

Tuercas y barras roscadas

El columpio descrito en las páginas anteriores utiliza numerosas barras roscadas y tuercas.

LA TUERCA

Es un elemento fundamental de unión formado por un bloque metálico de sección hexagonal agujereado y fileteado a lo largo de su eje interno. Sirve para enroscar y fijar pernos, barras roscadas, etcétera.

El enroscado y desenroscado se realiza con llave, aunque en el caso de las tuercas especiales perfiladas con aletas metálicas se puede apretar simplemente con las manos.

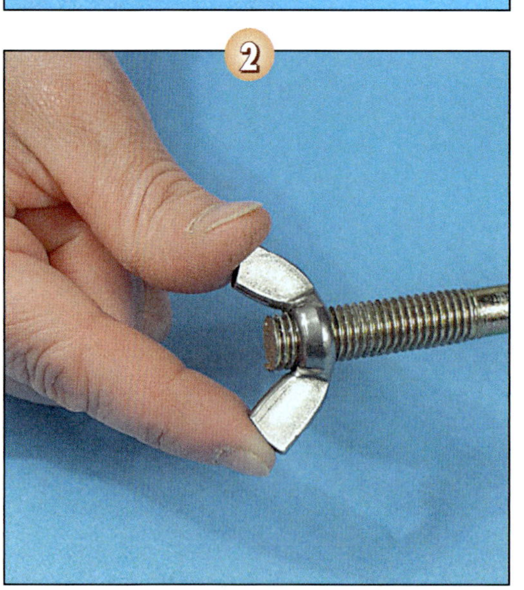

LA BARRA ROSCADA

En hierro o acero, de hasta 1 m de largo, fileteada por completo y con numeración métrica, se encuentra disponible en las ferreterías con diámetros diversos (a partir de 6 mm) y sirve para realizar ensambles variados.

Se puede doblar y curvar, pero en el punto donde se halla el doblez la tuerca no funciona.

Existen barras en varios metales y aleaciones: desde el acero inoxidable hasta el cobre.

1. Varios tipos de barras fileteadas y una tuerca de gran diámetro. Las barras son un sustituto muy válido de los tornillos de metal cuando se deben unir elementos colocados a una cierta distancia entre sí. Antes de la tuerca se introduce siempre una arandela.
2. La tuerca con aletas sirve para apretar y aflojar manualmente una unión que se deba desmontar fácilmente.

Joyero

Está realizado con un contrachapado preciado, el interior de los cajones está recubierto con espuma y forrado con tela.

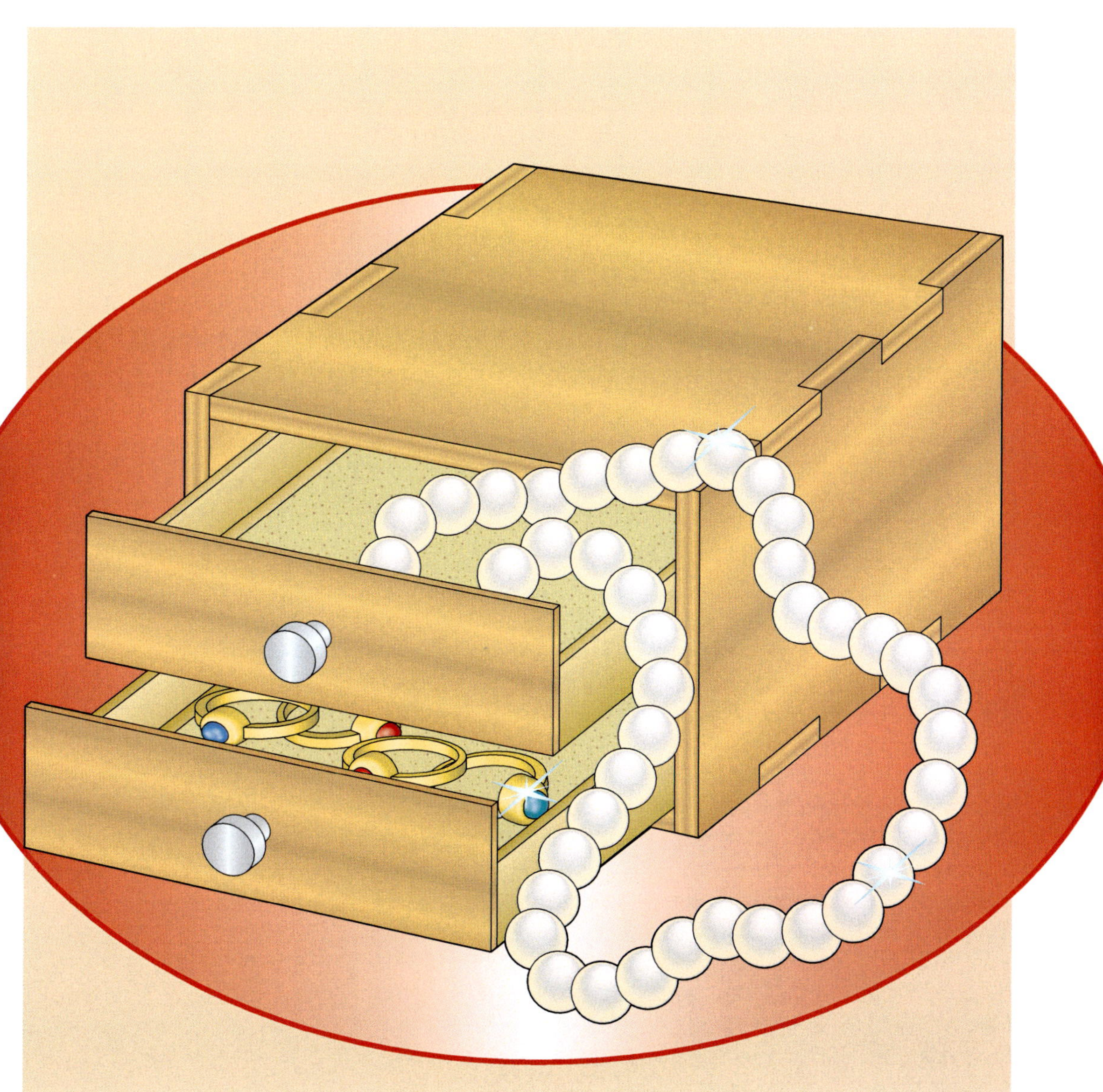

Este joyero se puede colocar sobre la cómoda o incluso dentro de un cajón de la misma. En el primer caso, es conveniente que le dé un aspecto más refinado, ya sea con un compensado de ébano revestido con una chapa de madera preciada o chapando la parte exterior, después del ensamblaje, con un laminado de cualquier madera preciada.

Si no quiere chaparla, deberá realizar las uniones con mucha precisión, porque quedarán a la vista.

Todas las caras del joyero se unen entre sí mediante ensambles, con puntas cónicas y cola; para obtener ensambles idénticos en los dos laterales (B) en el fondo y en la cubierta (A), es conveniente que realice todos los cortes al mismo tiempo, superponiendo las dos partes y manteniéndolas unidas de forma provisional con dos pequeños clavos.

Para que cajas y espigas coincidan a la perfección, es necesario trazar y cortar los ensambles de la primera pareja de paneles; luego, se coloca un panel terminado, lado contra dorso, junto al panel que se debe trabajar, que pertenece a la otra pareja, y con un lápiz afilado se dibujan las posiciones de las espigas; por último, se efectúan los cortes en esta segunda pareja.

Los cajones, unidos sin ensambles, están fortalecidos por listones cuadrados colocados en el interior, para aumentar la superficie de contacto con los laterales, el frente y el fondo.

El cajón inferior se desliza a lo largo del fondo del joyero, mientras que el superior está dispuesto en dos guías que se clavan en la cara interna de los laterales (B) antes de cerrar el joyero.

GUÍA DEL CAJÓN

B

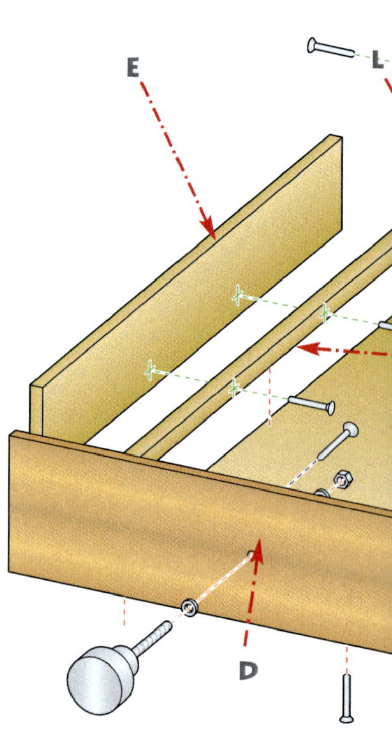

LISTA DE MATERIALES NECESARIOS

Caja

•Contrachapado de madera preciada de 6 mm de espesor: *2 piezas (A) de 150 ∞ 200 mm; 2 piezas (B) de 100 ∞ 200 mm; 1 pieza (C) de 138 ∞ 88 mm.*

•Listón de 10 ∞ 10 mm de sección: *2 piezas (H) de 186 mm de longitud.*

Cajones

•Contrachapado de álamo de 4 mm de espesor: *4 piezas (E) de 186 ∞ 30 mm; 2 piezas (F) de 129 ∞ 30 mm; 2 piezas (G) de 129 ∞ 186 mm.*

•Contrachapado de ébano de 6 mm de espesor: *2 piezas (D) de 138 ∞ 43,5 mm.*

•Listón de 10 ∞ 10 mm de sección: *4 piezas (I) de 166 mm de longitud; 4 piezas (L) de 120 mm de longitud.*

Otros

2 pomos; cola vinílica; puntas cónicas; tapaporos; cera o barniz transparente de acabados.

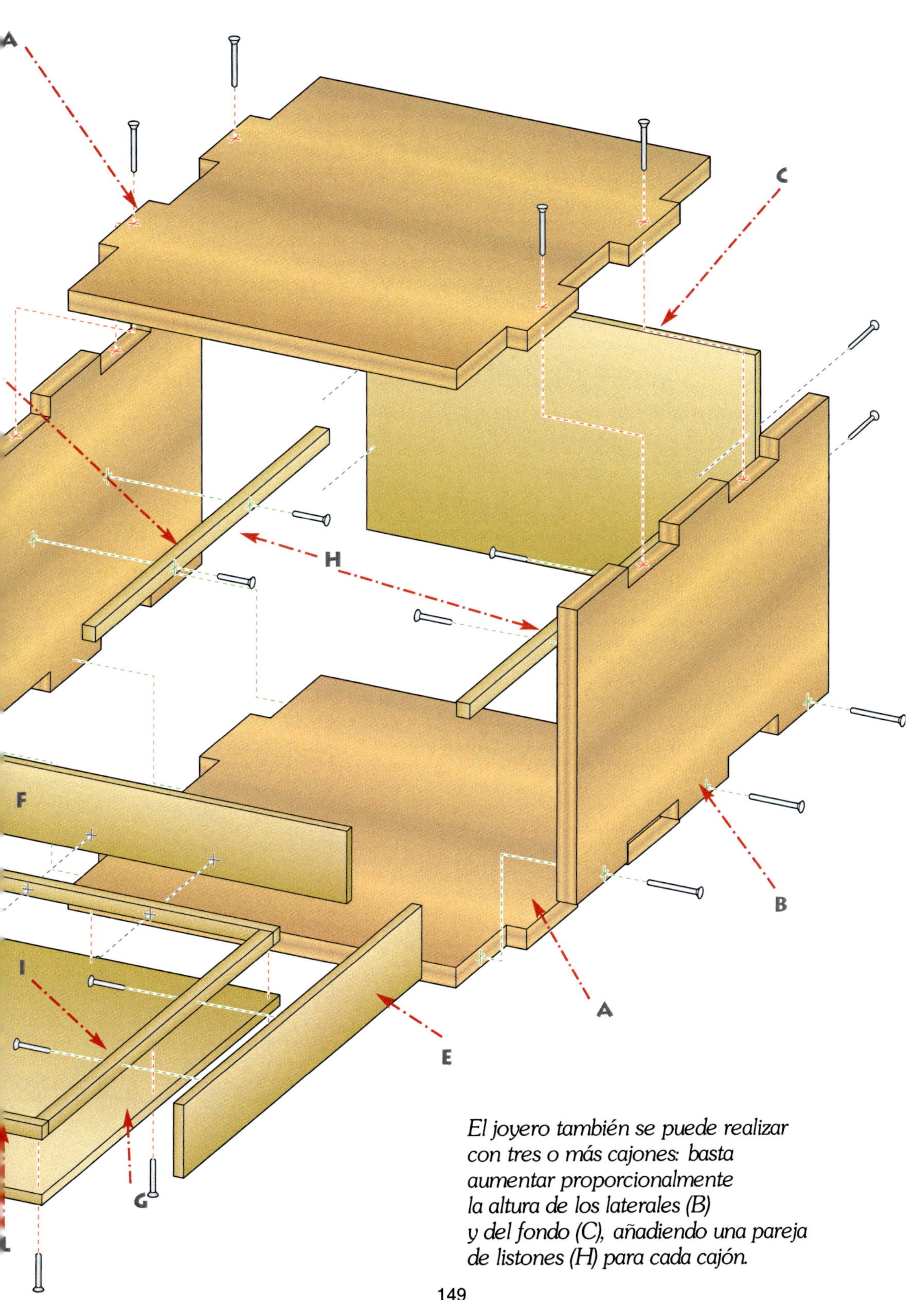

El joyero también se puede realizar con tres o más cajones: basta aumentar proporcionalmente la altura de los laterales (B) y del fondo (C), añadiendo una pareja de listones (H) para cada cajón.

Puntas cónicas, chinchetas y tachuelas

Los clavos se definen en milímetros en función de su longitud y del material en el que están realizados. Los clavos normales suelen ser de hierro aceroso, pero también los hay de acero duro, de cobre y de bronce para ensamblajes de paneles machihembrados en exteriores, o inoxidables y cincados para montajes expuestos al agua o a la intemperie. Todos estos clavos se pueden comprar al peso.

Las chinchetas son clavos cortos, con la cabeza muy grande y decorada, que se utilizan para fijar pasamanerías y revestimientos en tejidos para butacas, sofás, etc. En el mercado se pueden encontrar tiras especiales de chinchetas falsas (para encolar) que simulan la presencia de una fila de tachuelas clavadas.

Las tachuelas son clavos de pequeño tamaño, con cabeza ancha y vástago de sección cuadrada; su longitud oscila entre 10 y 25 mm; sirven para fijar tapicerías y revestimientos y para reparar calzado.

1. *Puntas cónicas de diversos materiales, de acero, hierro y cobre.*
2. *Chinchetas de fantasía con cabeza labrada y lisa.*
3. *Tachuelas de sección cuadrada de varias medidas.*

Mesa de jardín

Esta mesa rústica es ideal en jardines y glorietas.
Para que dure mucho tiempo, debe estar bien protegida.

Para construir esta robusta mesa son necesarios un serrucho, un formón para madera, una escuadra para trazar los cortes en ángulo y, por supuesto, el taladro.

Los cuatro travesaños (A) se unen de dos en dos con un ensamble a media madera para obtener las patas; el cruce es a 80° y, por lo tanto, los extremos de los travesaños de ambas partes se deben cortar a 100° para garantizar un apoyo estable en el suelo.

El ensamble a media madera se fija con cola marina y dos tornillos; una vez finalizadas las patas en cruz, se deben unir al larguero (B), que se encola y se atornilla en correspondencia con los dos cruces.

Para realizar el sobre con tablas, apóyelas hacia abajo y una al lado de la otra, sobre una superficie plana (con una distancia de 12,5 mm una de otra); coloque los dos travesaños a 200 mm de sus bordes respectivos y atorníllelos a las tablas. A continuación, gire el sobre ya acabado, colóquelo encima de los soportes en cruz y atornille los travesaños (C) a las patas (A).

Si desea que la mesa sea desmontable, sustituya los tornillos normales por tornillos con tuerca.

Con un trozo de papel de lija, redondee los cantos superiores del sobre y proteja la mesa con dos manos de protector, que se debe renovar cada dos años si la mesa permanece al aire libre. Una buena norma consiste en extender la primera mano antes del ensamblaje definitivo de las piezas; de este modo, también protegerá la superficie interna de las junturas.

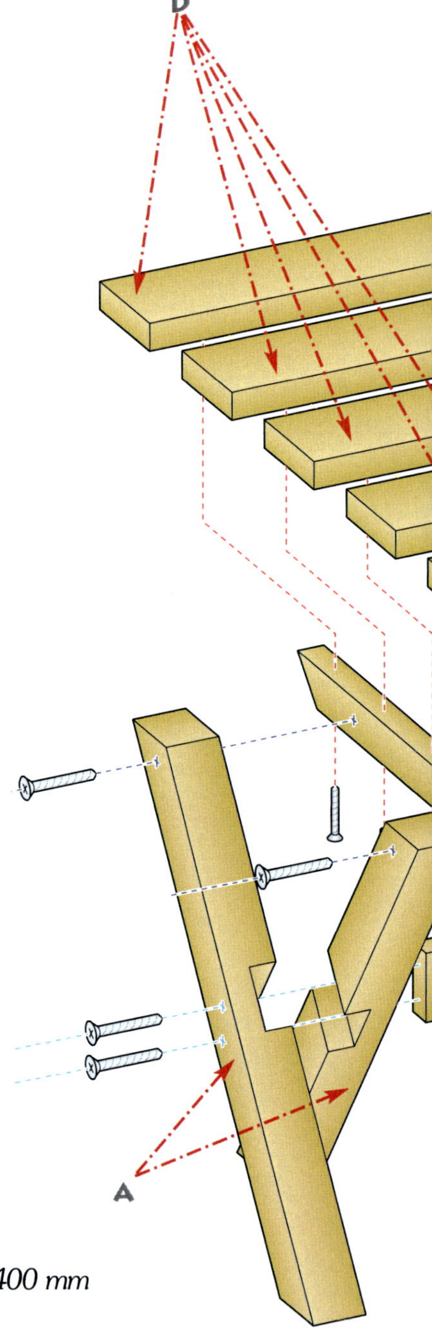

LISTA DE MATERIALES NECESARIOS

- ***Travesaños de 60 ∞ 60 mm de sección:*** *4 piezas (A) de 1.100 mm de longitud.*
- ***Travesaño de 50 ∞ 80 mm de sección:*** *1 pieza (B) de 1.400 mm de longitud.*
- ***Listón de 30 ∞ 30 mm de sección:*** *2 piezas (C) de 750 mm de longitud.*
- ***Tablas de 30 ∞ 140 mm de sección:*** *5 piezas (D) de 1.800 mm de longitud.*
- ***Otros:*** *tornillos autorroscantes de 5 ∞ 120 mm, de 4 ∞ 70 mm, y de 4 ∞ 50 mm; cola marina; barniz protector.*

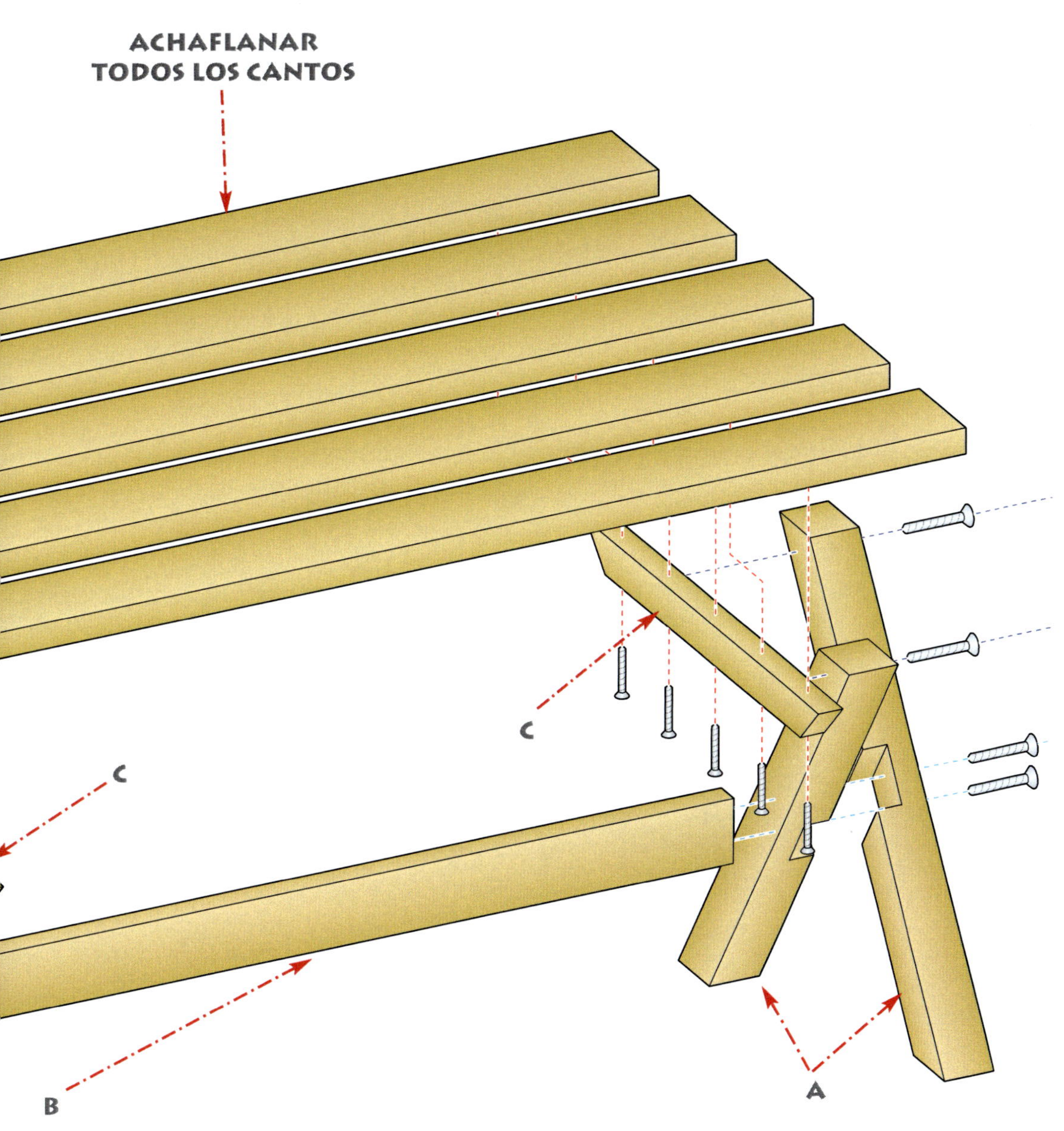

Como todos los muebles de madera destinados a permanecer al aire libre, los grandes planos horizontales se deben seccionar en elementos más pequeños y distanciados entre sí, para que las ranuras que los separan faciliten el deslizamiento de las aguas pluviales.

Tirafondos

El tirafondos es un tipo especial de tornillo para madera que tiene una cabeza redonda y un vástago cuadrado que sirve para fijar piezas gruesas de madera.

VÁSTAGO EMPOTRADO

Su peculiaridad reside en que, cuando el tornillo se introduce en el agujero pasante (practicado previamente), el trozo de vástago de sección cuadrada se empotra en la madera con un golpe de martillo. Esta operación permite enroscar la tuerca en el tornillo y apretarla sin tener que sujetar la cabeza de este último, porque el vástago ya se mantiene en posición por sí solo, al estar empotrado en la madera.

CABEZA PLANA

La cabeza de los tirafondos es muy plana y presenta una ligera curvatura, por lo que sobresale muy poco por encima del plano y, por ello, no representa una molestia o un obstáculo especial.

Los tirafondos se utilizan, sobre todo, para reforzar uniones de travesaños o listones que no puedan unirse sólo con cola, o en el caso de que la estructura deba ser desmontable. En el mercado se encuentran tirafondos en acero o en acero inoxidable.

Tornillo de cabeza redonda y cuello cuadrado. La parte roscada del vástago es bastante corta; por este motivo, cuando los compre tenga en cuenta que no deben ser mucho más largos que la suma de los espesores de las piezas que se unan. Las arandelas se utilizan siempre para evitar que la tuerca se empotre en la madera.

Forma de la cabeza y parte inicial del vástago. Su sección cuadrada permite que el tornillo tirafondos se empotre en la madera y que la tuerca sea más fácil de enroscar.

Banco simple

Con un tratamiento adecuado de barniz
que lo proteja de la intemperie, es perfectamente
apto para el jardín o la terraza.

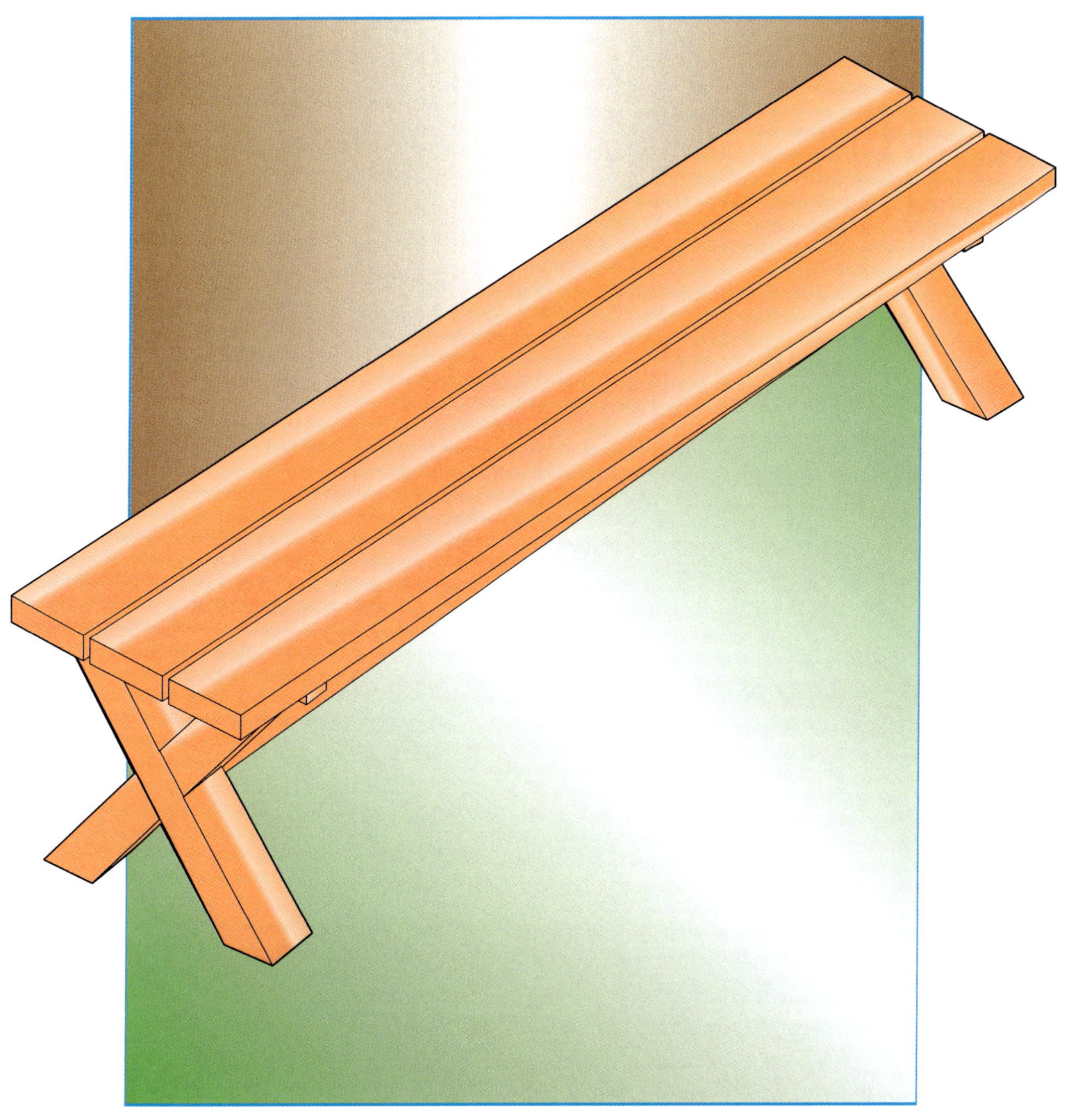

Cuatro robustas patas, unidas en parejas y formando dos cruces, sostienen el asiento; este está compuesto por tres tableros unidos por la parte inferior con dos listones transversales. El larguero central (C) une las patas en el punto donde se producen los cruces y da mayor resistencia a todo el banco.

Después de cortar las patas a la medida y realizar el ensamble a media madera que las une, fíjelas con cola y un tornillo central; a continuación, únalas al larguero (C), que debe estar colocado hacia arriba por su lado más estrecho.

Atornille y encole las dos parejas de patas a los travesaños (D), por la parte interior; después, fije los travesaños a las tablas (A) que componen el asiento dejando una separación entre ellas de 20 mm. Es muy importante que lije con papel de lija todos los cantos de las tablas (A) antes de ensamblarlas.

Los tornillos que unen las tablas a los dos travesaños (D) se deben fijar de abajo arriba. Coloque el banco en una superficie plana y, si es necesario, regularice los extremos inferiores de las patas con una escofina para que el punto de apoyo sea estable.

Si quiere que el banco dure el mayor tiempo posible, incluso dejándolo a la intemperie, es conveniente tratarlo con productos específicos antes de ensamblar las piezas; de este modo, también protegerá la superficie de madera que se halla en el interior de las conexiones, que es la zona donde se estanca la humedad.

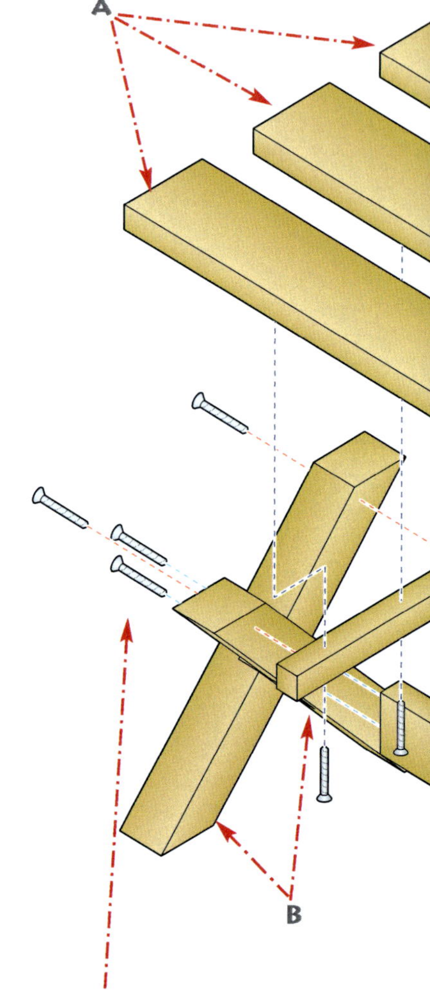

TORNILLOS AUTORROSCANTES (O TORNILLOS DE CABEZA REDONDA Y CUELLO CUADRADO PARA PODER DESMONTAR LA CONSTRUCCIÓN)

LISTA DE MATERIALES NECESARIOS

Tablillas de 30 ∞ 90 mm de sección: *3 piezas (A) de 1.800 mm de longitud.*

Listones de 50 ∞ 50 mm de sección: *4 piezas (B) de 550 mm de longitud.*

Listón de 50 ∞ 60 mm de sección: *1 pieza (C) de 1.400 mm de longitud.*

Listones de 30 ∞ 30 mm de sección: *2 piezas (D) de 300 mm de longitud.*

Otros: *cola para exteriores; tornillos autorroscantes de 4 ∞ 50 mm; tornillos autorroscantes de 5 ∞ 90 mm; barniz protector.*

El ensamble a media madera, que une las dos patas en cruz, es una operación más bien delicada, porque debe respetar el ángulo exacto de los cortes. Para obtenerlo sin problemas, es conveniente trazar en una hoja de papel un molde en forma de U, con los ángulos rectos; la base de la U tiene 300 mm de longitud, el equivalente al espacio entre las dos patas en cruz. Colocando los travesaños que forman las patas (B) sobre el molde, obtendrá fácilmente el ángulo de corte de los extremos de las patas, además de la posición y el ángulo del ensamble a media madera.

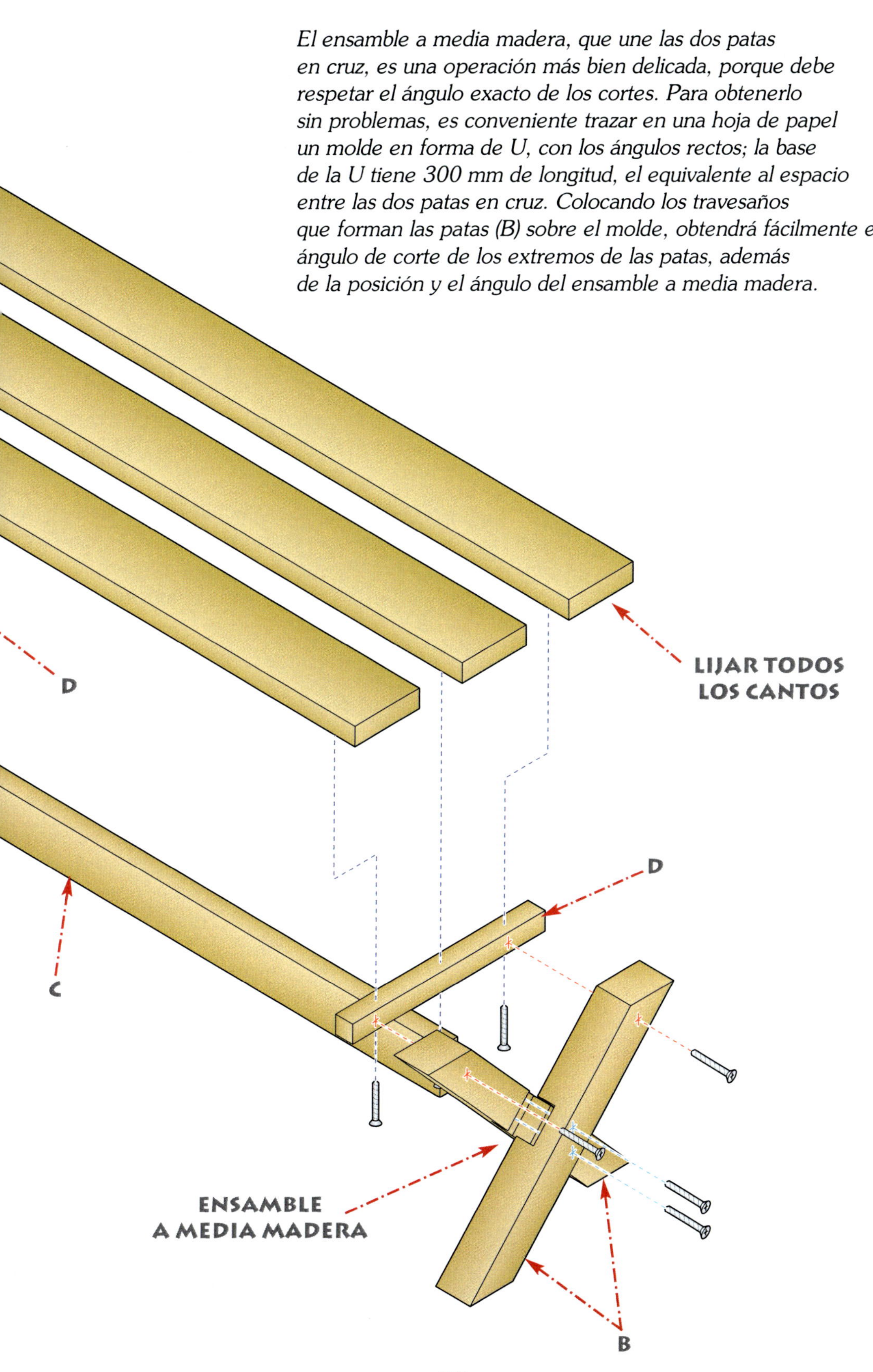

Ensamble a media madera

El ensamble a media madera es uno de los más fáciles de realizar. Se utiliza para unir listones de diversas secciones de modo que el espesor total sea siempre el mismo.

El resultado es un ensamble que no ocupa un espacio mayor al espesor de la madera, provisto de una robustez y resistencia especiales.

Se trata de practicar en las dos piezas que se deseen unir un rebajo cuadrado con la misma anchura que la pieza que le corresponde y con una profundidad equivalente a la mitad de su grosor. Si el corte es muy preciso, el ensamble es prácticamente indisoluble.

El ensamble se fija con cola vinílica y se mantiene apretado con una mordaza de carpintería al menos 24 horas.

En algunos casos, sobre todo en construcciones de peso (como tejados u otros elementos de sujeción), se puede agujerear la madera en medio del ensamble y colocar un tirafondos pasante provisto de arandela; de este modo, el ensamble es aún más resistente.

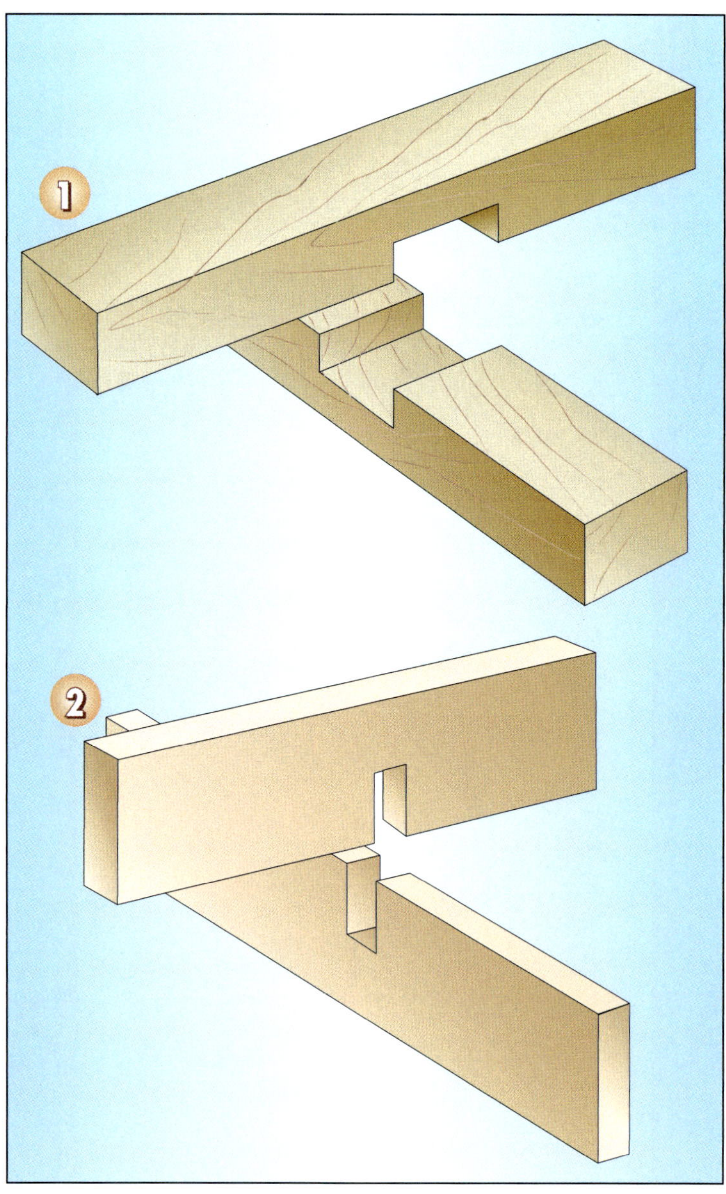

1. Ensamble a media madera en la parte menos gruesa de la pieza. Se utiliza, sobre todo, cuando se desea obtener una especial solidez y estabilidad de la construcción.
2. Ensamble a media madera en la parte más gruesa. Se realiza en estructuras de soporte que no estén sometidas a tensiones especiales.

Banco de descanso

Un sólido respaldo, obtenido mediante la prolongación de las dos patas, permite apoyar cómodamente la espalda.

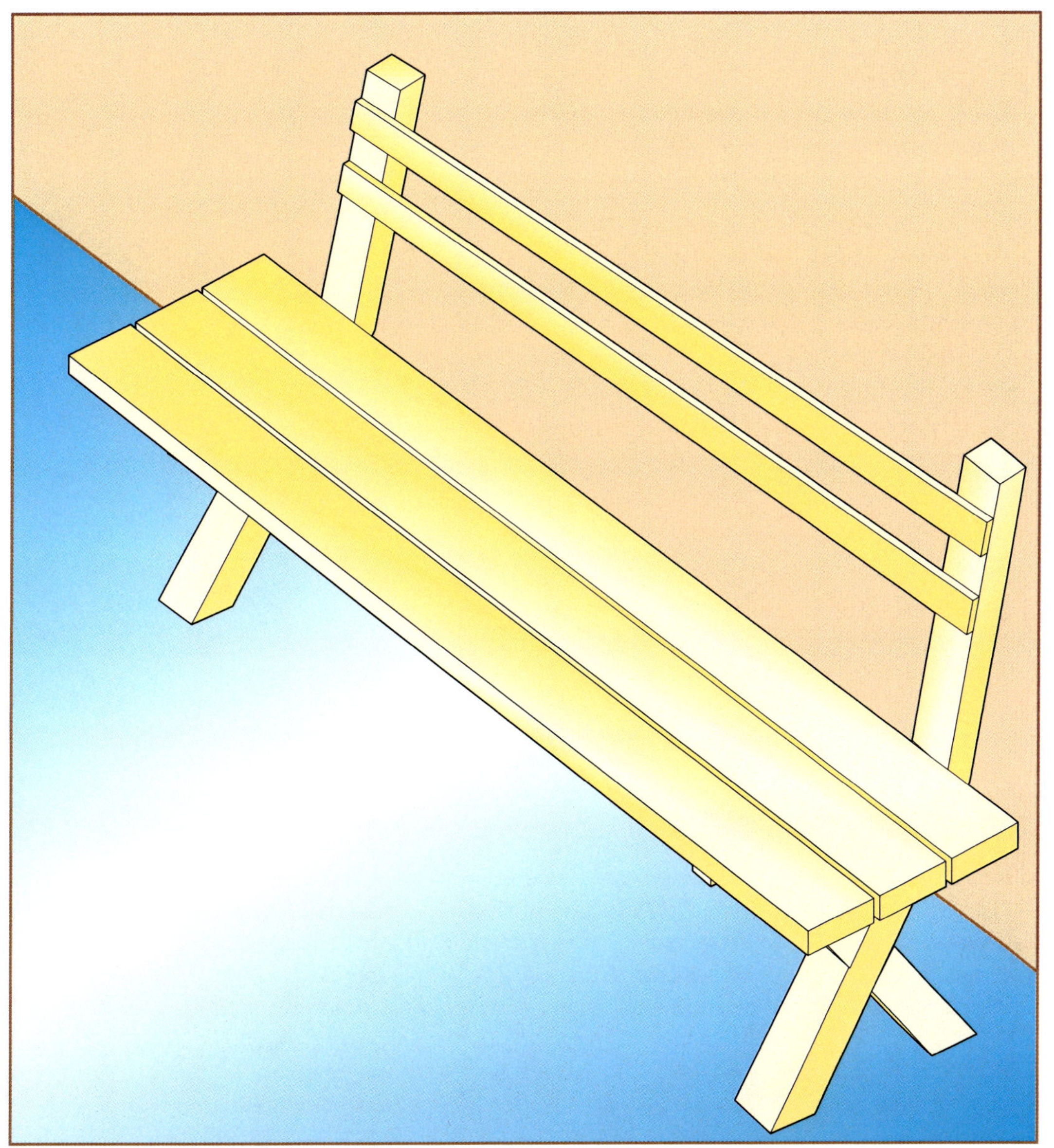

En general, el mayor problema en la construcción de un banco reside en conseguir un respaldo lo bastante rígido; en este banco, los montantes que sostienen el respaldo forman una única pieza con las patas, y por ello todo el conjunto obtiene la solidez necesaria.

Al construirlo debe prestar mucha atención al trazado de los cortes oblicuos; guíese por el plano de corte, en el que un cuadro representa un área de 100 ∞ 100 mm.

En este caso, el instrumento imprescindible para realizar los cortes perpendiculares y transversales, además de los ensambles, es la sierra de vaivén.

Tras cortar todas las piezas a la medida y realizar los ensambles a media madera en las patas (A y B), una estas últimas entre sí con tornillos y cola.

A continuación, una al larguero (C) los dos soportes obtenidos en la operación, utilizando otra vez tornillos y cola.

Atornille los travesaños (D) con el plano superior a ras de los cortes oblicuos de las patas y, sobre estas, apoye las tablas del asiento (E) a una distancia de 20 mm la una de la otra; la tabla posterior debe entrar en la cavidad practicada en la pata (A).

Para finalizar, una las tablillas (F) que conforman el respaldo, a las patas (A); es muy importante que todos los cantos del respaldo y del asiento se redondeen bien con papel de lija.

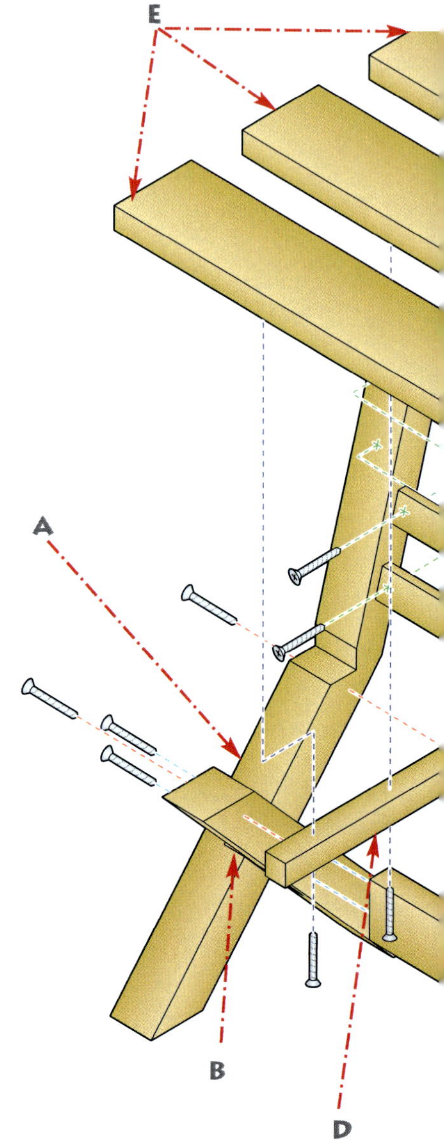

LISTA DE MATERIALES NECESARIOS

2 tablas de 200 ∞ 50 ∞ 1.000 mm, de las que se obtiene: *2 piezas (A) de 50 ∞ 50 mm de sección y 1.000 mm de longitud.*

Listones de 50 ∞ 50 mm de sección: *2 piezas (B) de 530 mm de longitud.*

Listones de 40 ∞ 60 mm de sección: *1 pieza (C) de 1.400 mm de longitud.*

Tablas de 40 ∞ 100 mm de sección: *3 piezas (E) de 1.800 mm de longitud.*

Tablillas de 25 ∞ 70 mm de sección: *2 piezas (F) de 1.500 mm de longitud.*

Listón de 30 ∞ 30 mm de sección: *2 piezas (D) de 320 mm de longitud.*

Otros: *tornillos autorroscantes de 5 ∞ 80 mm; tornillos autorroscantes de 4 ∞ 60 mm; cola para exteriores; barniz; esmalte.*

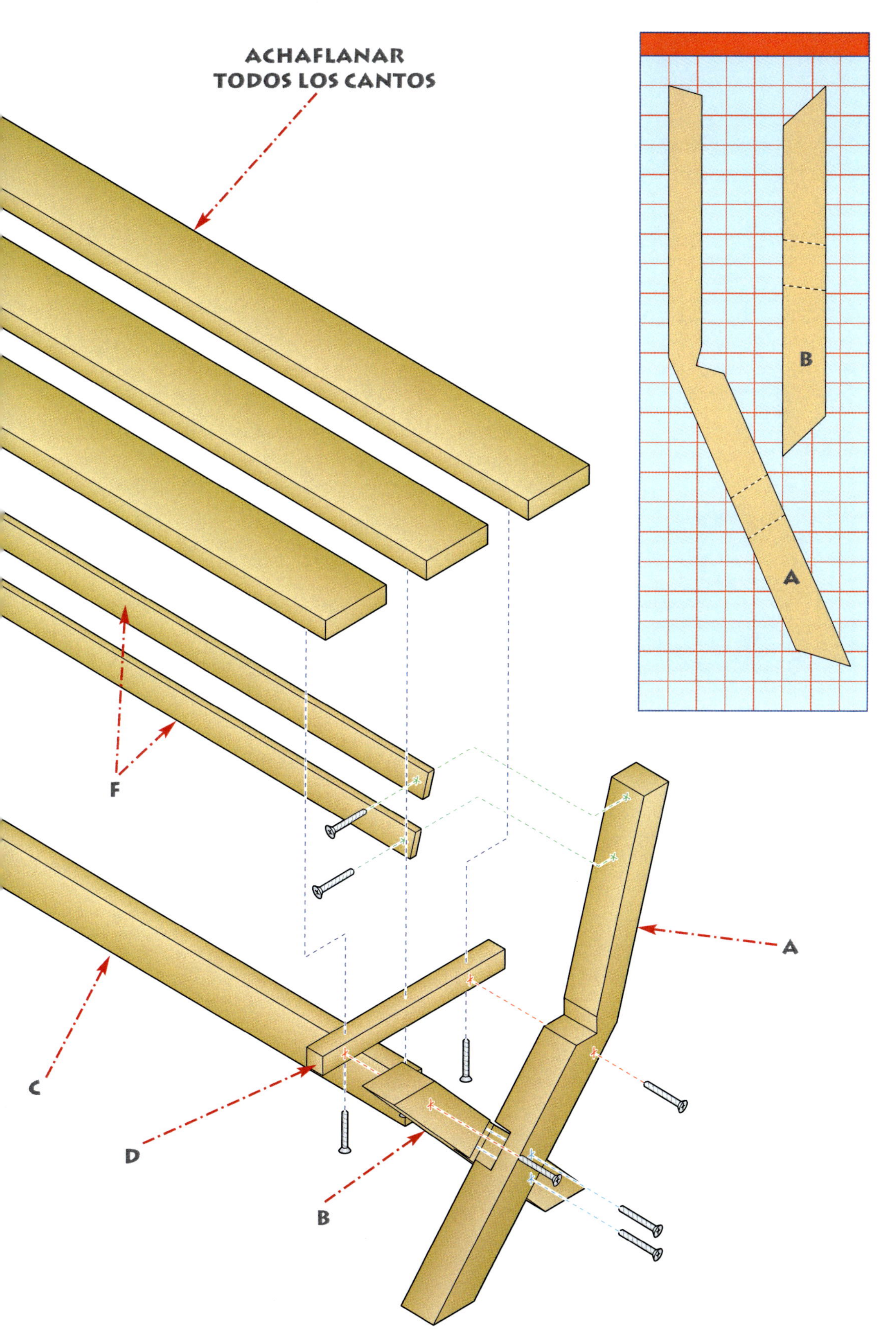
ACHAFLANAR
TODOS LOS CANTOS
B
A
F
A
C
D
B

Regruesadora

La regruesadora, unida a la cepilladora, sirve para reducir una pieza de madera en bruto a un espesor determinado.

Esta máquina está compuesta por un motor que acciona un cilindro portahojas y una abertura en la que se introduce la pieza que se quiere cepillar. La altura de dicha abertura se puede regular para que defina con una precisión absoluta el espesor final de la madera.

Mediante un sistema especial de arrastre, la pieza se desliza mientras el cilindro portahojas, en rápida rotación, elimina la parte superficial de la madera.

LA UNIVERSAL

El cepillo de banco, unido al cepillo tradicional (para acabados más superficiales), son elementos imprescindibles para una completa elaboración y para un acabado perfecto de la superficie de la madera.

A menudo, estas dos máquinas están comprendidas en otra más grande, la universal, que puede realizar cinco o seis trabajos diferentes.

La acción de desbaste producida por la cepilladora también se puede llevar a cabo con un cepillo eléctrico manual que, montado en un banco de trabajo, ejerce la misma función.

1. Regruesado de una tabla. Cuanto más larga sea la pieza, más precisa y carente de defectos debe ser la rotación del cilindro portacuchillas. Pase una mano sobre la superficie acepillada: si nota ondulaciones es que la regruesadora no está bien regulada.
2. Regruesado de un listón.

Estantería para el taller

Cuando no se dispone de mucho espacio hay que aprovechar al máximo las paredes. Esta estantería tiene una pequeña mesa de trabajo y es una buena solución para guardar y colocar diversos objetos.

Esta estantería se realiza comenzando por el armazón interno formado por las tablas (A y B), que se atornillan entre sí, con la estructura apoyada plana en el suelo. Seguidamente, se colocan los dos montantes centrales (C), que se atornillan por fuera como los demás. Con los tornillos autorroscantes se fijan los soportes (D). Los soportes sirven de apoyo para los estantes (E). Uno de los estantes deberá tener numerosos agujeros circulares para guardar herramientas. Una estructura cuadricular formada por los listones (I y L) clavados y encolados entre sí, ocupará el lugar de un estante para guardar los utensilios con mango largo; la tabla (G) sujetará los mangos.

El portarrollos consta de dos soportes perfilados (M) y el cilindro (L); el panel de contrachapado (F), unido a los montantes (C) por bisagras con aletas, se une también a la pata anterior formada por las piezas (H y H´), que se doblan gracias a un ensamble con caja abierta y fijarse mediante dos pernos con tuercas y aletas.

LISTA DE MATERIALES NECESARIOS

Tablas de pino o de abeto de 300 ∞ 40 mm de sección: *2 piezas (A) de 1.800 mm de longitud; piezas (B) de 2.000 mm de longitud; 2 piezas (C) de 1.720 mm de longitud.*

Listones de pino o de abeto de 40 ∞ 40 mm de sección: *20 piezas (D) de 300 mm de longitud.*

Tablas de pino o de abeto de 300 ∞ 30 mm de sección: *5 piezas (E) de 640 mm de longitud.*

Panel de contrachapado de 25 mm: *1 hoja (F) de 800 ∞ 720 mm.*

Tablas de pino o de abeto de 200 ∞ 30 mm de sección: *1 tabla (G) de 720 mm de longitud.*

Listón de abeto de 80 ∞ 80 mm de sección: *2 piezas (H y H´) de 400 mm de longitud.*

Listones de pino o de abeto de 30 ∞ 30 mm de sección: *3 piezas (I) de 640 mm de longitud; 3 piezas (L) de 300 mm de longitud.*

Tablas de pino o de abeto de 100 ∞ 30 mm de sección: *2 piezas (M) de 400 mm de longitud.*

Varilla cilíndrica de ramín de 35 mm de sección: *1 (N) de 575 mm de longitud.*

Otros: *tornillos autorroscantes de 4 ∞ 80 mm y 4 ∞ 50 mm; 2 bisagras con aletas de 60 ∞ 80 mm; 2 pernos con arandela y tuerca con aleta de 6 ∞ 120 mm; trozos de listón de 20 ∞ 60 ∞ 120 mm; protector; barniz transparente.*

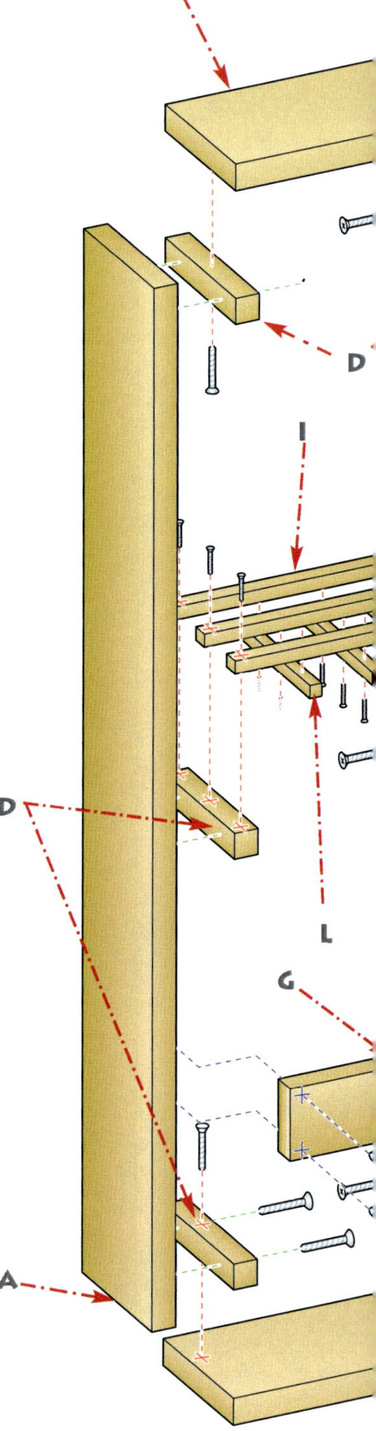

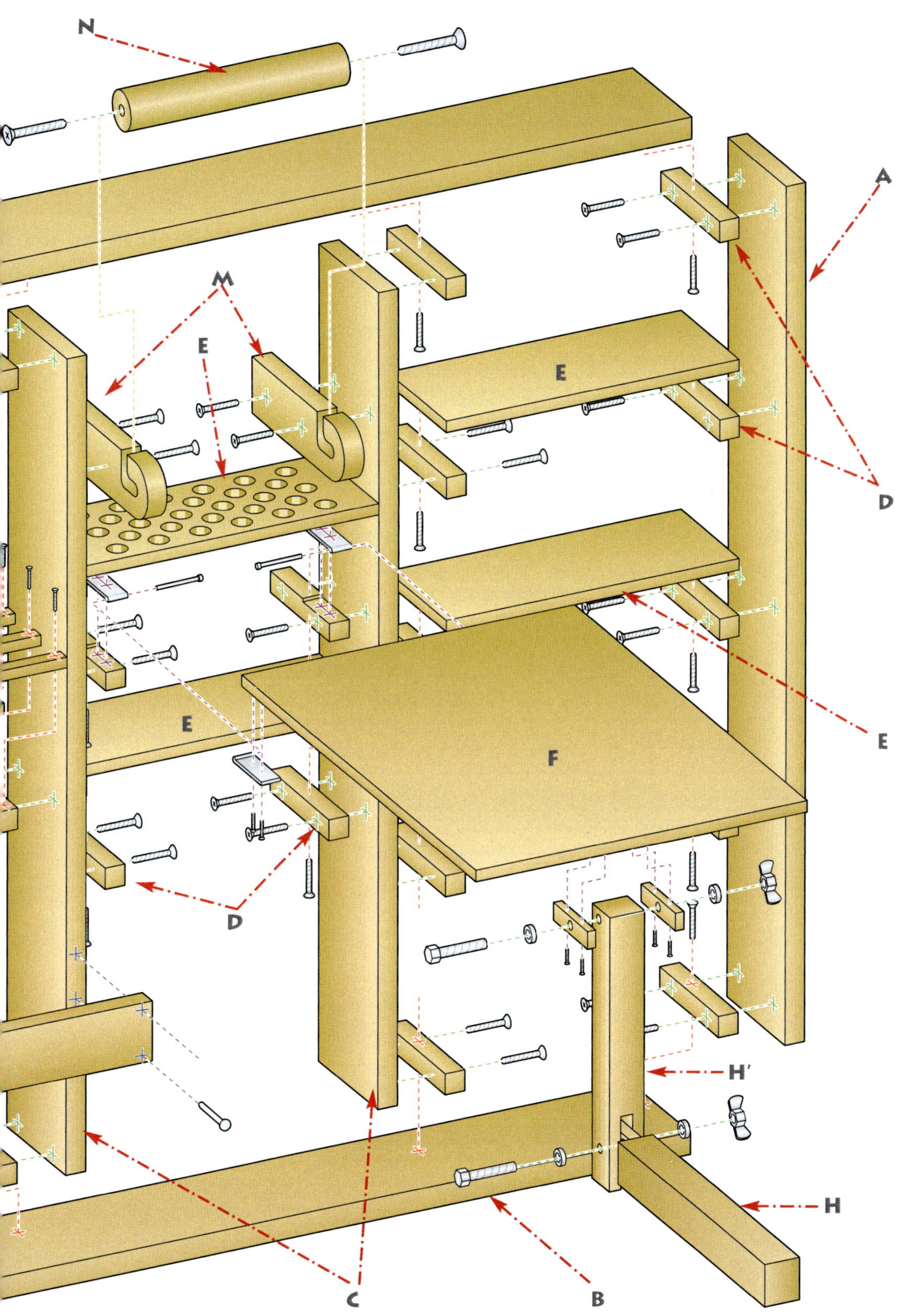
N
A
M
E
E
D
E
F
E
D
H'
H
C
B

Arandelas de bloqueo

La arandela es un elemento con forma de corona que se interpone entre elementos de unión, como tornillos, tuercas, pernos o clavos de metal, para crear un aumento de la presión que contraste con el desenroscado progresivo, o para evitar que el material del elemento de unión se dañe.

TIPOS

Las más conocidas son las arandelas planas de varios diámetros con agujero central, pero también existen arandelas específicas para evitar que los tornillos se aflojen; en este grupo se encuentran las arandelas abiertas, que se caracterizan por sus bordes ligeramente desviados, que ejercen una presión en el perno o en el tornillo para que el aflojamiento causado por vibración sea más difícil.

Siempre dentro de este grupo, existen unas arandelas con partes segmentadas que cuando se enroscan se clavan ligeramente en las partes que aprietan, evitando así, un desenroscado accidental.

Las arandelas también sirven para dar espesor a partes en movimiento para distanciar los elementos entre sí (por ejemplo, una pareja de arandelas de cobre introducida en los goznes de una puerta permite que esta se levante lo suficiente para evitar que roce el suelo).

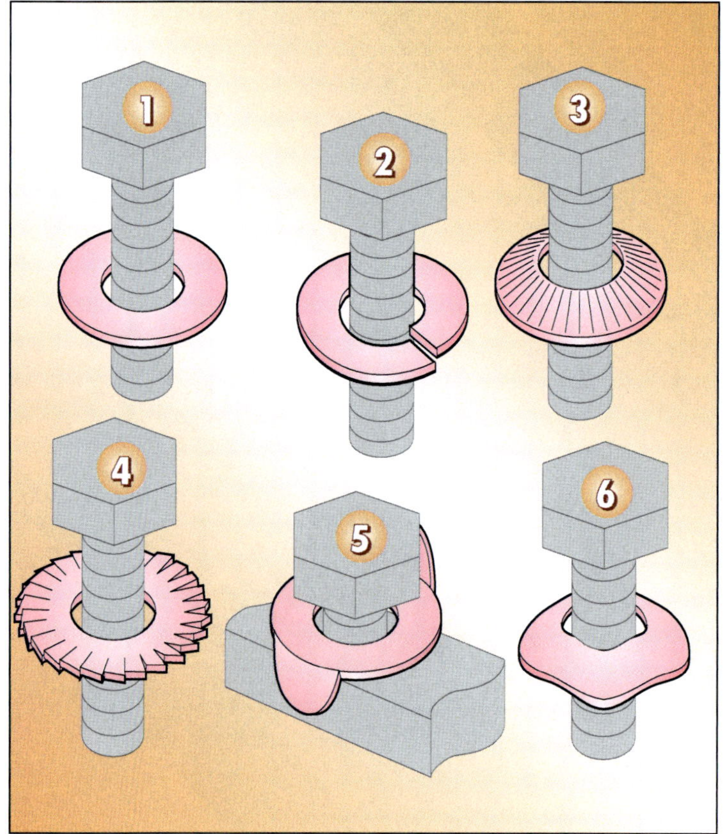

Tornillos con arandelas de varios tipos:
1. Arandela estándar plana.
2. Arandela partida.
3. Arandela granulada con forma cónica.
4. Arandela con aletas.
5. Arandela con alas de bloqueo.
6. Arandela a muelle con forma irregular.

Soporte para macetas

Este práctico soporte permite tener bien sujetas las macetas. La posición de las macetas evita manchas en el suelo.

Este soporte para macetas tiene la gran ventaja de alojar macetas de varios tamaños, manteniéndolas bien sujetas y separadas del suelo. De hecho, aunque las macetas tienen siempre un plato de fondo, a la larga pueden llegar a manchar el suelo de la terraza y, en cualquier caso, nunca están tan seguras como en un soporte que las mantiene sujetas.

Esta pequeña Ômesa» se puede realizar con las medidas más dispares en función de las macetas que tenga. El modelo representado en estas páginas permite contener macetas con una anchura de boca de 28 cm y una altura de unos 30 cm.

La estructura es muy sencilla: la tabla (A) se debe perfilar por los bordes y se debe agujerear a lo largo del eje longitudinal mayor (véase el plano de corte con cuadrícula de 40 mm de lado). En el modelo se pueden observar tres agujeros de 24 cm de diámetro, realizados con la sierra de vaivén; tras haber trazado los círculos, se practica un agujero con una broca de taladro en un punto intermedio de la parte que se debe eliminar y, seguidamente, se introduce la hoja de la sierra de vaivén. Partiendo de dicho punto, se llega a la circunferencia siguiendo su perfil por la parte interior del trazado.

El agujero se define con escofina y papel de lija para que presente un aspecto homogéneo y privado de ondulaciones.

En la tabla, cerca de los lados cortos, se practican cuatro entallas de 25 ∞ 50 mm que alojarán las cuatro patas (B); estas, a su vez, deben presentar un perfil en forma de diente de 25 mm de profundidad y 50 mm de anchura en su parte superior para poder ensamblarse a los cantos de la tabla.

Estas cuatro patas se unen con dos piezas (C) que sirven tanto de soporte para la tabla (A) como de refuerzo para las patas.

La unión entre las piezas (C y B) se realiza con un ensamble de caja pasante fijado con cola marina, mientras que las patas (C) se fijan al plano (A) mediante encolado reforzado con tornillos autorroscantes de bronce.

LISTA DE MATERIALES NECESARIOS

Tabla de pino de 320 ∞ 40 mm de sección:
1 pieza (A) de 1.040 mm de longitud.
Listones de pino de 50 ∞ 50 mm de sección: *4 piezas (B) de 320 mm de longitud;*
2 piezas (C) de 2.700 mm de longitud.
Otros: *cola marina (resistente al agua); tornillos autorroscantes de bronce de 4 ∞ 50 mm; protector y barniz de poliuretano o de esmalte.*

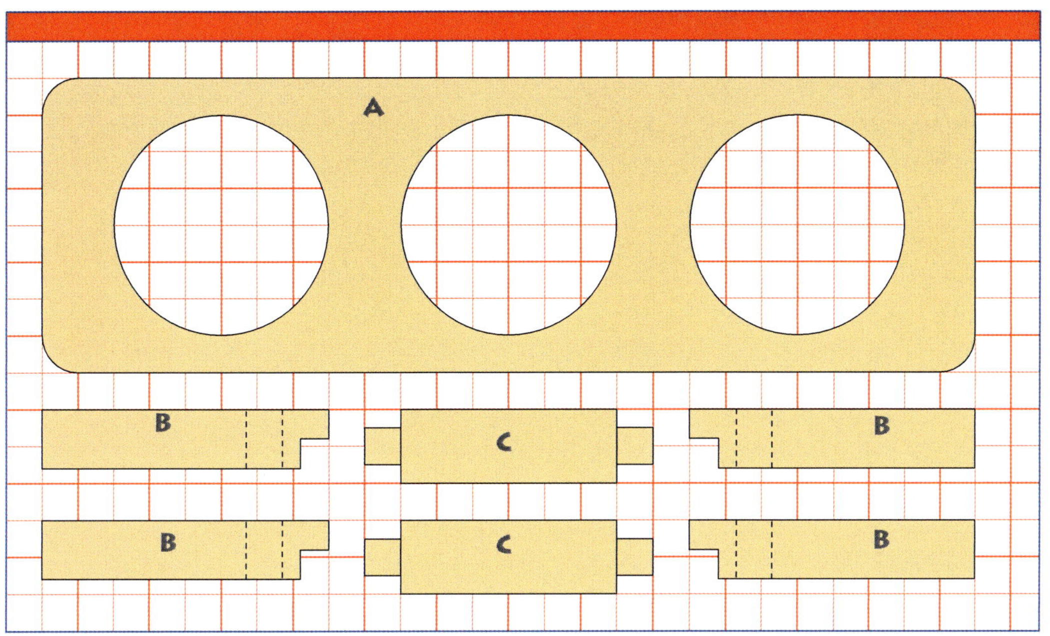

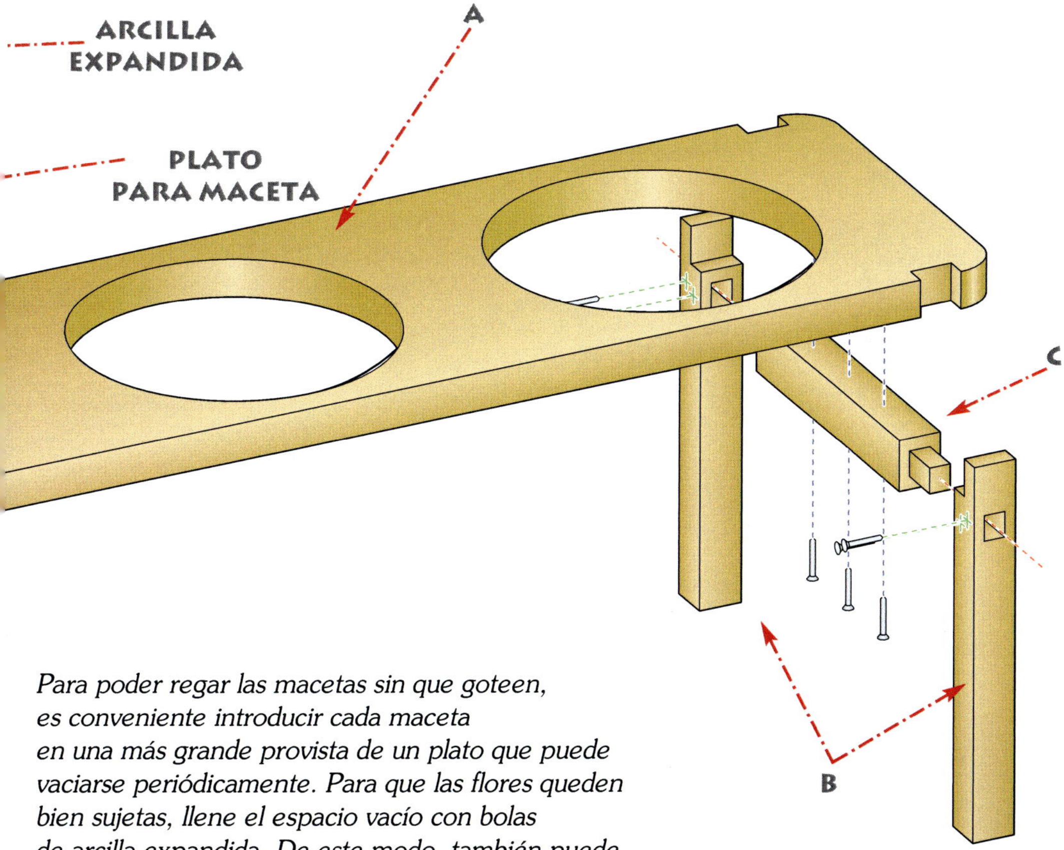

ARCILLA EXPANDIDA

A

PLATO PARA MACETA

C

B

Para poder regar las macetas sin que goteen, es conveniente introducir cada maceta en una más grande provista de un plato que puede vaciarse periódicamente. Para que las flores queden bien sujetas, llene el espacio vacío con bolas de arcilla expandida. De este modo, también puede introducir macetas más pequeñas en un soporte con agujeros del mismo diámetro.

Retoques con la escofina

La escofina (utilizada para el retoque de los grandes agujeros del soporte para macetas) es de tipo semirredondo. Se trata de una herramienta manual de acero, provista de una empuñadura y de una larga parte metálica en la que sobresalen muchos pequeños dientes que, cuando entran en contacto con la madera, la eliminan fácilmente, dándole la forma y el acabado deseados.

EL DENTADO

Existen escofinas de secciones y dentados diferentes para realizar trabajos más o menos bastos. El movimiento de la escofina es parecido al de la lima: hacia delante y hacia atrás, apretando más fuerte cuando se va hacia delante.

Las escofinas semirredondas sirven para trabajar elementos planos o ligeramente cóncavos o curvos, mientras que las redondas sirven para trabajar en agujeros o en elementos labrados en varias formas.

LA LIMA-ESCOFINA

Se trata de una herramienta manual compuesta por una hoja provista de unos dientes muy afilados y algo sobresalientes, que sirven para eliminar rápidamente la madera. Dichas hojas están provistas de empuñadura y se pasan sobre la madera como si fuera una escofina.

La eliminación de la madera es rápida y eficaz gracias a la creación de muchas virutas levantadas al paso de cada uno de sus dientes. Existen limas-escofinas planas, anchas, cóncavas o ligeramente curvadas, para trabajar y labrar la madera en cualquier momento de su elaboración. Se pueden utilizar tanto para eliminar una buena cantidad de madera como para operaciones de acabado.

La escofina semirredonda se puede utilizar tanto para partes planas como para partes curvadas. El utensilio se pasa sobre el borde que se desea perfilar con pasadas seguidas pero sin apretar excesivamente. En el mercado también se encuentran escofinas con dientes más o menos finos, que sirven acabados de diverso tipo.
En cualquier caso, tras la operación con escofina, es necesario definir la parte perfilada con un papel abrasivo.

Librería en X

Una original estructura que, además de contener muchos libros, crea un ambiente más dinámico en la habitación de los jóvenes.

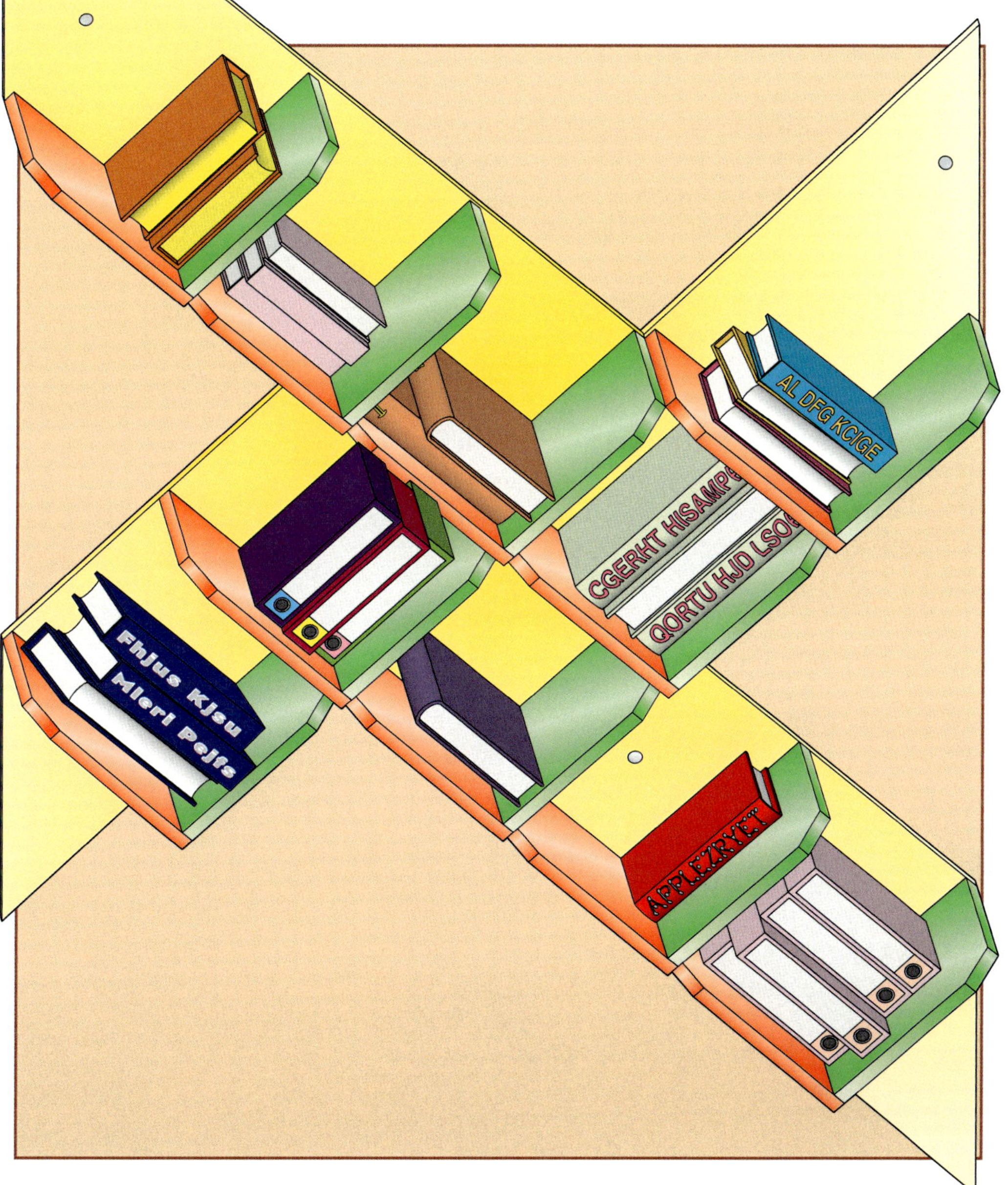

Una insólita librería de pared que se construye fácilmente utilizando paneles de contrachapado o de DMF. El fondo recuerda vagamente la forma de una hélice y está compuesto por 4 piezas que, en lugar de estar unidas entre sí, se fijan a la pared con tacos. Las cuatro piezas (A y B) se cortan en un ángulo de 45°, para que su forma final sea la de un trapecio rectangular. Una vez cortadas, se colocan las parejas (A y B) una encima de la otra para comprobar que los bordes de cada panel coincidan con los demás. Antes de fijar los paneles a la pared, se colocan los estantes para libros, formados por 10 estructuras en forma de L que se fijan a los paneles. Cada elemento está compuesto por dos paneles (C) colocados en ángulo y atornillados y encolados entre sí. Seguidamente, cada uno de los elementos se fija a los paneles de soporte (A y B), según las posiciones indicadas en el dibujo, con tornillos autorroscantes atornillados por la parte trasera de los paneles mayores; de este modo, el plano de apoyo de los libros estará sujeto tanto por los tornillos que lo unen al panel principal como por el soporte que le proporciona el segundo lado de la L. Todos los paneles (C) tienen los cantos externos ligeramente biselados. Este biselado se puede realizar con un simple corte en diagonal, o con una curva practicada con la sierra de vaivén y definida con la escofina. Cuando todos los paneles estén provistos de los soportes a L (tres sobre los paneles A y dos sobre los paneles B) se procede al acabado con un esmalte de un color alegre, o con esmalte de colores diversos y contrastantes. Finalmente, se fija la estructura a la pared, siguiendo la geometría indicada anteriormente.

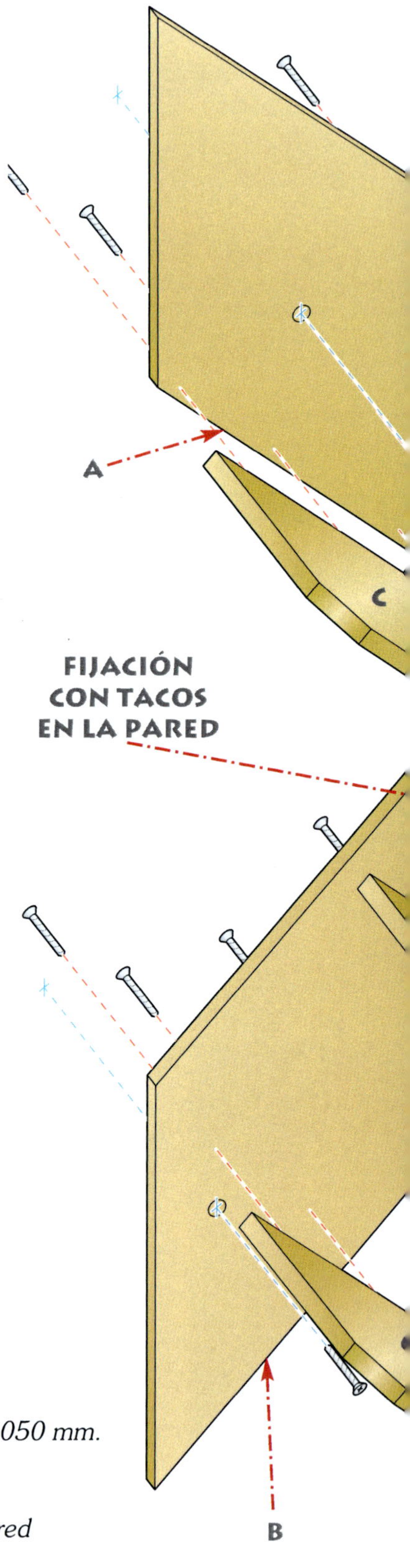

FIJACIÓN CON TACOS EN LA PARED

A

C

B

LISTA DE MATERIALES NECESARIOS

Paneles de DMF o contrachapado de 20 mm de espesor:

2 piezas (A) de 350 ∞ 1.340 mm; 2 piezas (B) de 350 ∞ 1.050 mm.

Paneles de DMF o contrachapado de 20 mm de espesor:

20 piezas (C) de 330 ∞ 330 mm.

Otros: *tornillos autorroscantes de 3 ∞ 60 mm; tacos de pared de 8 ∞ 80 mm; esmalte de colores diluido en agua.*

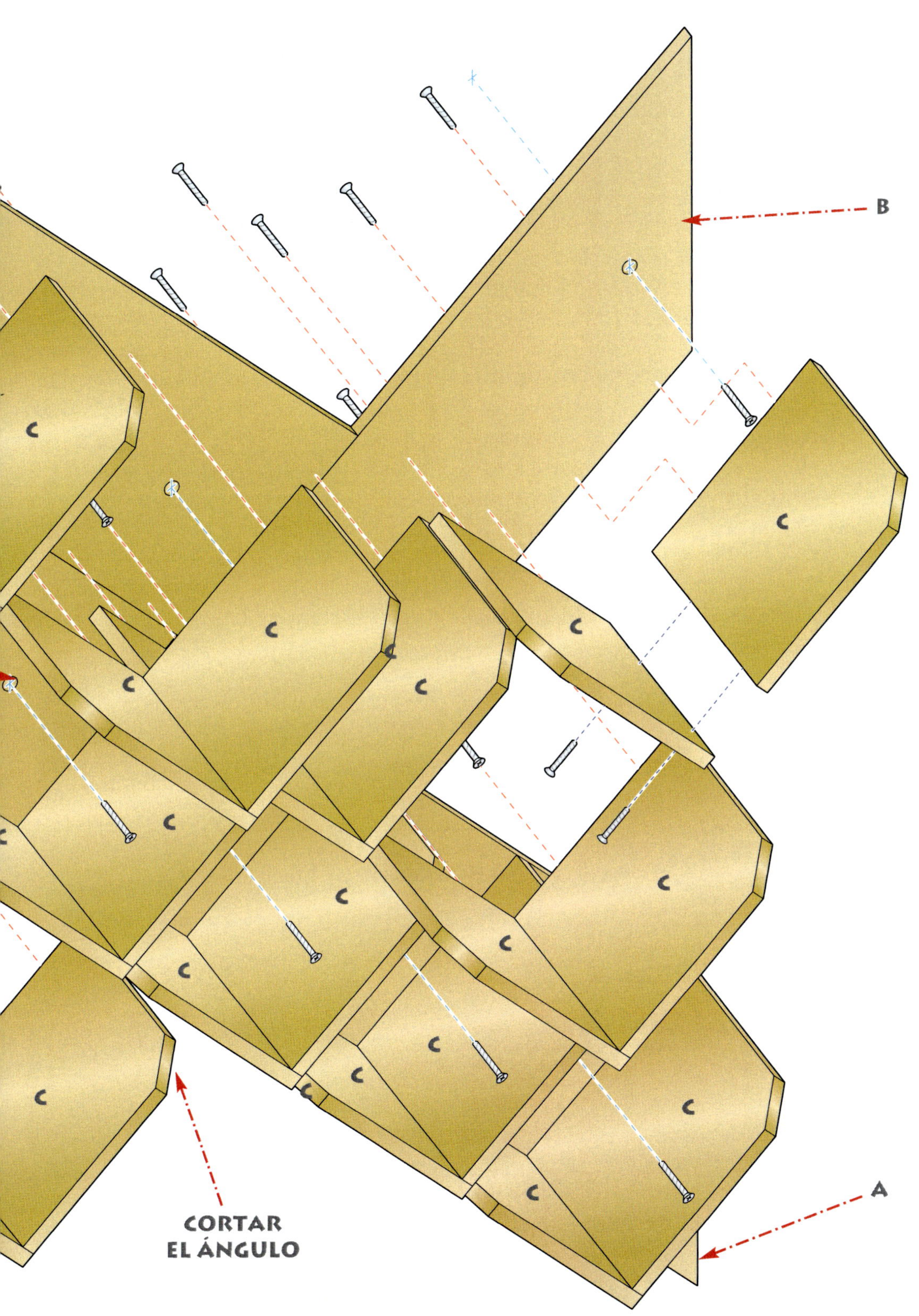
B
C
C
C
C
C
C
C
C
C
C
C
C
C
C
C
C
C
C
CORTAR
EL ÁNGULO
A

Brocas para agujeros en madera

Las brocas para madera son de acero muy resistente y, a diferencia de las brocas de hierro, presentan una punta muy afilada que sirve de guía de agujereado al inicio de la operación.

Es conveniente disponer de una pequeña provisión de brocas con diámetros diversos que oscilen entre los 3 y los 13 mm.

Para agujerear madera y DMF se utilizan brocas con un borde desbastador recto que permite obtener un agujero totalmente cilíndrico y bien definido en los bordes.

Para agujerear contrachapado o aglomerados, el borde recto es menos importante porque, en cualquier caso, el agujero nunca presenta un buen acabado en dichos materiales.

Para realizar cualquier tipo de agujero es muy importante marcar bien el punto en el que se empieza; a continuación, se apoya la punta central sobre la madera y se comienza a agujerear.

Normalmente, no es necesario que apriete: si agujerea en vertical, el peso mismo del taladro hace que la broca entre en la madera.

Si el agujero que desea practicar es bastante grande, es conveniente que primero haga uno con un diámetro más pequeño y, posteriormente, cambie la broca por otra con el diámetro adecuado.

También es útil que la velocidad de rotación sea bastante elevada, aunque con las maderas muy duras debe prestarse mucha atención a que el borde del agujero no se caliente demasiado, provocando quemaduras en el mismo.

Siempre que sea posible, utilice el soporte vertical de columna que garantiza la perfecta realización del agujero.

En el centro de paneles grandes, se puede usar una guía móvil de agujereado.

1. Broca estándar para madera sin bordes rectificados.
2. Broca de precisión para madera con bordes rectificados, ideal para maderas muy duras.
3. Broca estándar para aglomerados.

Casita para los gatos

Especialmente indicada para quien tiene más de un gato, esta casita permite que cada gato cuente con su propio espacio. Su forma puede ser alargada y se puede aumentar el número de habitaciones.

Los gatos son animales bastante solitarios y les gusta sentirse libres. Si tiene más de un gato, esta casita con dos miniapartamentos puede serle muy útil. Se trata de una construcción simétrica realizada con contrachapado de fenol, llamado también *contrachapado marino*, apto para construcciones al aire libre, porque la humedad del agua no lo daña.

Las medidas indicadas en esta construcción son susceptibles de ser modificadas: se puede realizar con una forma más alargada y añadir más habitaciones.

La construcción se empieza por el corte de todas las piezas con la sierra circular.

Preste atención a las paredes (B) y al tabique (B´), porque parecen iguales y, sin embargo, el tabique es un poco más pequeño. Su forma es la de un trapecio rectángulo (en la lista de materiales se indican tres medidas: la base mayor, la base menor y la altura del trapecio rectángulo).

El ensamblaje es muy sencillo. Se usa una grapadora para fijar los paneles durante las operaciones de clavado.

Recuerde que antes de juntar las diversas piezas, debe aplicar un hilo de cola de fenol a lo largo de todas las junturas para reforzar la estructura. Los ángulos de la base presentan unas entallas de 20 ∞ 20 mm para alojar los montantes (F y G). Sobre la superficie puede colocar una alfombra de material sintético que sirva de aislante. Las aberturas delanteras son bastante pequeñas; de hecho, miden 120 mm de anchura, 200 mm de altura y distan 80 mm una de la otra. A los gatos les encanta esconderse, y por ello las aberturas no deben ser muy grandes. El techo es inclinado y presenta un revestimiento de tejas de alquitrán de tipo canadiense.

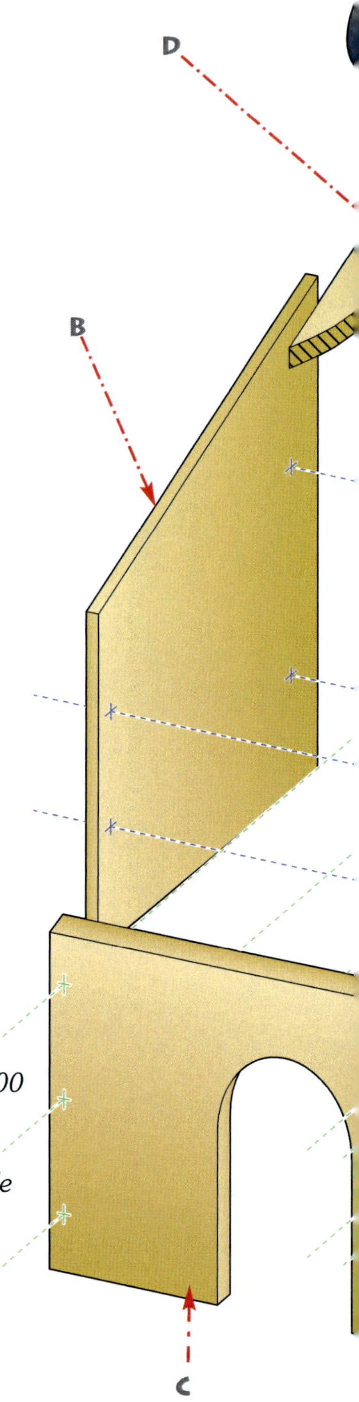

LISTA DE MATERIALES NECESARIOS

Paneles de contrachapado fenólico de 15 mm: *1 pieza (A) de 600 ∞ 400 mm; 2 piezas (B) de 400 ∞ 280 ∞ 350 mm; 1 pieza (B´) de 385 ∞ 265 ∞ 320 mm; 1 pieza (C) de 600 ∞ 280 mm; 1 pieza (D) de 640 ∞ 410 mm; 1 pieza (E) de 600 ∞ 320 mm.*

Listones de abeto de 20 ∞ 20 mm: *4 piezas (F) de 280 mm de longitud; 4 piezas (G) de 400 mm de longitud.*

Listones de abeto de 50 ∞ 50 mm: *2 piezas (H) de 320 mm de longitud.*

Otros: *puntas cónicas de bronce de 30 mm; cola de fenol; alfombrilla sintética de 600 ∞ 320 mm; tejas canadienses para revestimiento techo.*

D

B

C

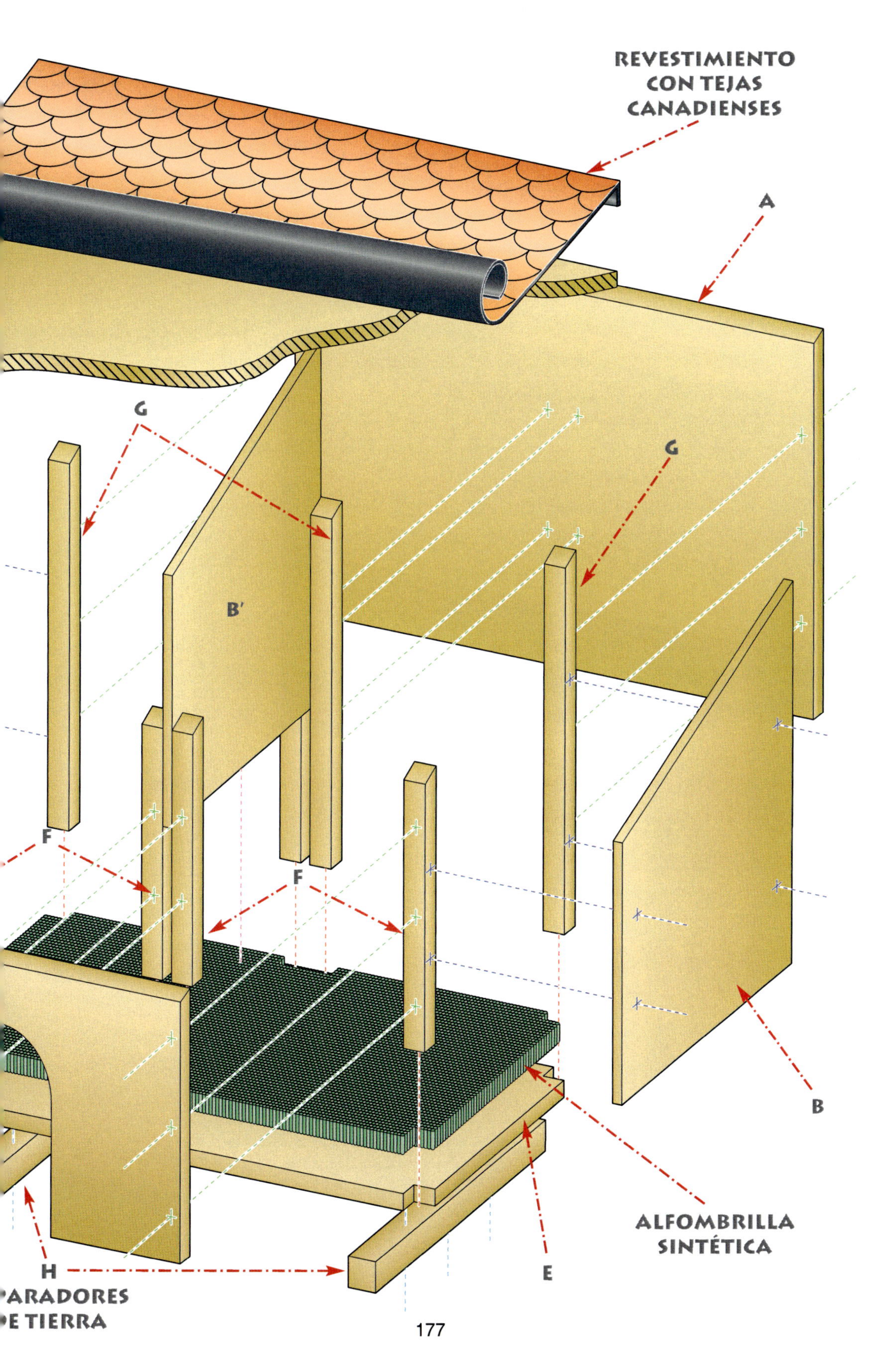
REVESTIMIENTO
CON TEJAS
CANADIENSES
A
G
G
B'
F
F
B
ALFOMBRILLA
SINTÉTICA
H
E
ARADORES
E TIERRA

Grapadora manual y eléctrica

En el ensamblaje de la casita para gatos puede utilizar una buena grapadora manual o eléctrica.

Cualquiera que sea su mecanismo, se trata de una herramienta de gran utilidad, pues Ôdispara» y clava grapas para obtener uniones rápidas.

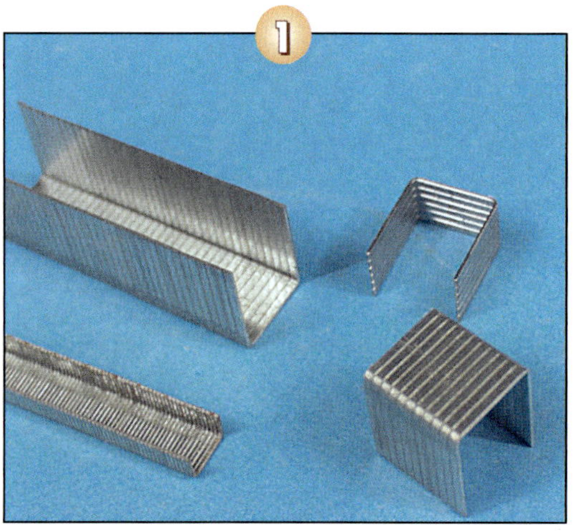

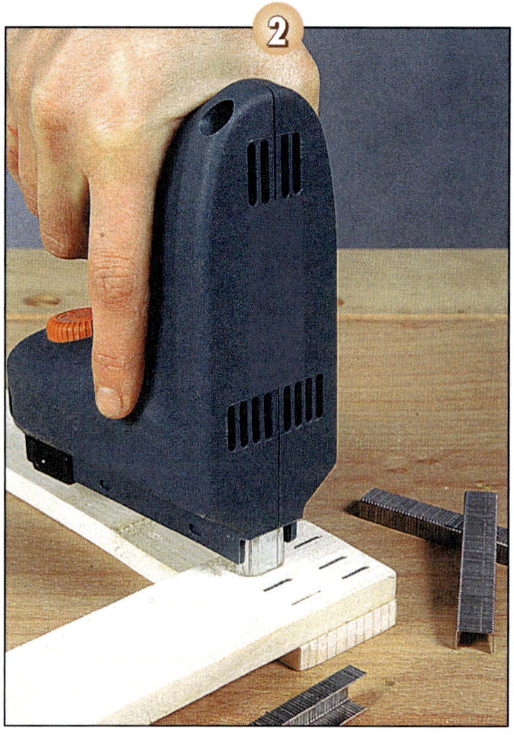

LA GRAPADORA MANUAL

Presenta un cargador en el que se introducen las grapas y una empuñadura que funciona a presión. Se apoya la grapadora sobre el punto en el que se quiere clavar la grapa y se aprieta con fuerza la empuñadura.

LA GRAPADORA ELÉCTRICA

La pistola grapadora es muy parecida a la manual, pero se acciona pulsando un botón. La potencia del golpe ejercitado sobre la grapa se puede regular con un dispositivo especial; por ello, se pueden utilizar distintas medidas de grapas e incluso clavos, según el trabajo que se deba realizar.

La grapadora se suele utilizar mucho en ensamblajes rápidos de madera fina como armazones, cornisas u otras estructuras que no deban someterse a pesos o tracciones demasiado fuertes.

1. Algunos tipos de grapas con anchura y profundidades diversas. Hay grapadoras que también sirven para fijar clavos.

2. La grapadora eléctrica clava grapas y clavos de medida superior y permite realizar construcciones estables y definitivas. La fuerza con la que la grapa es clavada se regula mediante un dispositivo especial.

Bodeguero de salón

Para tener a mano y perfectamente dispuestas las botellas de vino que más aprecia.

¿Quién ha dicho que las botellas deben guardarse en la bodega sin que nadie pueda disfrutar de la alegría que su presencia transmite? Por este motivo, puede construir un simpático bodeguero, que por su estructura y tamaño, puede considerarse un mueble modular, ya que otros bodegueros idénticos se pueden apilar o juntar en horizontal o en vertical.

El material aconsejado para esta construcción es el pino, aunque también se pueden usar maderas más preciadas (melis, nogal, etc.). La estructura es extremadamente sencilla: un armazón rectangular formado por dos laterales (A), una base y un techo (B), cuatro elementos labrados en la parte delantera (C), cuatro travesaños (D) que, atornillados en la parte trasera, sirven de tope para las botellas y tres estantes (E) que les sirven de apoyo. Los estantes son sólo tres porque el cuarto constituye la base (B). Los apoyos delanteros (C) están provistos de seis cavidades semicirculares de 30 mm de diámetro, realizadas con una sierra de corona. El elemento más bajo se fija a 90 mm de distancia del borde superior de la base. Los que le siguen se fijan, a su vez, a 90 mm de distancia el uno del otro. La primera tabla de tope (D) se fija a 140 mm de la base (B) y las sucesivas se fijan a 90 mm de distancia una de la otra. Coloque los estantes de apoyo (E) en ángulo recto respecto a las tablas delanteras (C) de modo que las botellas se apoyen de manera estable y segura. Los ensambles se realizan con tornillos autorroscantes. Las cabezas que queden a vista se pueden cubrir con unas cápsulas especiales que se empotran a presión en la cabeza de los tornillos. Con este sistema las cabezas de los tornillos se convertirán en elementos puramente decorativos. El ensamblaje no necesita cola porque hay un gran número de elementos transversales que garantizan la estabilidad del armazón. Puede tratar el bodeguero con tintes y con un tapaporos, antes de dar paso al acabado con cera. En cualquier caso, también puede utilizar esmalte para el acabado.

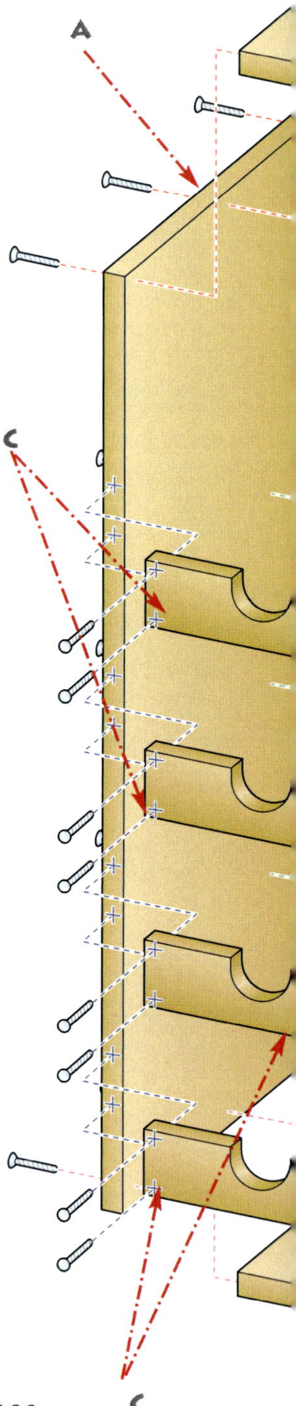

A

C

C

LISTA DE MATERIALES NECESARIOS

Tablas de pino de 20 mm de espesor: *2 piezas (A) de 690 ∞ 250 mm; 2 piezas (B) de 580 ∞ 250 mm; 4 piezas (C) de 620 ∞ 50 mm; 4 piezas (D) de 580 ∞ 60 mm; 3 piezas (E) de 580 ∞ 100 mm.*

Otros: *tornillos autorroscantes de bronce de 3 ∞ 40 mm; tinte; tapaporos; cera de abejas.*

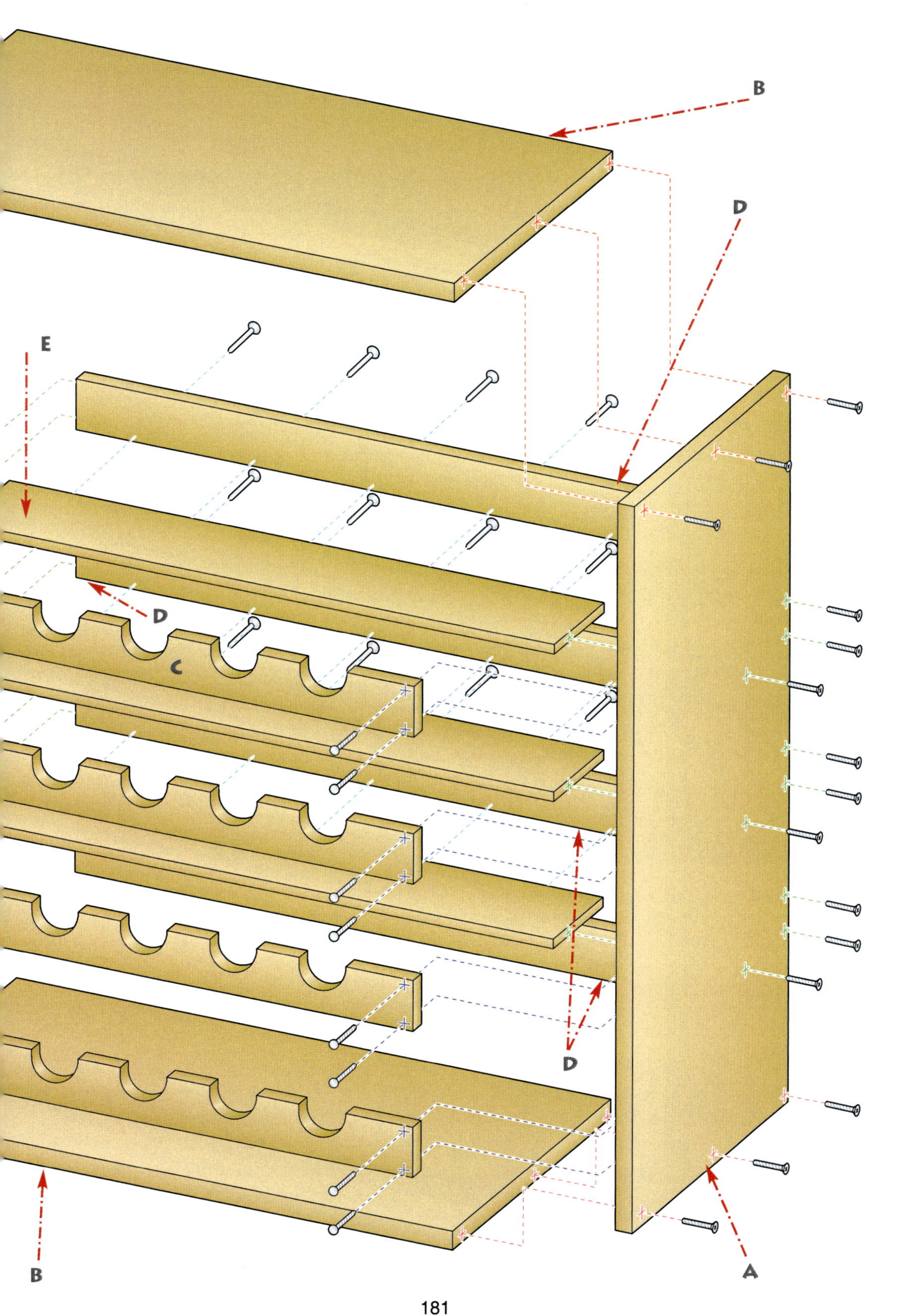
B
D
E
D
C
D
B
A

Acabado con cera

El acabado con cera es uno de los más fáciles de realizar, además de ser muy bello y refinado.

Se aplica tras haber preparado la cera adecuadamente o utilizando un producto ya listo para usar. Se utiliza cera virgen de abejas.

Para prepararla, desmenuce la cera e introdúzcala en un recipiente con esencia de trementina (proporción cera/trementina equivalente a 1/10 en peso, aunque las maderas más duras requieren un mayor grado de disolución y las más blandas necesitan una solución más concentrada).

Caliente la solución al baño maría, removiendo de vez en cuando. Una vez preparada, se puede mezclar con diversos colorantes para obtener las tonalidades que desee.

CÓMO SE APLICA

Cuando la cera se haya disuelto por completo, ya está lista para usar. Se puede aplicar con un pincel o con un cepillo de cerdas blandas.

La cera se pasa por toda la superficie del mueble, cubriendo toda la zona y evitando los excesos.

No empape excesivamente el pincel o la brocha para que no goteen.

Cuando la superficie esté bien seca y ya no resulte pegajosa, puede pasar un paño de lana suave y continuar hasta que la superficie esté bien lisa y brillante.

La cera se debe renovar periódicamente.

1. Aplicación de cera en pasta semilíquida con un cepillo de cerdas blandas.
2. Aplicación de cera líquida con pincel. Este sistema está especialmente indicado en muebles que presentan superficies con molduras o con labrados, porque las cerdas se adaptan mejor a las superficies discontinuas.

Barandilla superfácil

Una elegante barandilla de madera que delimita balcones o terrazas. Se construye fácilmente gracias a los elementos prefabricados que se encuentran en el mercado.

En esta construcción sólo se indicarán medidas orientativas, ya que las reales dependen de las necesidades individuales. Además, la longitud de la balaustrada se debe entender como múltiplo del elemento base que aquí se describe.

La estructura es muy sencilla: dos montantes (D) en posición vertical y unidos al travesaño (E) mediante un ensamble de caja y espiga. En el dibujo de la página siguiente, la caja es pasante y la longitud de la espiga del travesaño (E) es igual al espesor del montante (D). Si se unen más módulos, la espiga debe presentar la mitad del espesor del montante (D), pues la otra mitad está ocupada por el módulo sucesivo. En la parte superior, los dos montantes están unidos por una larga placa de hierro (B), que aloja las cabezas de las columnas torneadas (C) y fija el pasamanos (A). Se coloca el travesaño (E) a una altura variable respecto a la base de los montantes (figs. 1 y 2). Encima del travesaño (E), y debajo de las bases de las columnas, se practican unos agujeros para alojar las clavijas de unión de 8 mm. La placa de hierro se agujerea para permitir el paso de los tornillos que la fijan a los extremos superiores de las columnas y a las cabezas de los montantes (D) que, a su vez, están provistas de una cavidad en la que la placa queda empotrada. La placa se agujerea para los tornillos que, de arriba abajo, fijan el pasamanos. Un montaje preliminar sin cola ni tornillos permite comprobar que todo queda a escuadra; a continuación, encole y atornille los elementos.

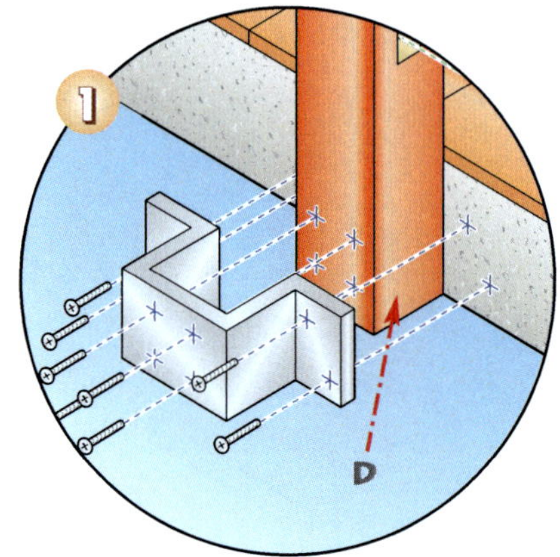

1. Si la balaustrada se monta en el borde de una terraza, los montantes se fijan con abrazaderas fijadas al suelo mediante tacos.

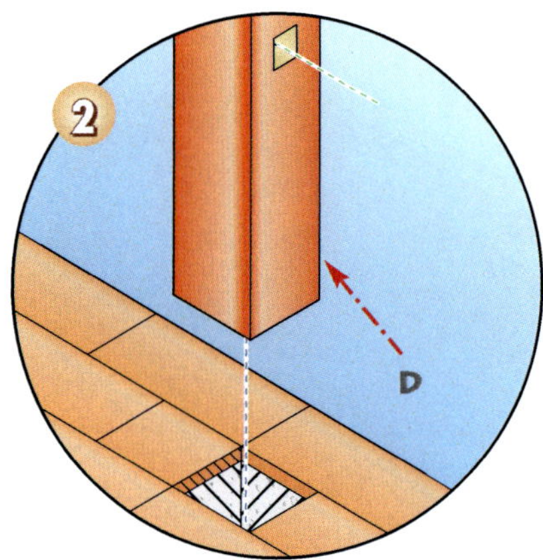

2. Si se desea un montaje en una posición más adelantada, las bases de los montantes (D) se deben empotrar en el suelo de la terraza.

LISTA DE MATERIALES NECESARIOS

Pasamanos prefabricado: *una pieza (A) de 1.500 mm de longitud.*

Placa de hierro de 25 ∞ 3 mm: *una pieza (B) de 1.500 mm de longitud.*

Columnas torneadas de 700-850 mm de longitud: *7 elementos (C) de 50 mm diámetro medio.*

Listones en pino o pino melis de 60 ∞ 60 mm de sección: *2 piezas (D) de 1.000 mm de longitud.*

Listones en pino o pino melis de 60 ∞ 60 mm de sección: *1 pieza (E) de 1.500 mm de longitud.*

Otros: *tornillos autorroscantes de bronce de 3 ∞ 40 mm; tinte; tapaporos; esmalte de color; abrazaderas metálicas; clavijas de 8 ∞ 30 mm.*

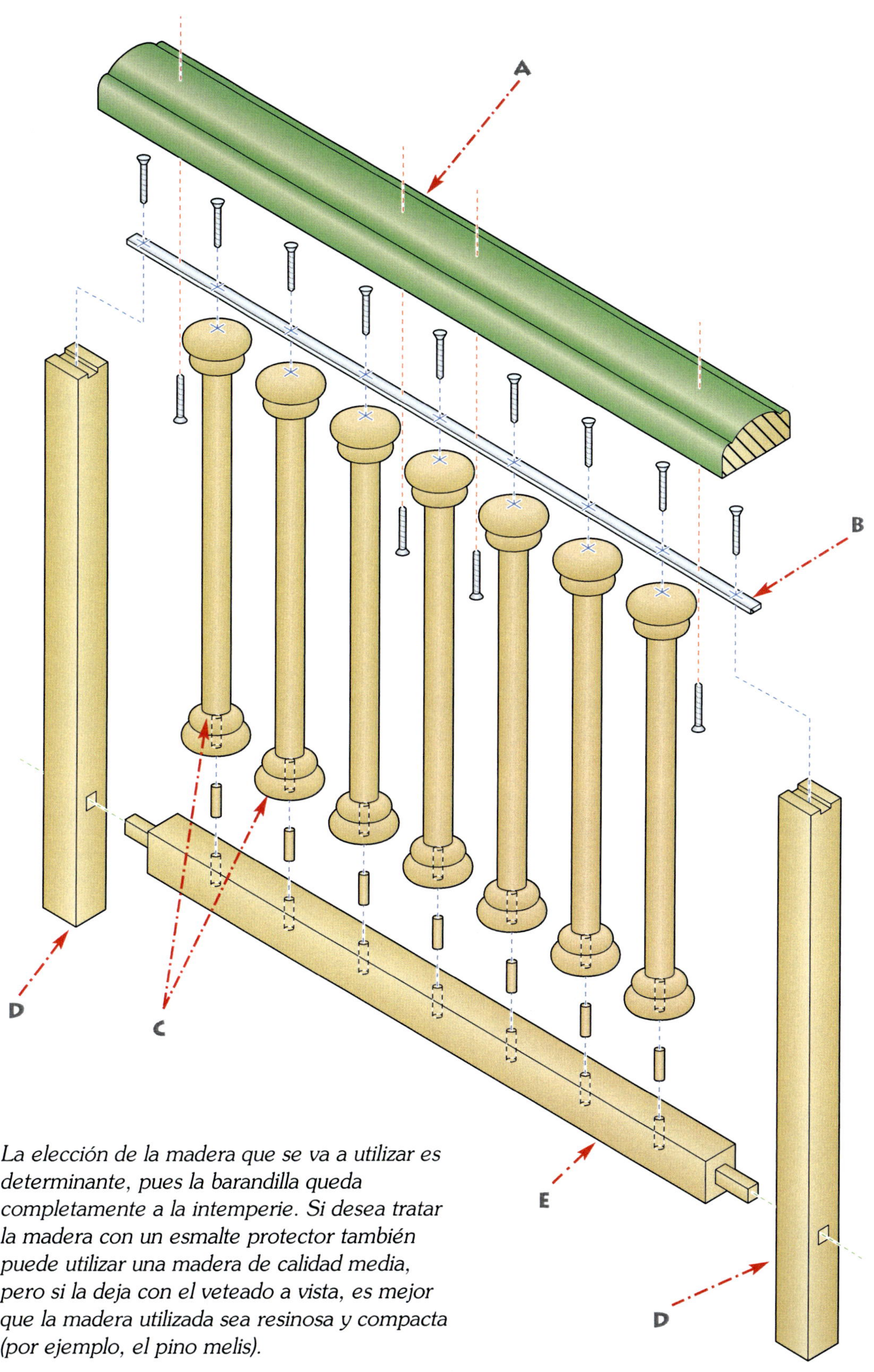

La elección de la madera que se va a utilizar es determinante, pues la barandilla queda completamente a la intemperie. Si desea tratar la madera con un esmalte protector también puede utilizar una madera de calidad media, pero si la deja con el veteado a vista, es mejor que la madera utilizada sea resinosa y compacta (por ejemplo, el pino melis).

Elementos prefabricados de madera

Para facilitar el ensamblaje de construcciones de madera, obra, hierro y otros materiales, existen en el mercado numerosos elementos prefabricados, es decir, labrados y ya elaborados, que simplemente se deben unir los unos con los otros para formar una estructura completa.

Un uso inteligente de los elementos prefabricados, ensamblados por usted mismo, supone un gran ahorro y ofrece muy buenos resultados.

DE MADERA

En carpintería y marquetería, existe una gran variedad de elementos prefabricados: columnas, labrados variados e, incluso, estructuras más complejas como puertas, ventanas, escaleras, etc.

Todos estos productos están disponibles en varias medidas, aunque, antes de comprarlos, es preferible que compruebe cuáles son las medidas más cercanas a sus necesidades y, si es necesario, modificar el proyecto inicial.

DE OTROS MATERIALES

Además de los manufacturados en madera, también existe una gran variedad de prefabricados en metal como, por ejemplo, los elementos ya curvados y soldados en hierro (rosetones, volutas, espirales, etc.) que, soldados entre sí y a un armazón de soporte, permiten realizar en poco tiempo verjas, barandillas, etcétera.

En la construcción, los elementos prefabricados son de diverso tipo: frontones, paredes, paneles predecorados, y simplemente se tienen que aplicar a un soporte robusto.

En los centros de bricolaje se encuentra un extenso surtido de columnas torneadas (generalmente, en haya). Tanto las alturas como las secciones son muy variadas.

Escritorio multiuso

Las puertas abiertas de este multiuso sostienen un sobre que hace las veces de escritorio y que se cierra cuando no se utiliza.

Esta estantería, adecuada para la habitación de los niños o para el recibidor, permite la utilización de una puerta que gira sobre un eje horizontal y sirve como escritorio; las dos puertas subyacentes giran sobre ejes verticales y sirven de apoyo para la primera cuando están abiertas. Todos los movimientos giratorios se realizan mediante bisagras de piano que se compran en metros y se cortan a la medida oportuna.

En un lateral de la estantería hay un soporte en cuadrícula, al que se puede acceder también cuando las puertas están cerradas, aumentando así la capacidad del mueble.

La estantería se une mediante repisas, que, a su vez, se unen a los paneles laterales mediante listones de refuerzo. Tras haber dividido la altura disponible (2.000 mm) en cinco sectores de medidas diversas en función de sus necesidades, atornille los listones (F) a los paneles (A). En cualquier caso, es muy importante que la tercera repisa esté a 730 mm del pavimento, porque sobre ella se fija la bisagra que hace girar la puerta-escritorio (E).

Practique en el panel de refuerzo (C) los dos ensambles en una posición en la que pueda introducirse el panel sobre los dos estantes más bajos, en el centro de la estantería; a lo largo del borde del panel atornille las dos bisagras rectas; estas, a su vez, se unen a las dos puertas (D), que se abren por sitios opuestos respecto al panel.

Para usar el sobre de escritura, basta con abrir hacia delante las dos puertas (D) y bajar una de ellas (E) apoyándola sobre las anteriores, separándola con una leve resistencia debida a los imanes colocados justo debajo del estante superior.

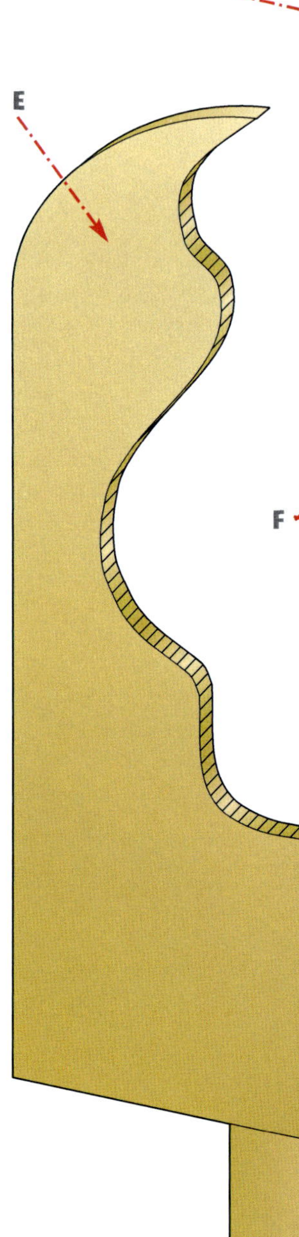

LISTA DE MATERIALES NECESARIOS

•Panel de contrachapado o de laminado de 28 mm de espesor: *2 piezas (A) de 300 ∞ 1.900 mm; 6 piezas (B) de 300 ∞ 444 mm; 1 pieza (C) de 150 ∞ 730 mm; 2 piezas (D) de 236 ∞ 730 mm; 1 pieza (E) de 500 ∞ 1.420 mm.*

•Listón de 20 ∞ 20 mm de sección: *12 piezas (F) de 300 mm de longitud.*

•Listón de 10 ∞ 10 mm de sección: *15 piezas (H) de 300 mm de longitud.*

•Contrachapado de 15 mm de espesor: *2 piezas (G) de 1.160 ∞ 100 mm.*

•Otros: *bisagra recta de piano para 2.000 mm; tornillos autorroscantes de 3 ∞ 40 mm; puntas cónicas; cola vinílica; 2 imanes; tapaporos; barniz para acabados o cera.*

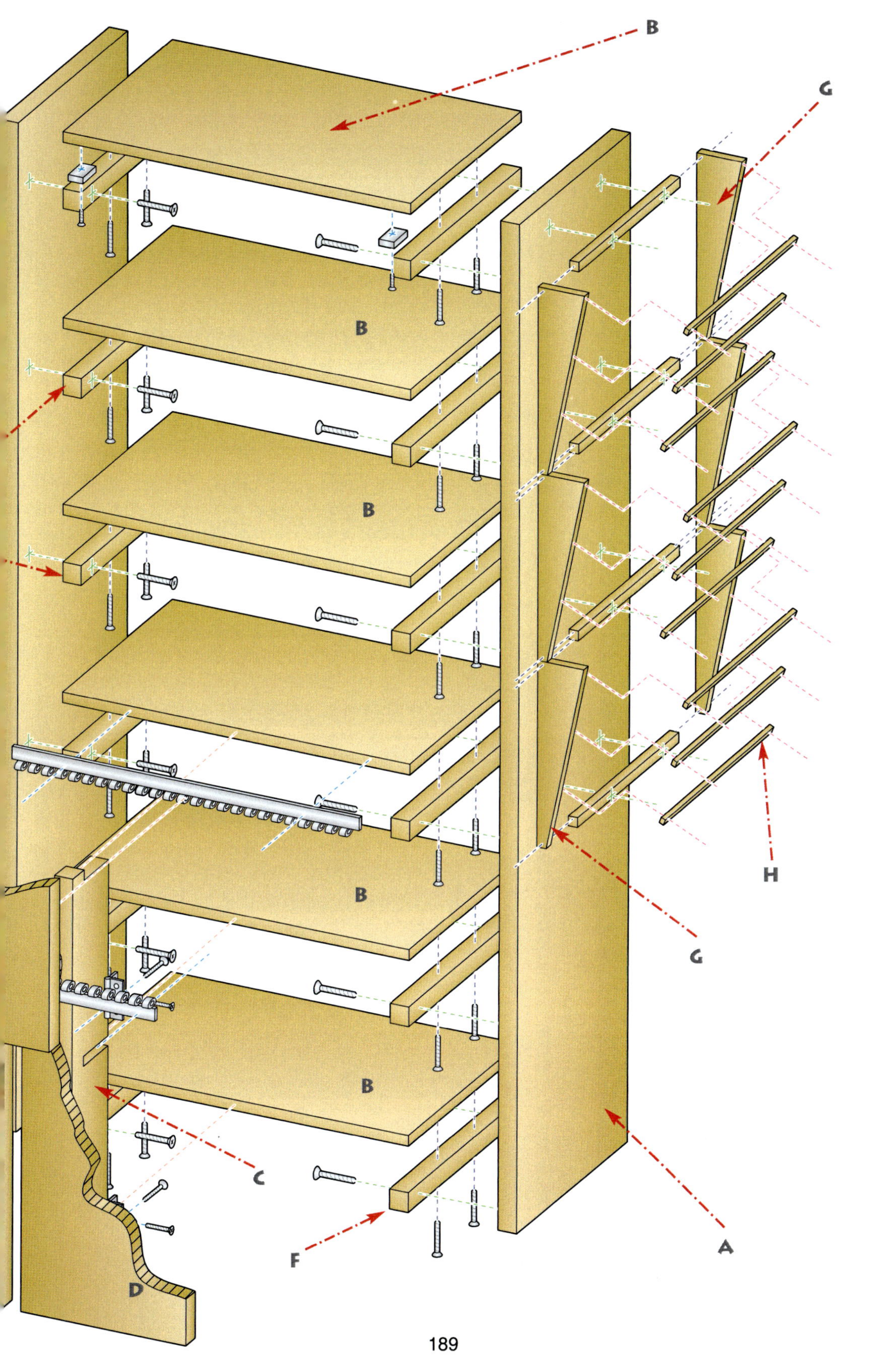

B
G
B
B
B
B
H
G
C
A
F
D

Imanes y brazos extensibles

La mesa de esta estantería se dobla hacia arriba cuando no se usa. El mejor sistema para mantenerla en posición cerrada consiste en utilizar unos imanes.

Se trata de pequeños pero potentes imanes montados en un material plástico que, a su vez, se fija en el interior de los muebles mediante atornillado.

Por otra parte, en la mesa se fija una placa metálica que, cuando esta se cierra, se encuentra en perfecta correspondencia con el imán. La fuerza de atracción magnética mantiene cerrada la mesa, y para abrirla hay que ejercer una cierta tracción.

Si la mesa pesa demasiado, es conveniente colocar dos o más imanes (con sus correspondientes placas), pero tenga en cuenta que la fuerza que deberá ejercer para abrirla será considerablemente mayor.

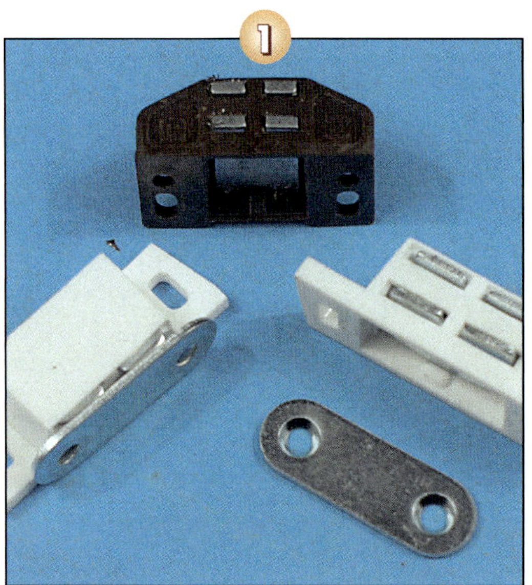

ESCUADRA TIPO COMPÁS

Cuando la mesa esté abierta, se puede mantener en posición mediante mecanismos diversos. El más sencillo se realiza con unas cadenas que impiden que la mesa gire más allá de un determinado ángulo. Otro sistema, más funcional y elegante, son las escuadras tipo compás compuestas por dos astas unidas por un nudo móvil que se atornillan al mueble y a la mesa, de manera que cuando la mesa está abierta se mantiene en la misma posición. Cuando la mesa se cierra, el brazo se pliega y queda escondido por la misma mesa.

1. Cierres magnéticos para atornillar en el mueble con sus respectivas placas.
2. El brazo extensible se fija al mueble y al plano de apoyo, para que cuando este último esté en posición horizontal se extienda completamente.

Caballito de juguete

Es un clásico que, incluso en la era de la informática, no deja de fascinar a los niños, porque pueden cabalgar libres y despreocupados por las «llanuras» del salón...

Algunas piezas de este caballo-balancín tienen labrados y perfiles muy elaborados; por ello es importante que realice el dibujo cuadriculado, con los cuadros aumentados hasta 50 mm, sobre el compensado, para reproducir los perfiles de la manera más exacta posible.

El corte se debe realizar con la sierra de vaivén de hoja estrecha. Todos los bordes deben ser lijados y redondeados con papel de lija, antes de unir las piezas con tornillos y cola.

Para empezar, debe realizar la base del balancín, uniendo las dos partes curvas (F) a las tablas separadoras (E); de hecho, en función de la posición de estas, se puede regular correctamente el ángulo de las patas del caballo respecto al cuerpo: las patas (B y C) deben llegar a las tablas con la justa inclinación. Tras haber encolado y atornillado las patas al cuerpo, aplique unos bloques separadores (M) en la base de las patas y fije toda la estructura al balancín.

A continuación, aplique la silla, la cola y los estribos y practique un agujero de 20 mm para la empuñadura. Compruebe que todos los tornillos tengan la cabeza empotrada en la superficie de la madera, porque si sobresalen podrían hacer daño a quien utilice el juguete.

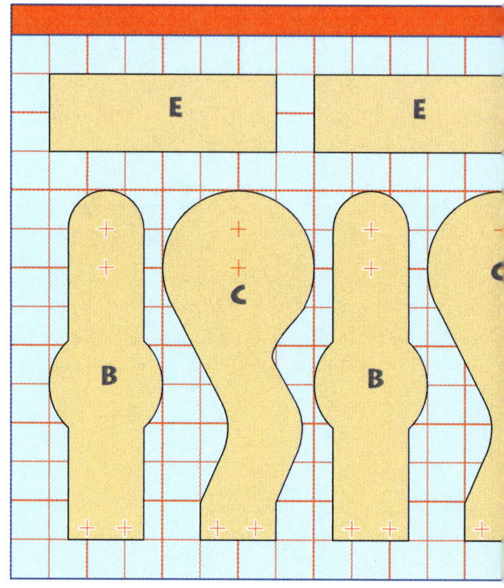

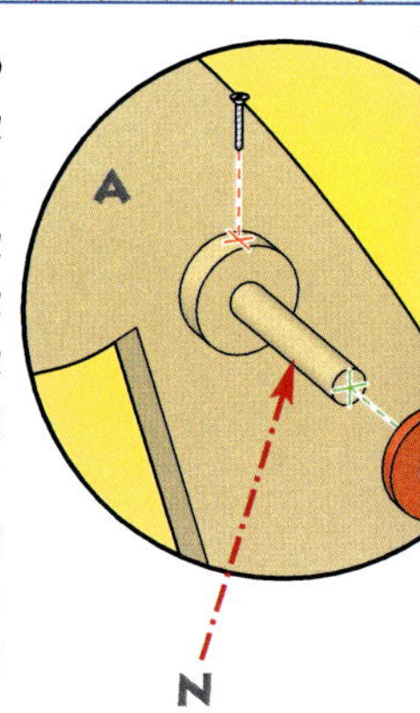

Tras haber agujereado el panel (A) con una broca de 20 mm, introduzca la varilla cilíndrica de manera que sobresalga con la misma medida en ambos lados; introduzca las arandelas de refuerzo (L), una en cada lado y encólelas. Finalmente, coloque los mangos blandos de plástico, de venta en tiendas de bicicletas.

LISTA DE MATERIALES NECESARIOS

•Contrachapado de álamo de 28 mm de espesor: *1 pieza (A) de 800 ∞ 600 mm; 2 piezas (B) de 450 ∞ 150 mm; 2 piezas (C) de 450 ∞ 200 mm; 1 pieza (D) de 150 ∞ 300 mm; 2 piezas (E) de 350 ∞ 100 mm; 2 piezas (F) de 1.000 ∞ 180 mm; 2 piezas (G) de 70 ∞ 200 mm; 1 pieza (H) de 60 ∞ 40 mm; 1 pieza (I) de 160 ∞ 250 mm; 2 piezas (L) de 60 ∞ 60 mm; 2 piezas (M) de 100 ∞ 50 mm.*

•Varilla cilíndrica de 20 mm de diámetro: *2 piezas (N) de 300 mm de longitud.*

•Otros: *2 empuñaduras de plástico; tornillos autorroscantes de 4 ∞ 50 mm; cola vinílica; esmaltes plásticos, no tóxicos.*

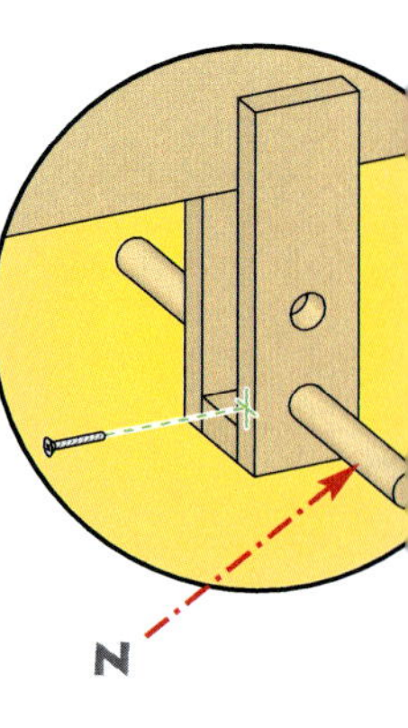

Gracias a los dos agujeros, los soportes para los estribos permiten dos posiciones diversas en función de la altura del jinete. La varilla cilíndrica redonda no está encolada, sino fijada con una punta cónica transversal.

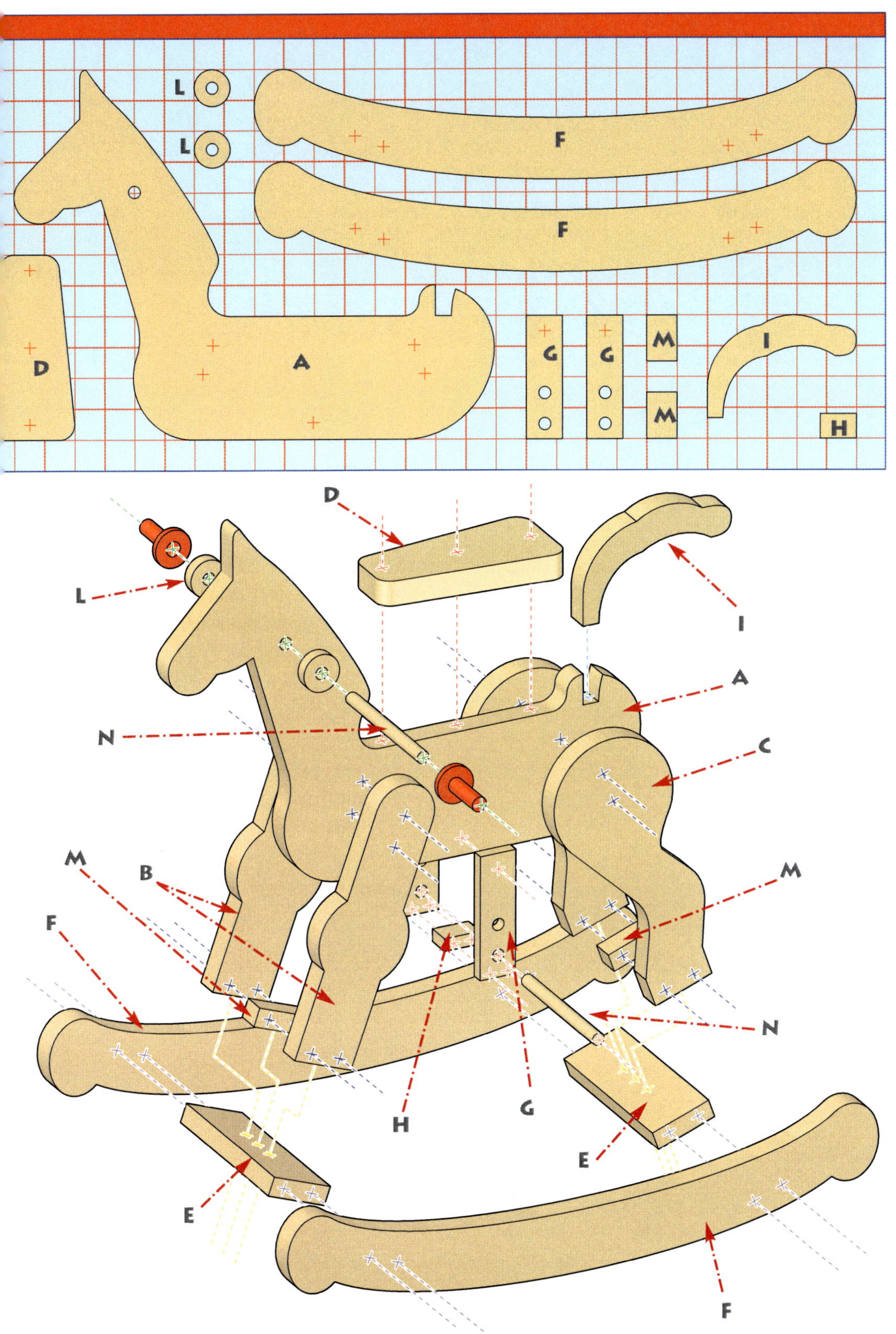
L
L
F
F
D
A
G
G
M
M
I
H
D
L
I
A
N
C
M
B
M
F
N
H
G
E
E
F

Pies de PVC o de linóleo

Los pies del balancín, en lugar de estar apoyados directamente en el pavimento, están provistos de dos amortiguadores blandos, que hacen el balanceo más agradable y seguro (y disminuyen considerablemente el ruido, factor muy importante si vive en un edificio de varias viviendas).

Los amortiguadores para el balancín se pueden realizar con dos tiras de PVC para pavimentación o con linóleo.

EL PVC

Es la sigla del cloruro de polivinilo, material sintético que se puede encontrar bajo varias formas y para usos muy diversos. En la vida cotidiana estamos siempre en contacto con materiales de PVC, en especial en las pavimentaciones y en los revestimientos para baños. También se usa en muchas tuberías y junturas para el desagüe de los sanitarios.

Las coberturas en PVC se encuentran disponibles en rollos de colores y en dibujos muy variados. Representan un sistema de cobertura para pavimentos extremadamente rápido y resistente a la mayoría de materiales que se utilizan en casa (aceite, vinagre, ácidos suaves, etcétera).

EL LINÓLEO

Es un material sintético, que se obtiene prensando en caliente una mezcla de lino, colofonia, azúcar, colorantes y otros elementos minerales. De esta pasta, se obtiene una cobertura de unos 2 mm de espesor, continua, resistente y elástica.

El linóleo se utiliza para la realización de recubrimientos continuos en pavimentos y como revestimiento de muebles y coches. El linóleo se corta fácilmente con un cúter y su colocación y fijación es muy sencilla, mediante colas y adhesivos a dos caras.

Semillero invernadero

Cabe en cualquier rincón soleado del jardín. En su interior crecen rápidamente las plantas que tenga que trasplantar.

Se trata de un cajón con puertas de cristal para cultivos protegidos. Se realiza en contrachapado fenólico, apto para exteriores, y se puede versar el mantillo directamente, o bien contener pequeñas macetas que, a su vez, contienen mantillo. En el primer caso, será necesario proteger la superficie interna de la madera con más manos de creosota, un compuesto de alquitrán que se debe renovar cada año; en el segundo caso, bastarán dos manos de protector, al igual que ocurre con la parte externa.

Los cuatro travesaños de refuerzo ubicados en los ángulos sobresalen unos 100 mm hacia abajo y se pueden clavar en el suelo para mantener más estable el cajón, sobre todo en zonas con mucho viento.

Las puertas no giran en bisagras, sino en pernos de tornillo mediante abrazaderas labradas (F) que se deben realizar en madera.

La abrazadera presenta dos aberturas en la parte superior, que permiten subir la cobertura de cristal hacia arriba, e incluso quitarla rápidamente para trabajar con más comodidad en el interior del semillero.

Gracias al acanalado ubicado en la parte inferior, las abrazaderas (F) se introducen por encima del travesaño (E), y se atornillan a la tabla de refuerzo (C). Para obtener dos abrazaderas idénticas, es conveniente que junte dos tablas y, con la sierra de vaivén, corte las aberturas y acanalados de las abrazaderas contemporáneamente.

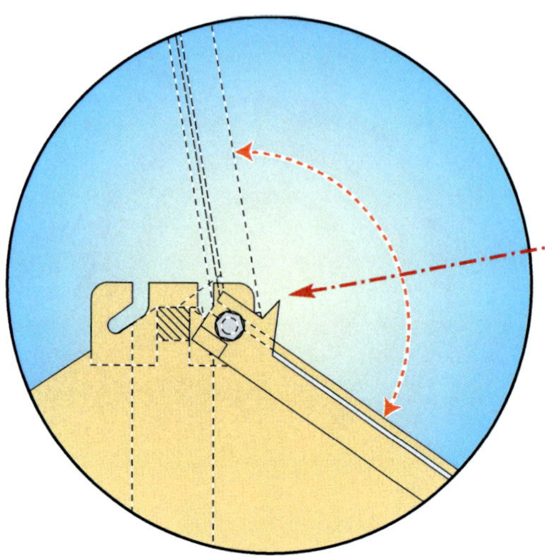

El armazón de la puerta está formado por listones unidos con un ensamble a media madera. Los travesaños (H), en el lado superior, tienen un diente de bloqueo que hace de tope en la rotación cuando la puerta está abierta.

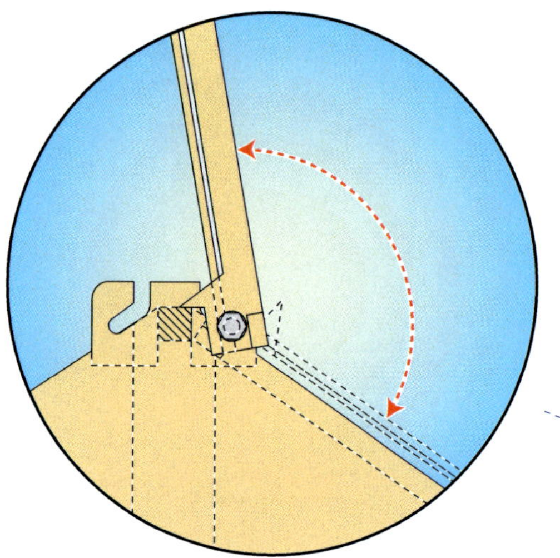

LISTA DE MATERIALES NECESARIOS

•Contrachapado fenólico de 24 mm de espesor: *2 piezas (A) de 752 ∞ 300 mm; 2 piezas (B) de 800 ∞ 600 mm; 2 piezas (C) de 100 ∞ 600 mm; 2 piezas (F) de 100 ∞ 50 mm.*

•Listón de 30 ∞ 30 mm de sección: *4 piezas (D) de 400 mm de longitud; 1 pieza (E) de 896 mm de longitud; 2 piezas (G) de 800 mm de longitud.*

•Listón de 30 ∞ 50 mm de sección: *2 piezas (H) de 500 mm de longitud.*

•Listón de 15 ∞ 15 mm de sección: *2 piezas (I) de 800 mm de longitud; 2 piezas (L) de 500 mm de longitud.*

•Vidrio de 6 mm de espesor: *2 piezas (M) de 780 ∞ 480 mm.*

•Otros: *tornillos autorroscantes de 4 ∞ 40 mm; 2 pernos M8 con arandelas de 80 mm de longitud; 2 manijas; barniz protector; creosota.*

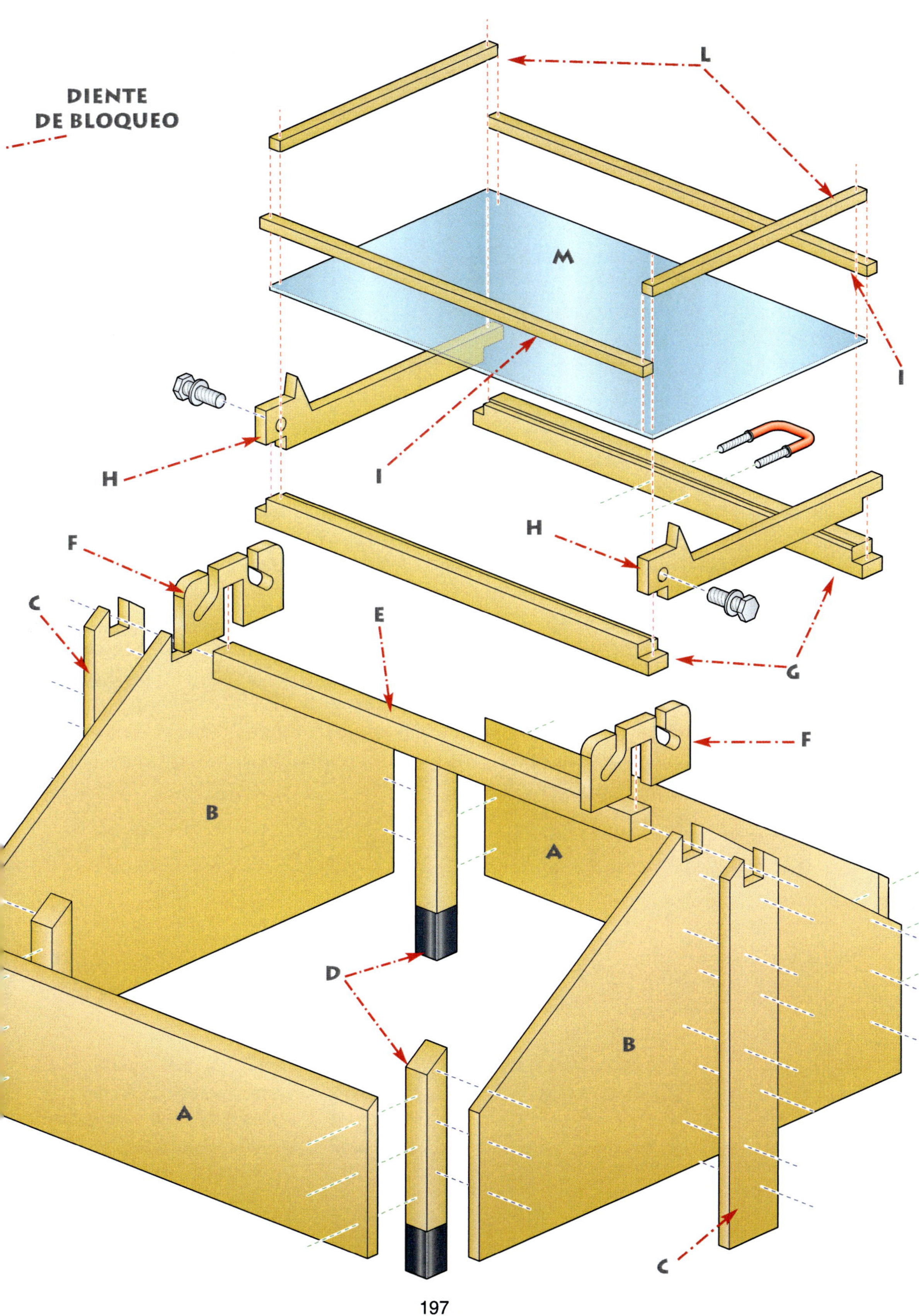
DIENTE
DE BLOQUEO
L
M
I
I
H
H
F
F
C
C
E
G
B
B
A
A
D

La madera en contacto con la tierra

Cuando se realizan construcciones de madera destinadas a estar en contacto con la tierra, es necesario realizar algunos tratamientos de protección para evitar una rápida degradación de la madera.

Un sistema muy eficaz consiste en realizar un Ôchamuscado» o bien aplicar un estrato espeso de creosota.

POR QUÉ QUEMAR LA MADERA

Se trata de un sistema antiguo, pero muy válido, que está basado en el hecho de que la madera quemada no se pudre, no acoge parásitos y, por lo tanto, dura indefinidamente, aunque esté clavada en el suelo.

En la Antigüedad, el palo de las farolas se quemaba superficialmente en la parte que quedaba enterrada. Se puede hacer el mismo trabajo utilizando una llama (encendiendo una hoguera al aire libre) y quemando de forma superficial la madera.

Naturalmente, la combustión no debe durar demasiado para no dañar la solidez de la madera.

LA CREOSOTA

Un sistema menos drástico y más fácil de realizar consiste en aplicar en la parte en contacto con la tierra una o dos manos de un líquido oleaginoso que se extrae del alquitrán: la creosota, con un fuerte poder sellador e impermeable.

Aplicada sobre la madera, la protege durante mucho tiempo de las agresiones de agentes externos. También es una base ideal para recubrimientos selladores en fundas bituminosas, aunque tiene el inconveniente de que mancha la madera.

El fondo con pintura bituminosa se realiza con pincel, porque dicha pintura no es apropiada para aplicarla con pistola.
De hecho, para que sea especialmente protectora y selladora, tiene que ser poco diluida y abundante.
Se necesitan tres manos como mínimo, asegurándose de que esté completamente seca antes de aplicar la mano siguiente.

Árbol de Navidad

Está enteramente realizado con listones de madera, encolados y dispuestos en espiral, del mismo modo en que salen las ramas del tallo de un abeto.

Esta original construcción navideña conserva la geometría y el material del abeto: listones de madera con longitudes escalonadas, dispuestos en parejas.

El ensamble se realiza en la base, en forma de cubo, y en la cruz inicial, colocada y atornillada a la base; las ramas sucesivas se encolan. El sistema de encolado más rápido es la cola caliente en barritas aplicada con pistola: el tiempo de fraguado de cada encolado se reduce a un minuto, y por ello el montaje se puede realizar en un tiempo más breve. Las ramas del árbol son doce parejas de listones: los listones de cada pareja son iguales entre sí, y entre una pareja y la siguiente la longitud de los listones disminuye en 30 mm; de este modo, la primera pareja comprende listones de 500 mm de longitud mientras que los de la última son de 170 mm.

Tras haber unido las doce piezas de la base con ensambles a media madera, y haber fijado la cruz inicial sobre los mismos, proceda a formar las parejas uniendo entre sí los listones de la misma longitud. Los listones de cada pareja se unen por el centro con un poco de cola, y se disponen perpendicularmente el uno del otro.

Partiendo de la cruz más grande, disponga las restantes en la base una encima de la otra, en forma de espiral: los listones de una cruz y los de la sucesiva deben formar un ángulo de 45°.

Preste atención al punto de unión entre listones, que debe estar siempre ubicado en el centro, y el árbol, recto.

Puede pintarlo con dorados o plateados y tratarlo con líquidos ignífugos. Finalmente, coloque unas pequeñas velas en los extremos de los listones.

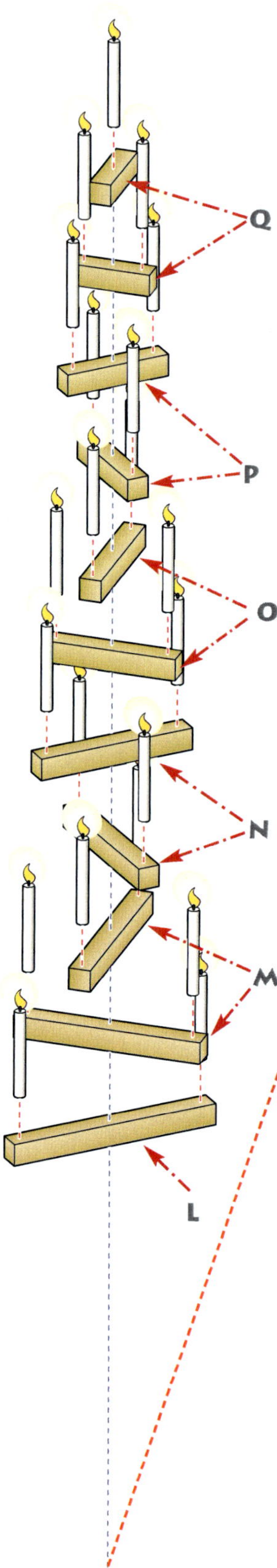

LISTA DE MATERIALES NECESARIOS

•Listones de abeto de 30 ∞ 30 mm de sección: *8 piezas (A) de 400 mm de longitud; 4 piezas (B) de 500 mm de longitud; 2 piezas (C) de 600 mm de longitud.*

•Listones de abeto de 20 ∞ 20 mm de sección: *2 piezas (D) de 500 mm de longitud; 2 piezas (E) de 470 mm de longitud; 2 piezas (F) de 440 mm de longitud; 2 piezas (G) de 410 mm de longitud; 2 piezas (H) de 380 mm de longitud; 2 piezas (I) de 350 mm de longitud; 2 piezas (L) de 320 mm de longitud; 2 piezas (M) de 290 mm de longitud; 2 piezas (N) de 260 mm de longitud; 2 piezas (O) de 230 mm de longitud; 2 piezas (P) de 200 mm de longitud; 2 piezas (Q) de 170 mm de longitud.*

•Otros: *puntas cónicas; cola caliente en barritas; barniz; líquido ignífugo; decoraciones navideñas.*

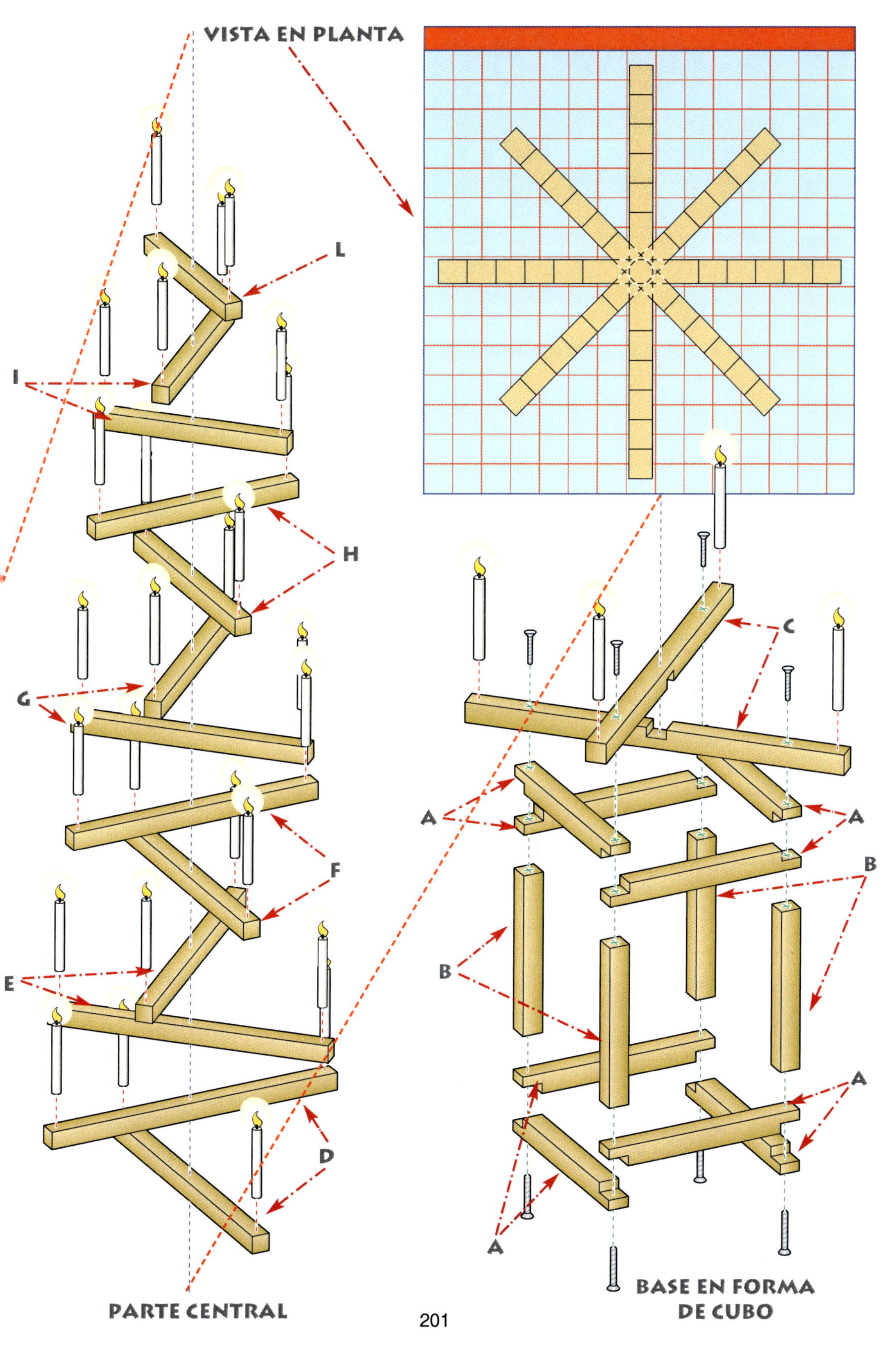
VISTA EN PLANTA
L
I
H
G
F
E
D
PARTE CENTRAL
C
A
A
B
B
A
A
BASE EN FORMA
DE CUBO

Pistola para cola termofusible

En la construcción del árbol de Navidad, y dado el gran número de encolados necesarios, puede utilizar cola caliente con su correspondiente pistola. La pistola es un tipo de aplicador especial provisto de una empuñadura y de un puntal con resistencia interna.

Apretando el botón ubicado sobre la empuñadura se calienta la resistencia, fundiendo un *stick* (barrita) de una cola sólida especial que se derrite con el calor.

LA FUSIÓN DE LA COLA

La cola, al fundirse, es expulsada y aplicada en las partes a unir, que se deben juntar de inmediato. Durante el rápido proceso de enfriamiento de la cola caliente, se completa el fraguado, que es extremadamente robusto y fuerte en diversos materiales. La cola en caliente está disponible en paquetes que contienen barritas de longitud diversa. Este siste-ma de encolado es especialmente útil para realizar los ensambles que, por varios motivos, no pueden estar apretados en mordazas durante mucho tiempo, o bien para efectuar encolados en materiales diversos cuando se necesita obtener un resultado satisfactorio en breve tiempo.

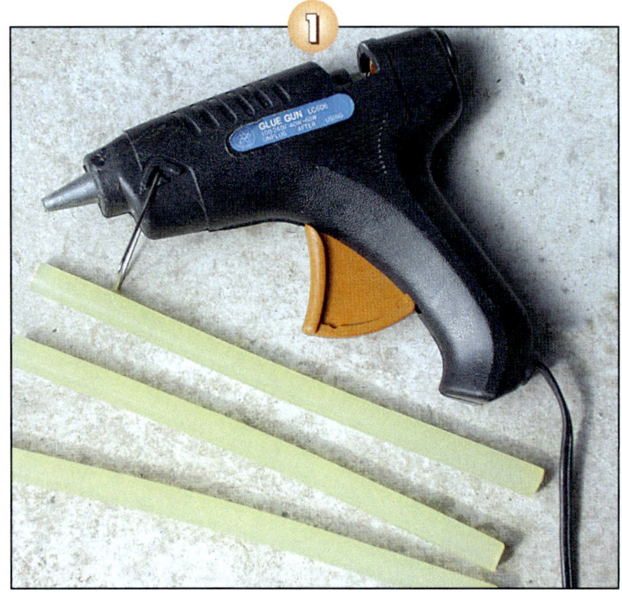

1. Pistola eléctrica para cola en caliente, con algunas barras de cola sólida.
2. En el mercado se encuentran pistolas para cola en caliente que funcionan con pilas. Son muy prácticas porque permiten una gran libertad de movimientos y poder trabajar en lugares en los que no hay corriente eléctrica.

Mesa de picnic

Una construcción rústica compuesta por unas simples tablas, en la que caben más comensales que en un conjunto compacto.

La mesa de picnic en un solo bloque y con los asientos incorporados es una construcción clásica que se ve a menudo en los espacios verdes públicos y privados. A diferencia de otras versiones, que requieren elaboraciones más complejas, la mesa que le proponemos es de fácil realización: se compone únicamente de tablas y no tiene ningún ensamble; sin embargo, es necesario realizar un anclaje para las patas para que sea más estable cuando se utiliza un único banco.

Se usan tablas acepilladas por los cuatro lados y cortadas a medida, incluso con un simple serrucho; el tratamiento con barniz protector es preferible que se realice antes del ensamblaje definitivo.

El montaje comienza por las patas (A), en cuyo borde más estrecho se atornillan los travesaños (B y C). El travesaño más corto va a ras del extremo superior de la pata; el más largo se coloca junto al borde superior a 400 mm del suelo. El travesaño (C) debe sobresalir unos 400 mm por cada lado respecto a las patas.

Los dos caballetes obtenidos se unen a las tablas (E), colocadas por la parte interior a ras del extremo superior de las patas y de los asientos (G). Estos deben sobresalir unos 100 mm por los extremos de los travesaños (C).

Finalmente, sólo queda colocar y fijar las tablas (F) que constituyen el sobre de la mesa, centrándolas en el rectángulo formado por el armazón.

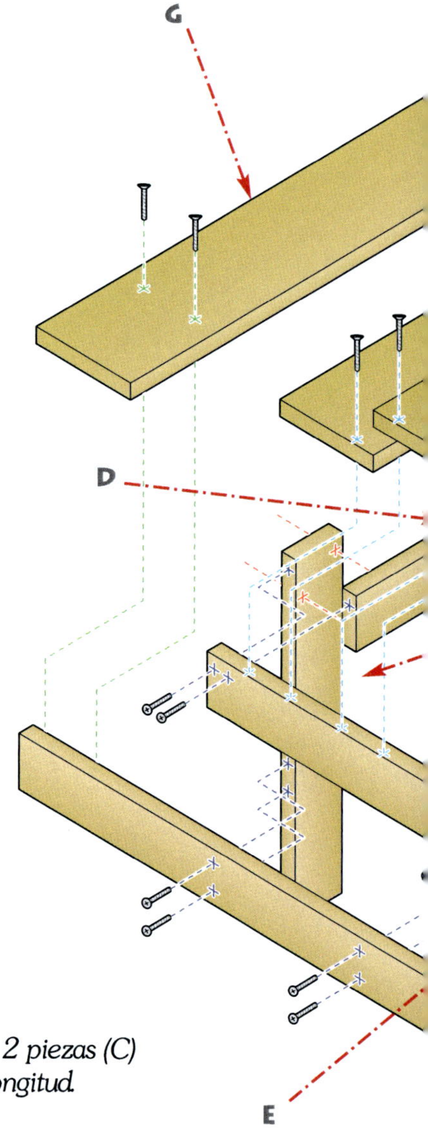

LISTA DE MATERIALES NECESARIOS

•Tablas acepilladas de 30 ∞ 150 mm: *4 piezas (A) de 700 mm de longitud; 2 piezas (B) de 600 mm de longitud; 2 piezas (C) de 1.400 mm de longitud; 2 piezas (D) de 1.400 mm de longitud.*

•Tablas acepilladas de 40 ∞ 200 mm: *4 piezas (F) de 1.800 mm de longitud.*

•Tablas acepilladas de 40 ∞ 250 mm de sección: *2 piezas (G) de 1.800 mm de longitud.*

•Otros: *tornillos autorroscantes de 5 ∞ 70 mm y de 4 ∞ 50 mm; barniz protector; abrazaderas metálicas para anclajes.*

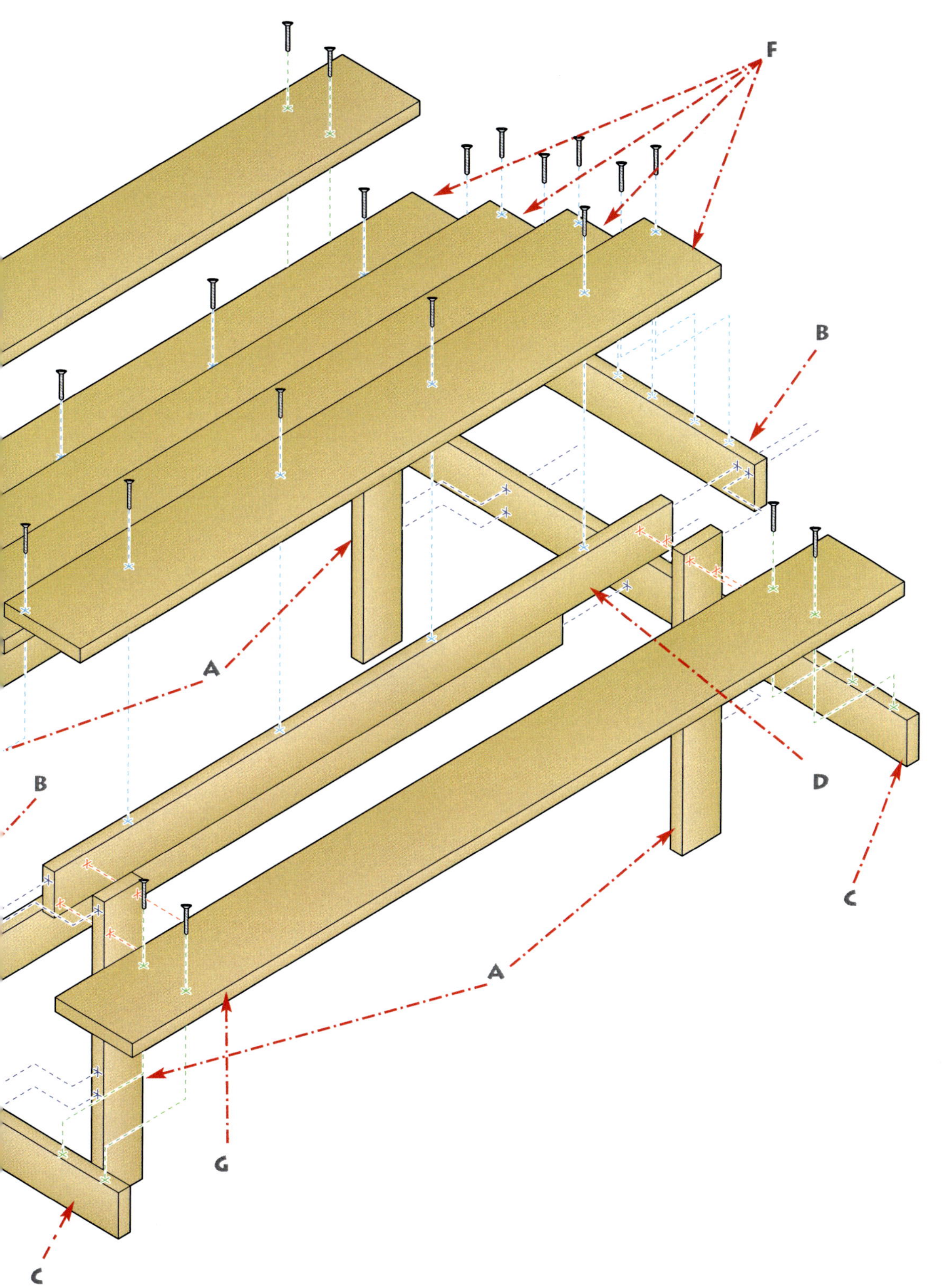
F
B
A
D
B
C
A
G
C

Clavos con agarre reforzado

Cuando realice una unión con clavos, hágase una pregunta: Ô¿Lo estoy haciendo de la mejor manera posible?». No es una pregunta banal en absoluto, ya que dos piezas unidas con clavos pueden estar sometidas a diversas fuerzas: tracción, torsión, flexión, etc. En líneas generales, es mejor utilizar tornillos en lugar de clavos, aunque estos permiten trabajar con una gran rapidez, siempre y cuando se utilicen de manera correcta.

En la medida de lo posible, los clavos no se deben clavar en posición perpendicular respecto a la madera, sino con una inclinación más o menos acentuada que garantiza una unión mucho más estable.

Si clava un trozo de madera cerca de un extremo, golpee la punta del clavo con un martillo para despuntarlo. El clavado será más difícil, pero la punta redondeada no separará las fibras de la madera (como sí lo hace una punta afilada) sino que las cortará, sin correr el riesgo de que la madera se raje por la separación de sus fibras. Utilice siempre clavos cuya longitud sea equivalente a dos tercios de la suma de los espesores de las piezas que se quieran unir.

Si la madera es dura, es conveniente practicar un agujero pasante (de diámetro pequeño) en la pieza que recibe el clavo, para evitar que este se doble.

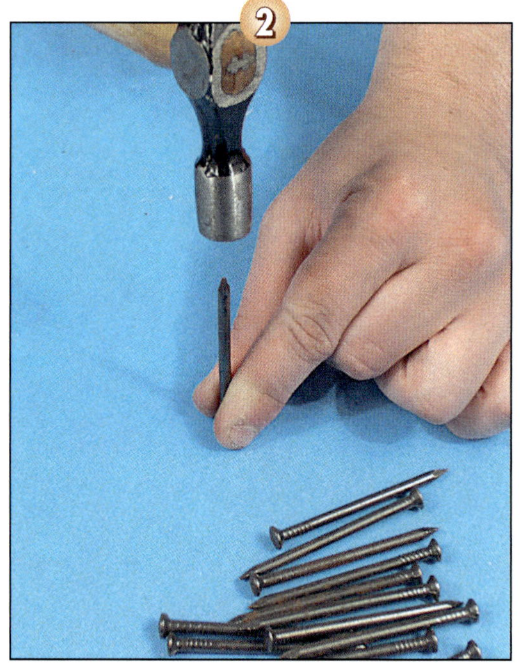

1. Dos clavos no alineados y clavados con una cierta inclinación garantizan una fuerte y estable sujeción.
2. Para clavar en los extremos de listones finos, es conveniente despuntar los clavos para que los listones no se partan.

Mesa de bar

Alegre y coloreada, la particular disposición y unión de sus patas labradas le otorgan una gran estabilidad.

Aparentemente, esta mesa es idéntica a tantas otras, sin embargo cuenta con una estabilidad excepcional.

De hecho, las cuatro patas que la sostienen forman un conjunto muy estable, gracias a la presencia de dos listones cruzados bajo el plano de apoyo; de este modo, las superficies que están en contacto aumentan sensiblemente reforzando todo el conjunto.

A pesar de esta aparente complicación, la elaboración de esta mesa no presenta verdaderas dificultades: se parte del trazado de las piezas sobre la cuadrícula, donde cada recuadro tiene un lado de 50 mm.

Las cuatro patas (A) presentan unos acanalados de 30 ∞ 30 mm en el borde superior y en el lado interno; la medida de los mismos es equivalente a la sección de los listones de refuerzo (C). El labrado de las patas (A) se obtiene con la sierra de vaivén, al igual que la del plano redondo (B).

Corte los extremos de los listones (C) a 45°, practique dos ranuras en el centro y únalos con un ensamble a media madera; seguidamente, atorníllelos y encólelos a la superficie inferior del plano (B).

Para unir las patas de manera correcta, debe tumbar el plano boca abajo y tomar como referencia la cruz formada por los listones de refuerzo: coloque las dos primeras patas en correspondencia con el cruce, por las dos partes opuestas respecto a un mismo listón; un lado de cada pata se debe juntar al lado del listón. Repita la operación con las otras dos patas, que se deben colocar por las dos partes opuestas al segundo listón; tras haber determinado las posiciones, acabe de fijar todo con cola vinílica.

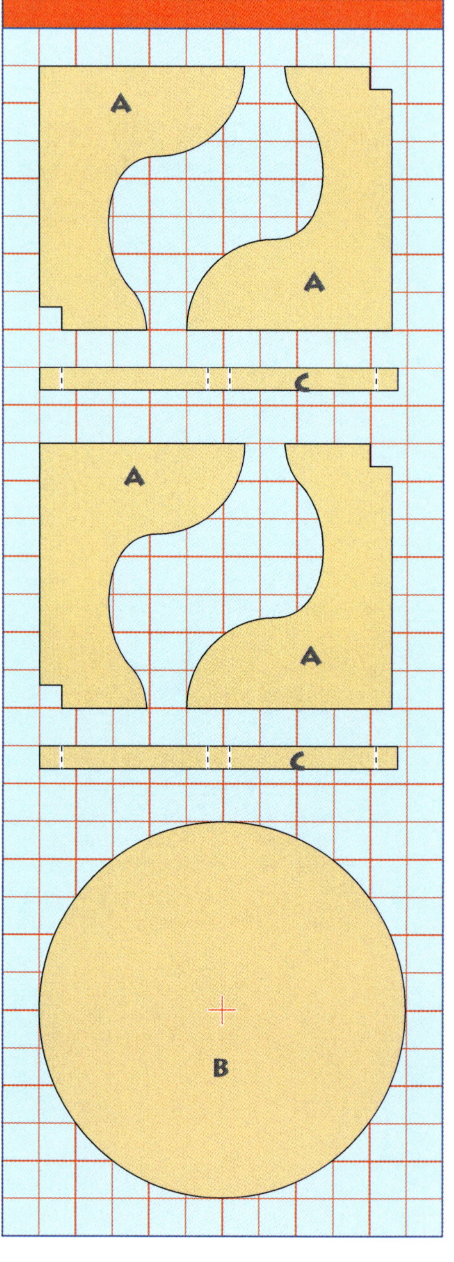

LISTA DE MATERIALES NECESARIOS

•***Laminado de abeto de 28 mm de espesor:*** *4 piezas (A) de 280 ∞ 350 mm; 1 pieza (B) de 500 mm de diámetro.*

•***Listón de abeto de 30 ∞ 30 mm de sección:*** *2 piezas (C) de 480 mm de longitud.*

•***Otros:*** *cola vinílica; tornillos autorroscantes de 4 ∞ 40 mm; tapaporos; cera o goma laca.*

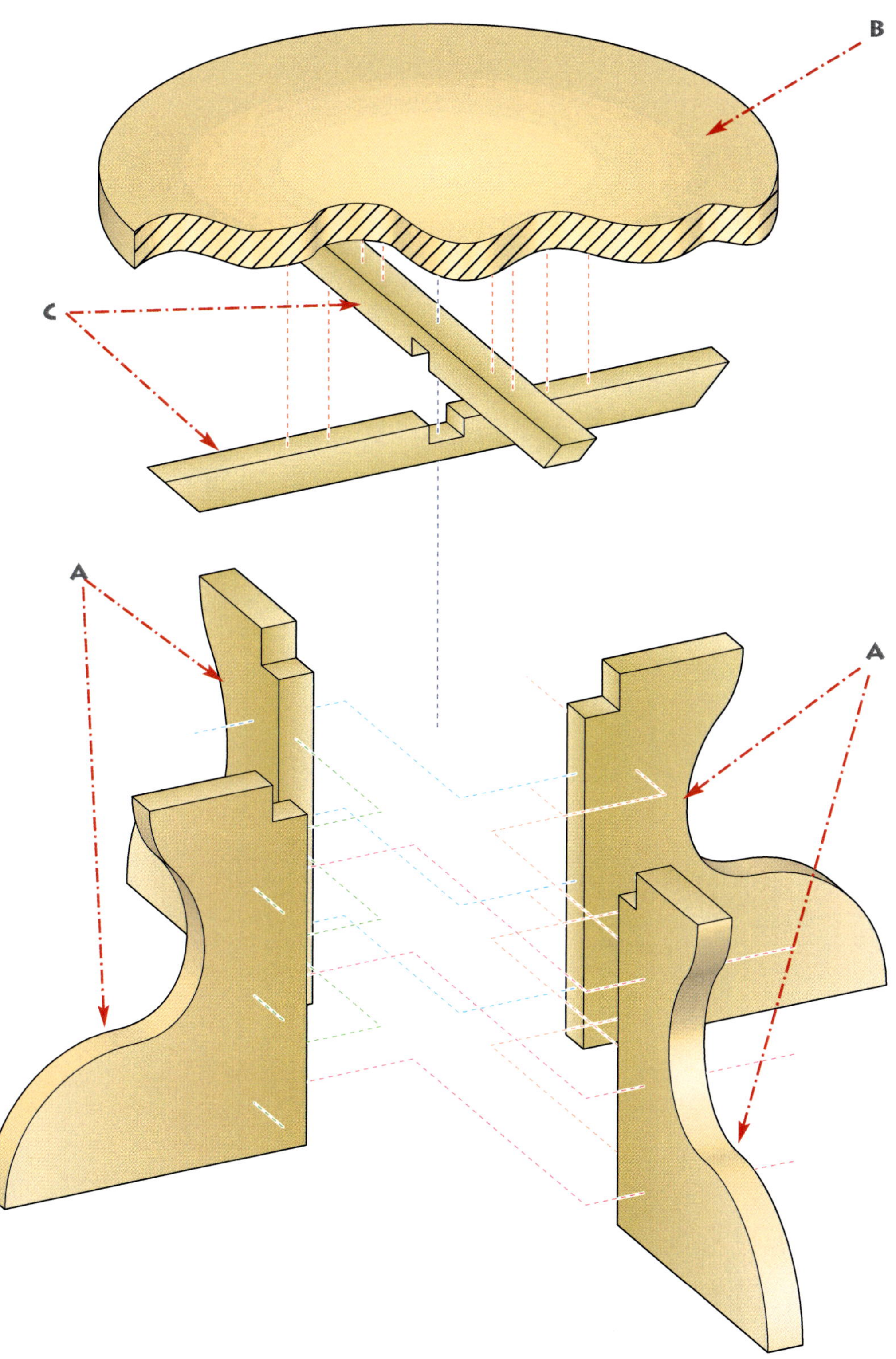
B
C
A
A

Esmaltes coloreados y colorímetro

El color de la mesa de bar se realiza con esmalte disuelto en agua o en disolvente. Actualmente, la variedad de colores es infinita porque el color puede ser preparado al momento por un comerciante especializado, gracias a una máquina especial que se encuentra prácticamente en todas las tiendas de pinturas y que permite mezclar diversas bases de color entre sí hasta obtener el color y el tono deseado.

EL COLORÍMETRO

Este sistema, que en algunos casos es computarizado, permite obtener colores que ya no se encuentran en el mercado, pero que reproducen exactamente un determinado color original que se desea mantener. Esto permite realizar retoques de mantenimiento en estructuras coloreadas, cuya tonalidad de color ya no se encuentra disponible en el mercado.

Por otra parte, se pueden preparar cantidades diversas de un mismo color con la absoluta seguridad de que este será siempre el mismo, incluso preparándolas en tiempos diferentes. El colorímetro permite preparar tanto emulsiones para tintes como pinturas con esmalte o con otro tipo de disolvente.

La elección del color y del tono se realiza con cartas de muestra. Cada color se define con una sigla en la que se especifica el porcentaje de colores básicos (amarillo, azul, rojo) que contiene. Mezclando estas cantidades en la máquina, se obtiene la pintura del color deseado en tan sólo unos minutos.

Biombo

Útil para separar provisionalmente dos zonas
de un mismo ambiente.

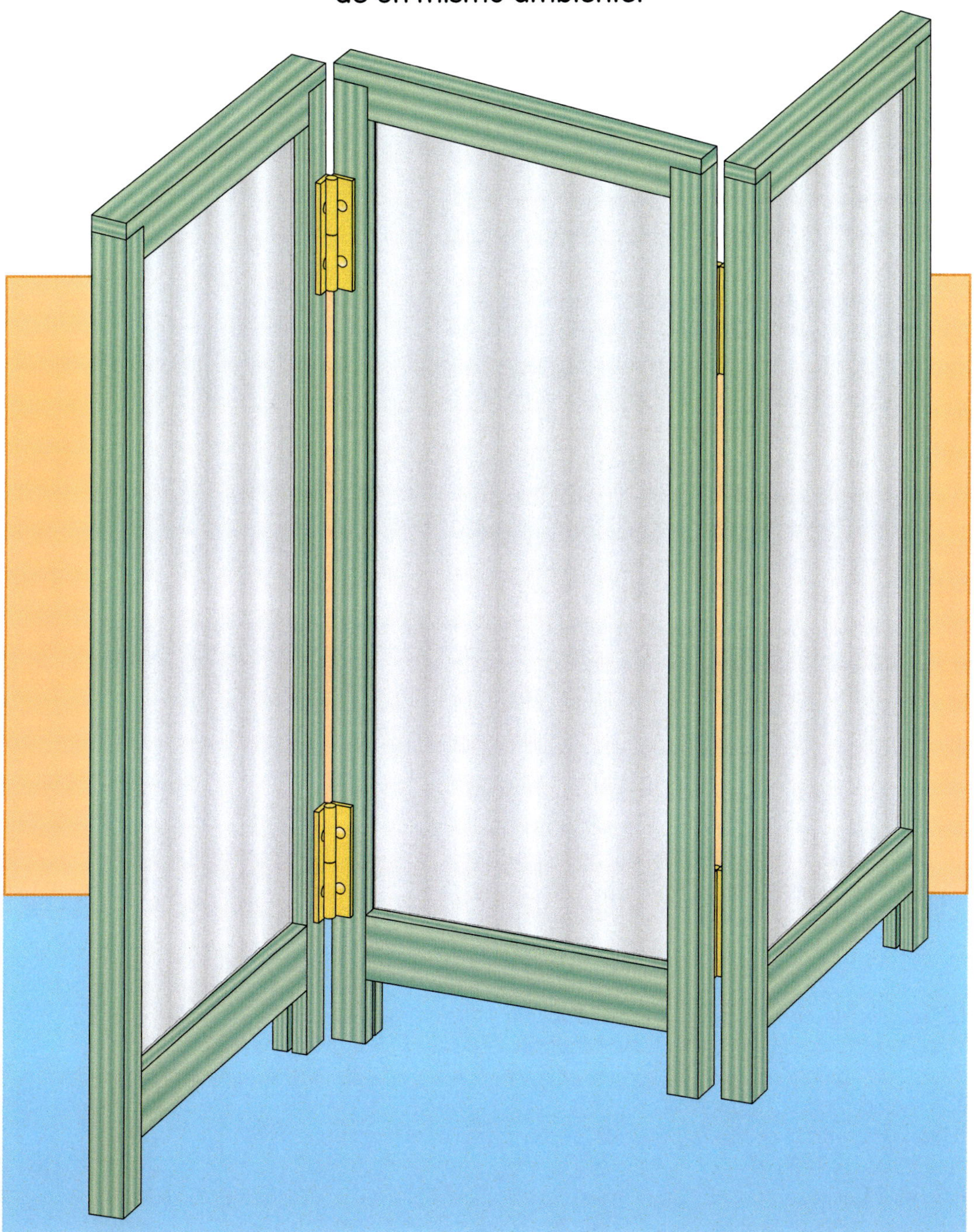

Los biombos son elementos funcionales y decorativos, sobre todo si el revestimiento de los paneles es de colores o estampado. El que proponemos está compuesto por tres elementos iguales, plegables y desmontables; esta posibilidad es brindada por las bisagras del tipo para puertas internas, es decir, con el perno de quita y pon.

Cada elemento es un armazón formado por cuatro listones unidos entre sí con tornillos; todos los listones presentan una ranura de 10 mm de profundidad y 6 mm de anchura en su borde interno, por la que se introducen los paneles de contrachapado antes del cierre definitivo del armazón.

Las ranuras se realizan con una fresadora portátil, provista de fresa cilíndrica de 6 mm de diámetro. Tras haber cortado a medida todos los listones, proceda a realizar la ranura longitudinal apretándolos en una mordaza; en ambos extremos de los listones superiores (C), practique un diente de 40 ∞ 50 mm, para adaptarlo al extremo superior de los montantes (A).

Una el travesaño (B) a los montantes, a 100 mm del extremo inferior de los mismos, mediante tornillos y cola.

A continuación, introduzca el panel en el armazón y ciérrelo por la parte superior atornillando el travesaño (C).

Tras haber acabado los tres armazones iguales, colóquelos en una zona plana, uno junto al otro y atornille las bisagras a los montantes; durante el montaje, las dos partes de la bisagra deben estar unidas.

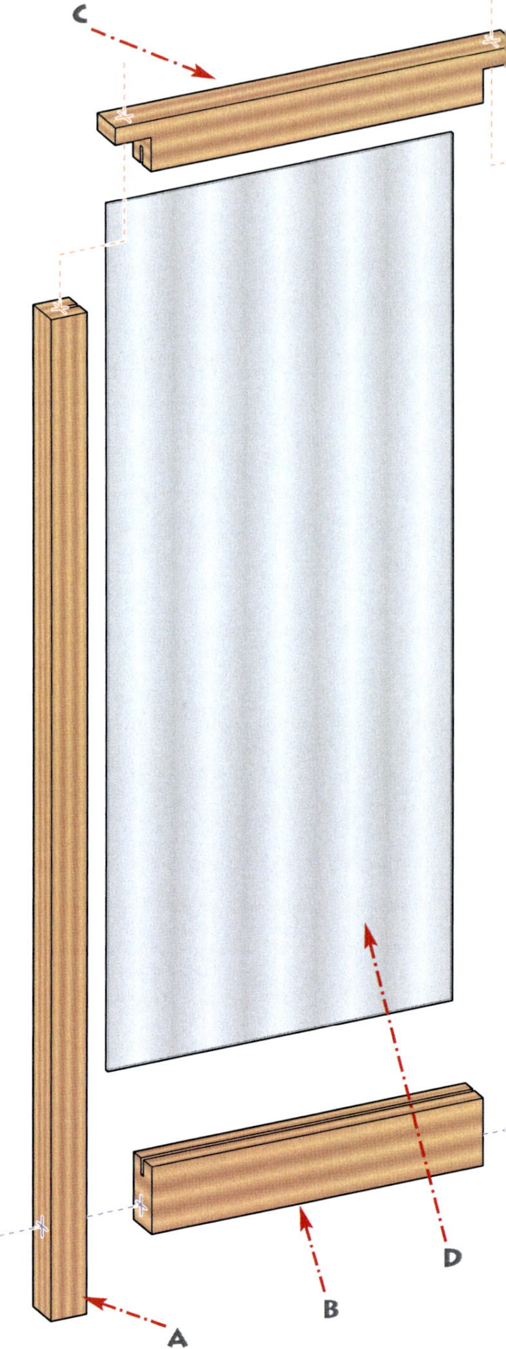

LISTA DE MATERIALES NECESARIOS

- ***Listón de abeto de 40 ∞ 30 mm de sección:*** *6 piezas (A) de 1900 mm de longitud.*
- ***Listón de abeto de 100 ∞ 30 mm de sección:*** *3 piezas (B) de 520 mm de longitud; 3 piezas (C) de 600 mm de longitud.*
- ***Panel de contrachapado (o plexiglás) de 6 mm de espesor:*** *3 piezas (D) de 540 ∞ 1620 mm.*
- ***Otros:*** *4 bisagras; cola vinílica; tornillos autorroscantes de 4 ∞ 70 mm; tinte; barniz transparente para acabados; tapicería.*

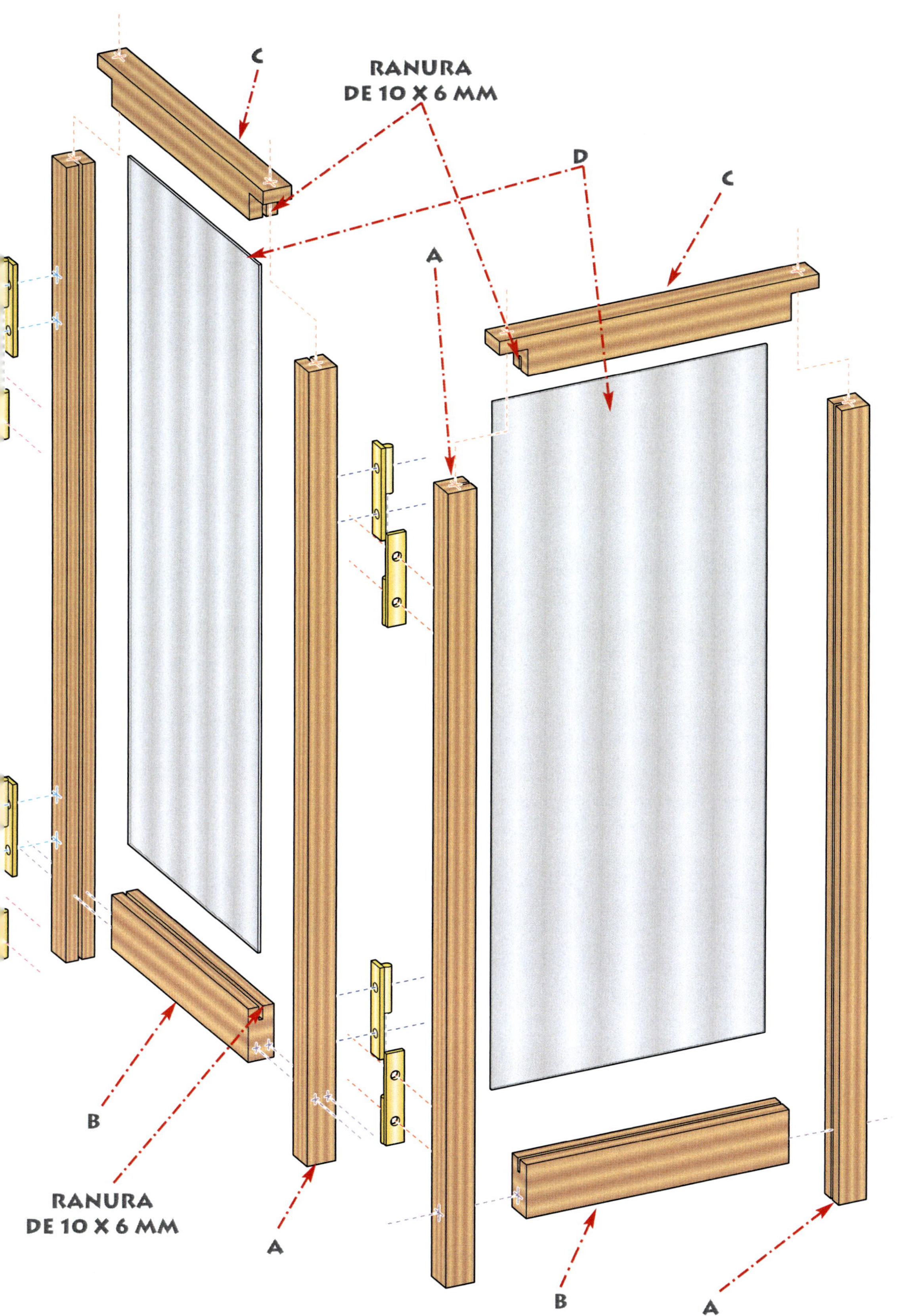
C
RANURA
DE 10 X 6 MM
D
C
A
B
RANURA
DE 10 X 6 MM
A
B
A

Crilex y plexiglás

El biombo que nos sirve de modelo esta provisto de paneles que pueden realizarse de varios modos y con materiales diversos; entre ellos, el plexiglás y el crilex® resultan especialmente prácticos.

EL PLEXIGLÁS

Se trata de un compuesto orgánico especial (metacrilato de metilo) sólido y transparente. Se vende en hojas y bloques de varias medidas.

La gran utilidad del plexiglás consiste en que se puede usar en lugar del vidrio para realizar superficies transparentes (u opacas, pero translúcidas) y totalmente irrompibles.

Fácil de trabajar con las brocas de hierro y la sierra para metales, también se puede curvar en caliente y definir con lima y escofina.

El único defecto de este material reside en su blanda consistencia, por lo que se raya fácilmente. En consecuencia, se debe tener la máxima precaución cuando se limpie para que no se raye de manera accidental.

El plexiglás no se encola fácilmente, pero se puede unir con juntas resistentes (elásticas) o con cola de silicona.

EL CRILEX®

El crilex® es un material sintético rígido y bastante ligero, que se encuentra en el mercado en hojas translúcidas de varios colores o lisas y con diversos acabados superficiales.

Al igual que el plexiglás, se corta fácilmente, se curva en caliente y, dada su extrema ligereza, se puede emplear en hojas de amplias dimensiones.

Además, es prácticamente irrompible.

Hoja de plexiglás opaca. Ligera y flexible, tiene muchas aplicaciones, como paredes, pizarras luminosas, cierres de ventanas y puertas internas que dejen pasar la luz pero no la imagen, planos luminosos para rotulaciones y otros.

Repisa plegable

Cuando no se utiliza no molesta, gracias a sus bisagras rectas, que permiten plegar el plano y el sobre de apoyo.

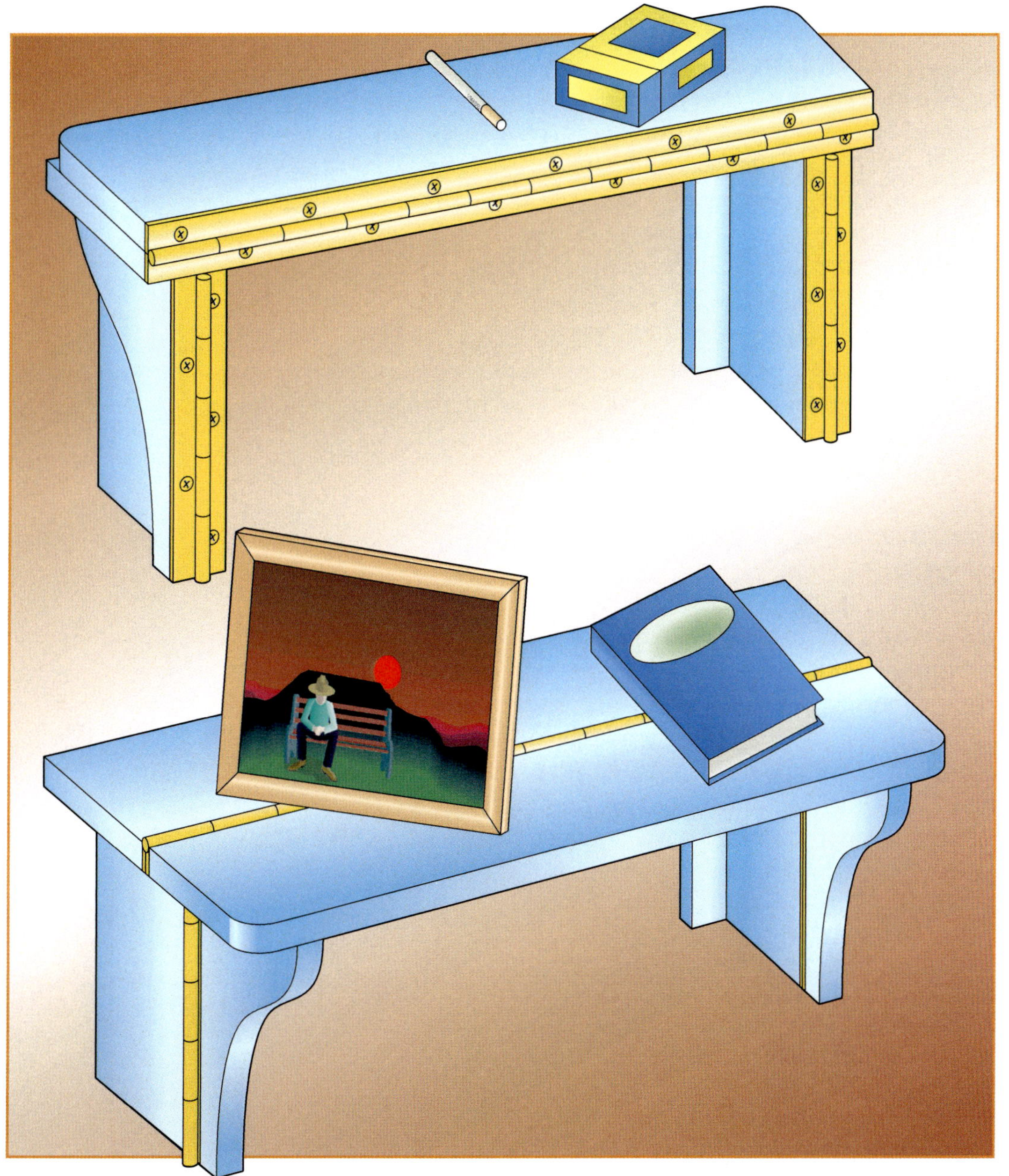

Adecuada para estar recostada a una pared, cerca de butacas o sofás, puede abrir esta repisa sólo cuando la necesite; muy útil para tener un pequeño escritorio o para apoyar libros y revistas.

Su estructura está basada en la presencia de bisagras rectas de piano que, aplicadas al plano de apoyo y a las repisas de soporte del plano, permiten el movimiento.

Las bisagras rectas de piano, que se venden en metros y se cortan a la medida deseada con un serrucho para metales, se aplican preferiblemente (como en este caso) a los bordes de los planos que deben girar: el espesor de la bisagra es mínimo y cuando la repisa está plegada sólo se ve el estrecho cilindro del perno.

En esta construcción, el plano fijo (A) es sostenido por patas fijas (B), reforzadas por dos laterales (D) atornillados y encolados, lado contra borde, en la parte posterior de la repisa; el plano se fija a las patas mediante tornillos colocados desde arriba; si prefiere que las cabezas de los tornillos se vean, puede utilizar tornillos de bronce, cuyas cabezas constituyen por sí solas un motivo ornamental, especialmente si son de estilo marinero.

Si desea que las cabezas de los tornillos no se vean en absoluto, puede empotrarlas en hendiduras y sellarlas con masilla o cera, según el acabado elegido. La segunda mitad del plano (A) está unida a la primera mitad por la bisagra recta de piano, y tiene los cantos redondeados; la operación se puede realizar con la sierra de vaivén.

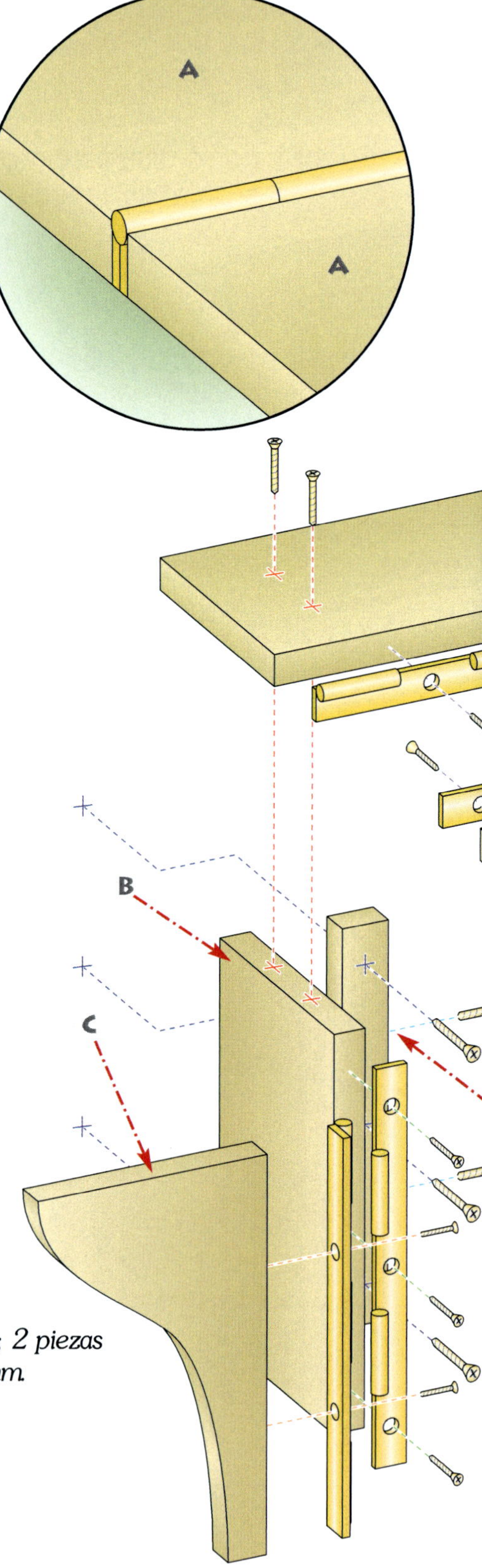

LISTA DE MATERIALES NECESARIOS

- ***Panel de madera laminada o de abeto macizo de 20 mm de espesor:*** *2 piezas (A) de 500 ∞ 150 mm; 2 piezas (B) de 150 ∞ 250 mm; 2 piezas (C) de 120 ∞ 250 mm; 2 piezas (D) de 70 ∞ 250 mm.*
- ***Bisagra de piano:*** *1 pieza de 500 mm de longitud; 2 piezas de 250 mm de longitud.*
- ***Otros:*** *tornillos autorroscantes de 2 ∞ 20 mm y 4 ∞ 30 mm; cola vinílica.*

Las alas de la bisagra recta se atornillan a los bordes de las dos partes que se deben unir. Hay que prestar atención cuando se determina cuál es el derecho o el revés de la bisagra, porque cuando esta esté abierta entre los dos paneles debe haber el espacio suficiente para el cilindro de los pernos.

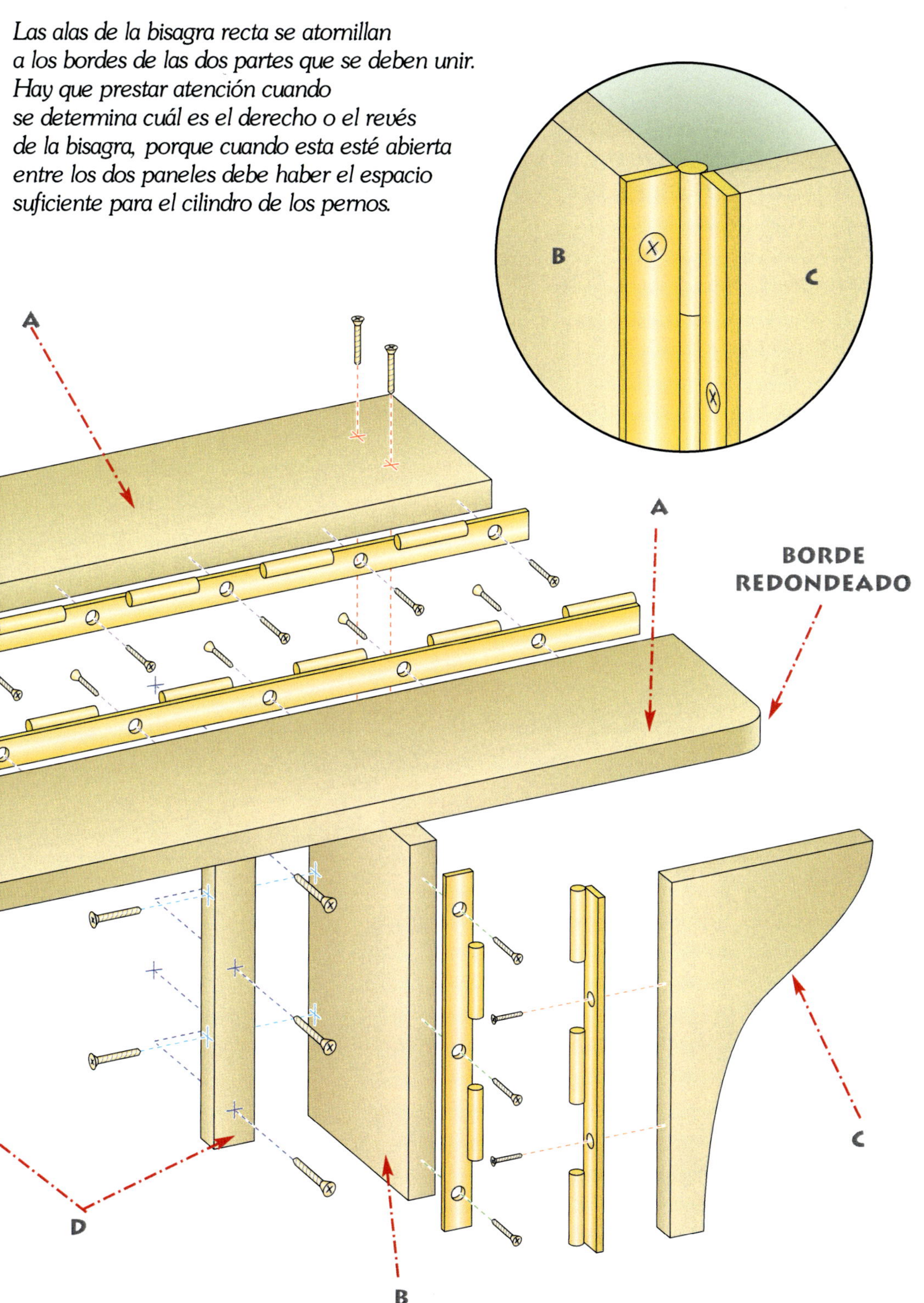

Bisagras de piano

En la realización de la repisa plegable se usa un tipo especial de bisagra, conocida como bisagra de piano.

Se compra en piezas de un metro, o de longitud variable, y sirve, sobre todo, para crear una juntura móvil entre paneles de una cierta extensión.

De hecho, este tipo de bisagra se corta fácilmente con unas robustas tenazas a la medida necesaria para realizar la unión móvil.

Su estructura está formada por un largo perno central y dos alas móviles que giran gracias a segmentos cilíndricos; sus características hacen posible el corte sin que se rompa o se estropee.

A lo largo de las alas de la bisagra (generalmente, de latón, pero también pueden ser de acero) se encuentran unos agujeros con una distancia regular que sirven para introducir los tornillos que la fijarán a las piezas que debe unir.

MUY FINA

Otra ventaja de la bisagra de piano reside en su fina y delgada forma. Incluso cuando está cerrada, su espesor es tan fino que no necesita ser empotrada en las piezas que une.

Debe tener en cuenta que esta bisagra está indicada sólo para uniones de piezas ligeras, puesto que su resistencia no es comparable a la de las bisagras normales.

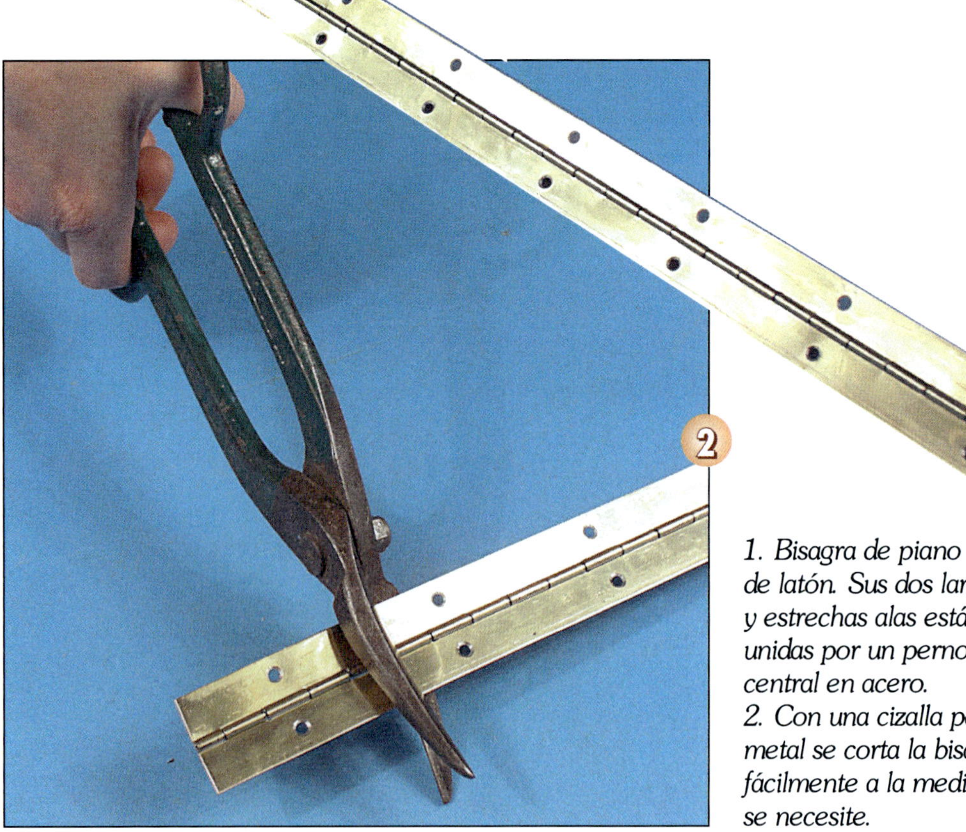

1. Bisagra de piano de latón. Sus dos largas y estrechas alas están unidas por un perno central en acero.
2. Con una cizalla para metal se corta la bisagra fácilmente a la medida que se necesite.

Carrito de jardín

Los utensilios que suele utilizar en el jardín encuentran un práctico alojamiento en este carrito con soporte para rastrillo.

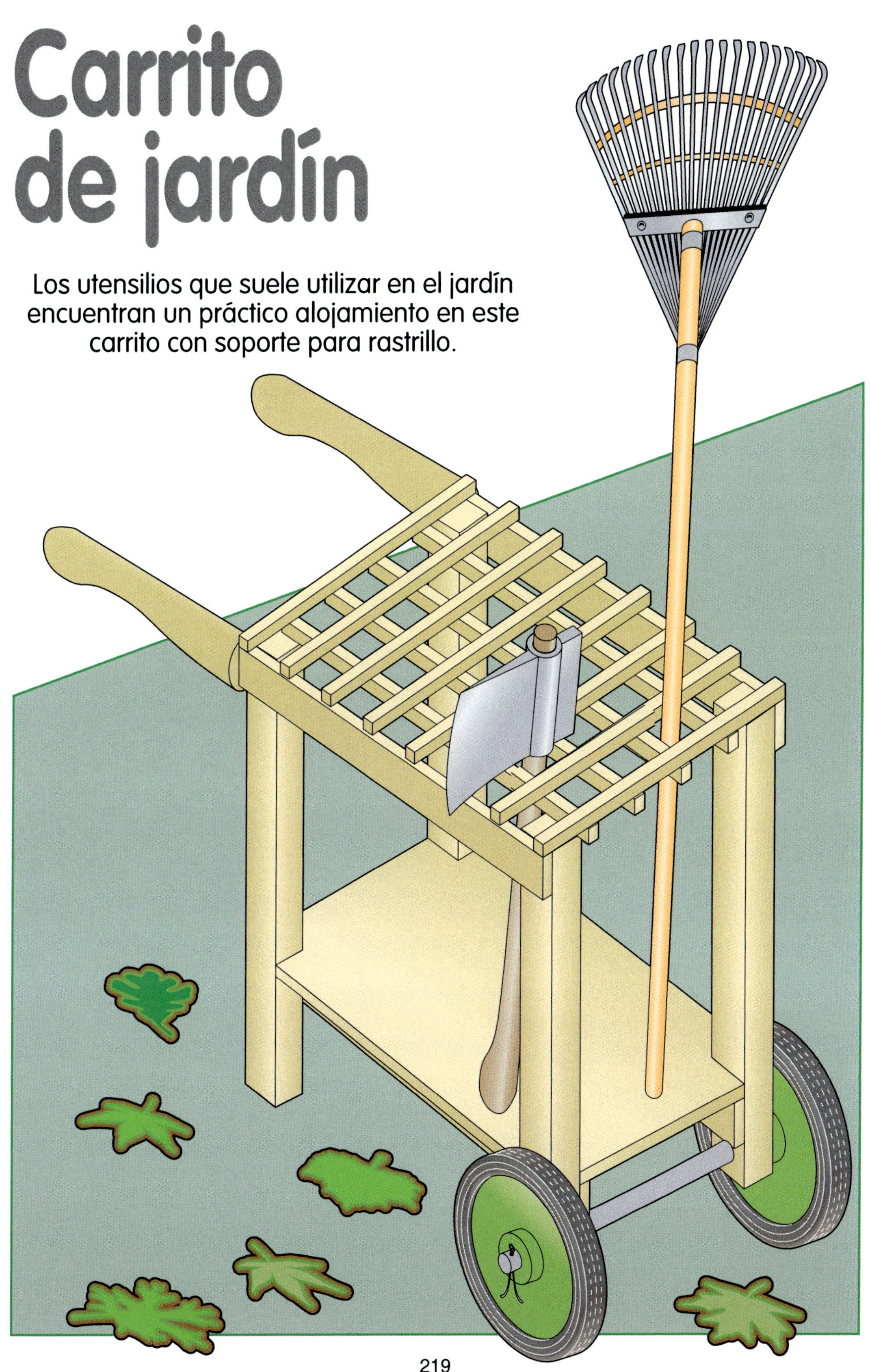

La función de este carrito consiste en tener a mano todos los utensilios cuando se trabaja en el exterior, lejos del taller de herramientas.

El soporte para rastrillo está indicado para sujetar los mangos de casi todas las herramientas de jardín.

El armazón es simple y lo suficientemente robusto como para asumir la función a la cual se destina. Está compuesto por un plano inferior sostenido por dos pequeñas tablillas largas, cuatro montantes (A y A´) unidos por listones y los travesaños del soporte a rastrillo en la parte superior. Además, contiene dos ruedas unidas por un eje de madera redonda. El sistema de unión de las ruedas se compone de una grapa metálica que se introduce en un agujero transversal del eje (H), manteniendo la rueda en posición mientras el eje gira libremente en el agujero practicado a 20 mm de los extremos de los dos montantes delanteros (A'). Todas las junturas se llevan a cabo con tornillos autorroscantes y cola; el soporte para rastrillo formado por el cruce de los listones (D y E) se monta aparte, controlando su posición con una escuadra de carpintero; después, se coloca en el armazón atornillando los listones transversales (E) a los listones (B).

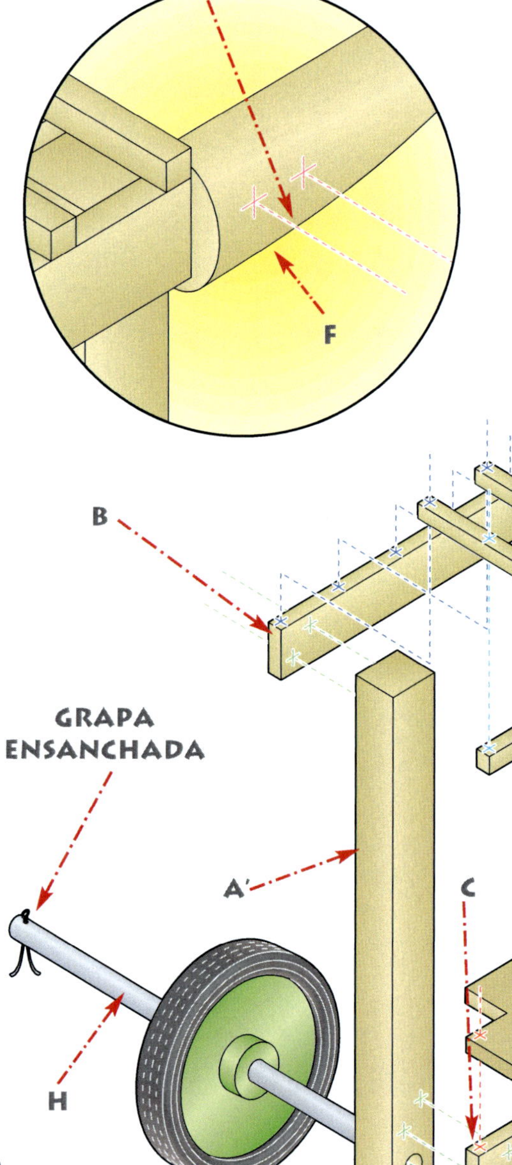

LISTA DE MATERIALES NECESARIOS

•***Listones de 40 x 40 mm de sección:*** *2 piezas (A) de 600 mm de longitud; 2 piezas (A´) de 550 mm de longitud; 2 piezas (F) de 400 mm de longitud.*

•***Tablillas de 20 x 50 mm de sección:*** *2 piezas (B) de 750 mm de longitud; 2 piezas (C) de 650 mm de sección.*

•***Listones de 20 x 20 mm de sección:*** *4 piezas (D) de 650 mm de longitud; 8 piezas (E) de 540 mm de longitud.*

•***Varilla cilíndrica de 28 mm de diámetro:*** *1 pieza (H) de 600 mm de longitud.*

•***Contrachapado de 10 mm de espesor:*** *1 pieza (G) de 650 x 500 mm.*

•***Otros:*** *2 ruedas de 200 mm de diámetro; 2 clavijas; tornillos autorroscantes de 4 x 40 mm y 3 x 30 mm; cola vinílica; esmalte.*

Las tablas (B) terminan en una parte más estrecha de unos 100 mm que se perfila con escofina y papel de lija. Practique en las empuñaduras (F) un agujero a lo largo del eje longitudinal para que la tabla se aloje en su interior; con dos tornillos transversales colocados por la parte interior de las empuñaduras, fije la tabla en su posición, tras haber extendido una capa de cola en las superficies a contacto.

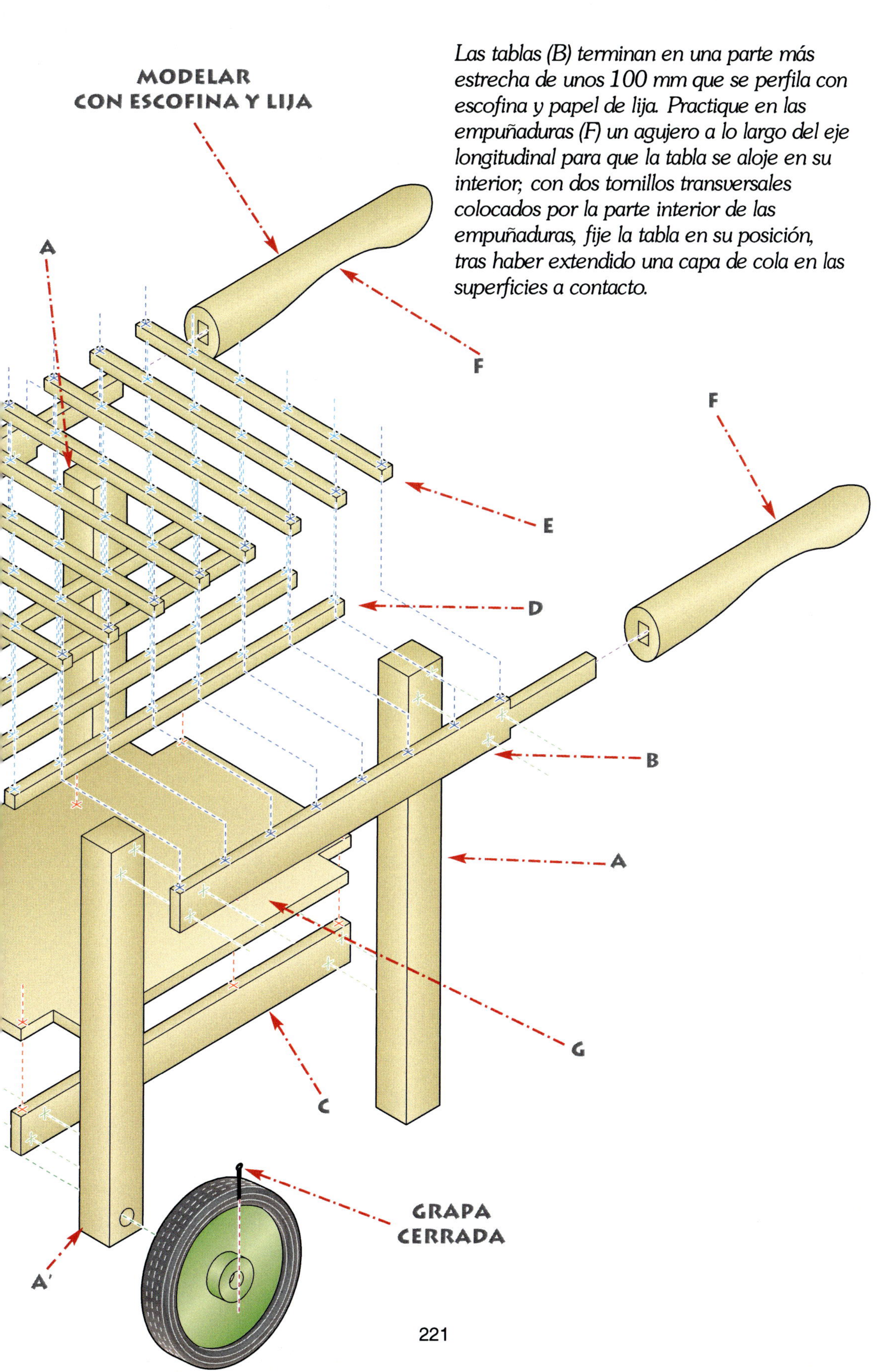

Ruedas y cojinetes redondos

En el carrito de jardín, las ruedas están montadas en un eje transversal que, para que sea más fácil de construir, atraviesa las patas delanteras. De este modo, su rotación se ve ligeramente frenada a causa de la fricción entre el eje y la madera.

Si desea realizar un sistema más funcional y está dispuesto a que el tiempo de construcción sea un poco mayor, puede utilizar una pareja de cojinetes redondos metálicos.

LA ESTRUCTURA DEL COJINETE

Se trata de un elemento mecánico compuesto por dos anillos, uno en el interior del otro, entre los que se introducen elementos cilíndricos o esféricos para realizar una rotación facilitada por un anillo respecto al otro.

Los cojinetes están presentes en muchos ensamblajes mecánicos.

La eliminación de un cojinete se realiza con un batiente de forma tubular, que se apoya en un anillo y se golpea con una maza. La colocación del cojinete se realiza con el batiente o calentando el anillo del cojinete (montado en un eje) o la sede (montaje de corona).

Aspecto del cojinete redondo con dos anillos concéntricos unidos por una serie de redondeles de acero.

Ruedas con llantas de goma de diversos diámetros. Los cojinetes se introducen en el agujero central; el eje de rotación se introduce en el anillo interior del cojinete.

Butaca ensamblada

Cuatro piezas unidas mediante ensambles y cola dan lugar a un cómodo asiento para el comedor.

El elemento más importante de esta construcción es la precisión. Se trata de ensamblar cuatro sólidas piezas de modo perfecto, porque las uniones son vistas e inciden de manera determinante en el resultado estético final.

Siga el plano de corte, en el que la cuadrícula tiene un lado de 70 mm, y respete escrupulosamente la posición de los ensambles.

Corte cuatro piezas con la sierra circular portátil y, a continuación, con la sierra de vaivén, proceda a redondear los cantos y los cortes internos, relativos a los ensambles.

Con una pasada de papel de lija, regularice todos los bordes cortados.

Proceda a introducir una pieza dentro de la otra para comprobar que los ensambles tienen la medida correcta. Para practicar los cortes en los laterales (A), y que resulten idénticos, es conveniente juntarlos mediante mordazas o con tres puntas cónicas y realizarlos simultáneamente en las dos piezas.

Extienda un hilo de cola sobre las superficies que irán en contacto y ensamble las piezas. Con un paño húmedo elimine la cola en exceso; durante el secado, no se necesitan mordazas.

El acabado se puede realizar con barniz transparente, pero es preferible la aplicación de dos manos de esmalte coloreado.

Los cojines se pueden comprar ya confeccionados, o bien con una máquina de coser haga dos fundas con cremallera, corte a medida dos piezas de espuma e introdúzcalas dentro de las fundas.

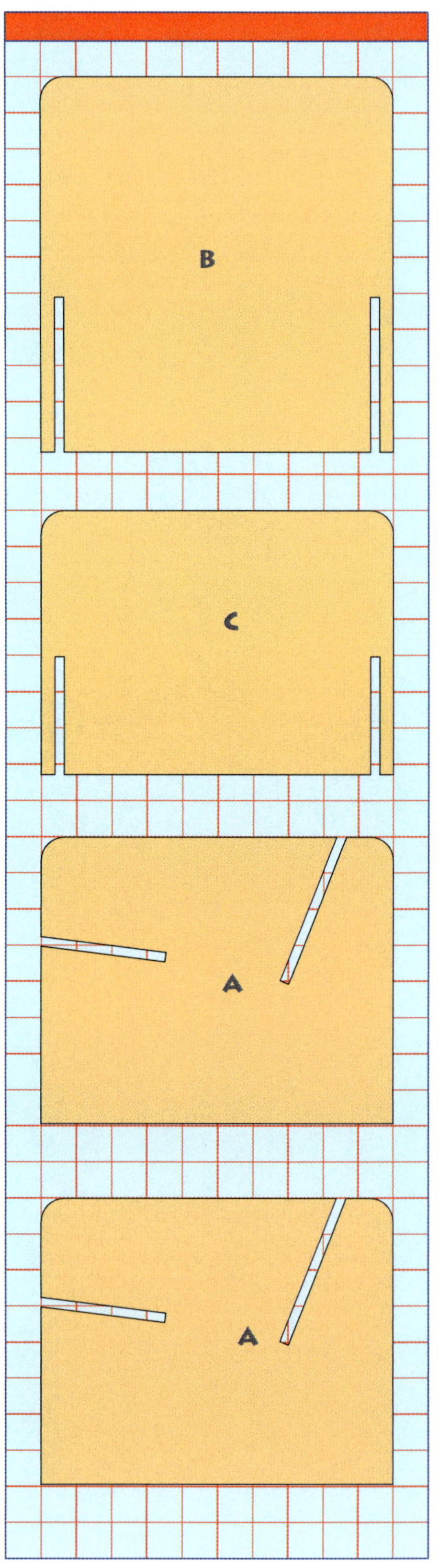

LISTA DE MATERIALES NECESARIOS

•Contrachapado de pino de 18 mm de espesor: *2 piezas (A) de 700 x 560 mm; 1 piezas (B) de 700 x 375 mm; 1 pieza (C) de 700 x 500 mm.*

•Otros: *2 cojines; cola vinílica; tapaporos; barniz transparente; papel de lija con granulado 400.*

Se puede dar un acabado a la superficie con tapaporos y barniz transparente o, si se prefiere dejarla al natural, se puede lijar con papel de lija con granulado 400 hasta obtener una superficie perfectamente lisa. Si el contrachapado no es de gran calidad, será preferible optar por el esmaltado.

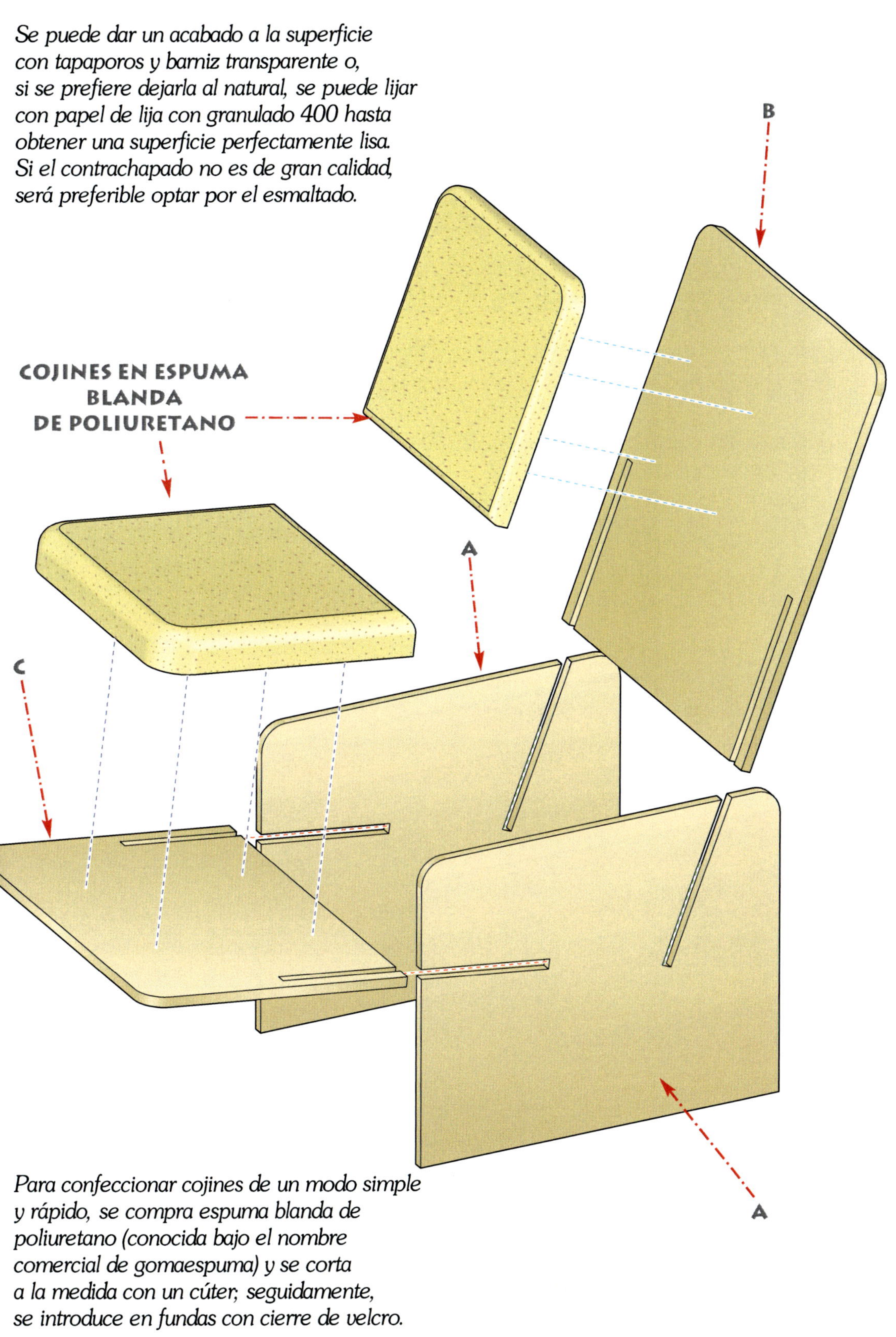

Para confeccionar cojines de un modo simple y rápido, se compra espuma blanda de poliuretano (conocida bajo el nombre comercial de gomaespuma) y se corta a la medida con un cúter; seguidamente, se introduce en fundas con cierre de velcro.

Pistola a presión

Para pintar con esmalte las amplias superficies de la butaca, es conveniente la utilización de la pistola a presión.

Es un utensilio eléctrico provisto de un recipiente para la pintura y una boquilla para la aplicación.

La pintura se introduce en el recipiente al grado justo de densidad, y mediante un tubo llega a la boquilla, donde un dispositivo ubicado en la misma regula la intensidad de la presión con que es lanzada la pintura.

CÓMO SE USA

La pistola a presión se acciona apretando un botón que pone en funcionamiento la bomba de vibración, creando una depresión que aspira el líquido y lo envía a la boquilla.

Como no hay aire comprimido, la pintura sale de manera uniforme y, por ello, su uso está especialmente indicado en grandes superficies.

La aplicación de la pintura con este sistema se realiza moviendo la pistola horizontalmente y efectuando varios movimientos en forma de S.

Una vez que se ha llevado a cabo una primera pasada horizontal, se realiza otra vertical, que se cruza con la primera.

A medida que se realizan las pasadas horizontales y verticales, el pintado se va uniformando y, al final, resulta perfectamente homogéneo.

Cuando finalice el trabajo debe vaciar la pistola a presión; lave el recipiente con disolvente y, si lo considera necesario, apriete el botón de aplicación con el disolvente dentro para limpiar también la boquilla.

La pistola eléctrica a presión se debe mantener en posición vertical y la boquilla se regula para que el chorro sea uniforme y no gotee. La pistola se va moviendo en sentido horizontal o en vertical con movimientos regulares.

Bandeja para la cama

Ideal para comer o leer en la cama, está provista de un soporte que regula la altura del plano de apoyo.

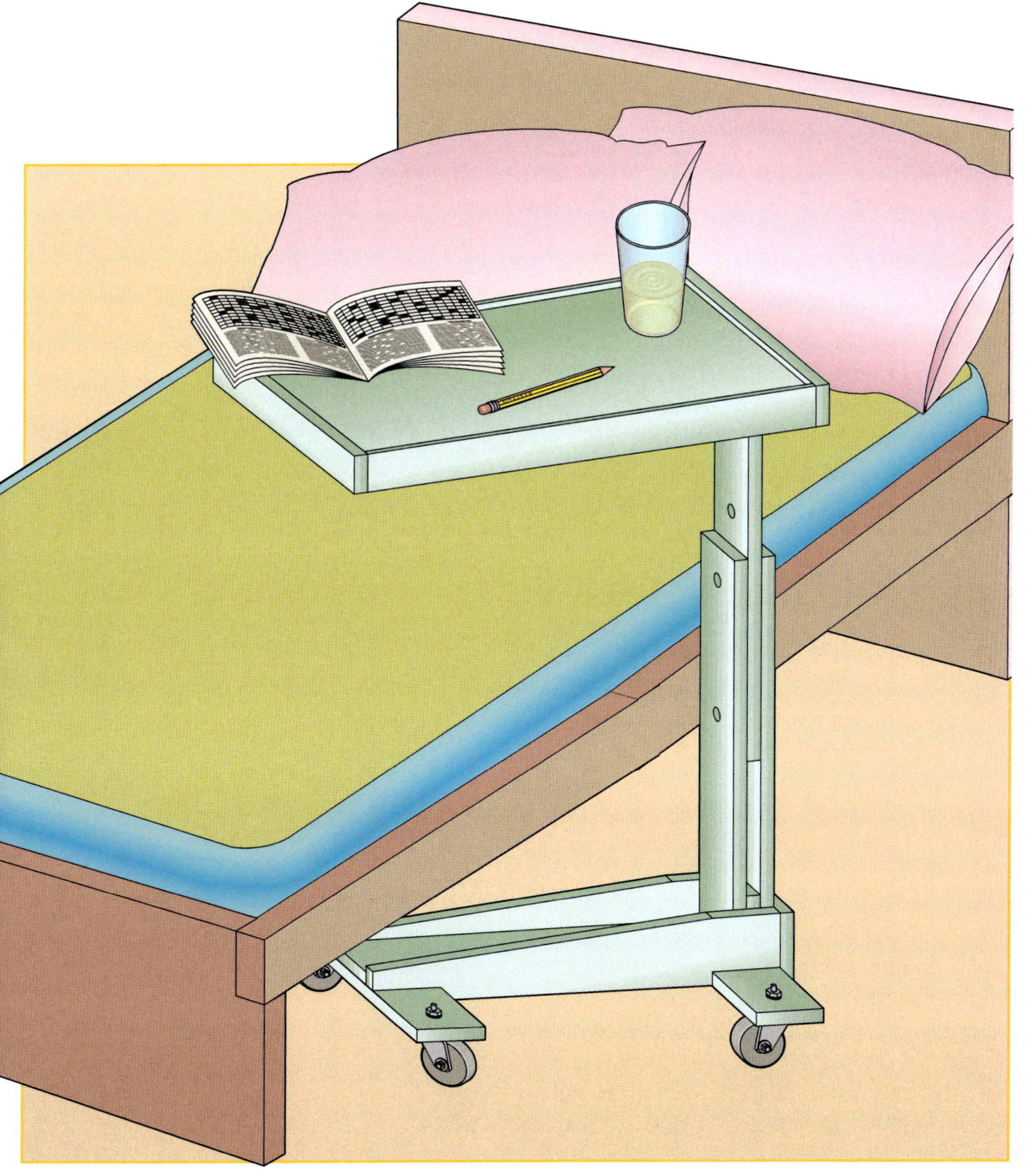

Se trata de una estructura regulable. En el proyecto, y en correspondencia a las uniones entre base, soporte y bandeja, se contemplan unos listones de refuerzo (F, G, N).

Todas las uniones se realizan con cola y tornillos, menos los montantes fijos (D) y el corredizo (E), que necesitan tornillos con tuerca de aletas, para modificar la altura de la bandeja con facilidad.

Comience por cortar los listones con la sierra de vaivén, según el plano de corte en el que cada cuadrado tiene un lado de 50 mm; con la sierra de vaivén se realizan los ensambles en los listones (C) de la base. Tras haber montado la base, encolando y atornillando los travesaños (A) a los listones (C) y a la tabla (B), se crea una estructura en forma de sándwich para que el soporte vertical sea más robusto; partiendo desde fuera, siga este orden: listón (F), medio montante (D), taco separador (G) y el otro medio montante (D); este sándwich se coloca a la medida entre los listones longitudinales (C), fijándose a los mismos.

La unión entre la cornisa y el montante corredizo (E) se realiza de la misma manera; el montante corredizo tiene el extremo superior de forma redondeada, porque otro tornillo con tuerca permite orientar como se quiera la inclinación de la bandeja.

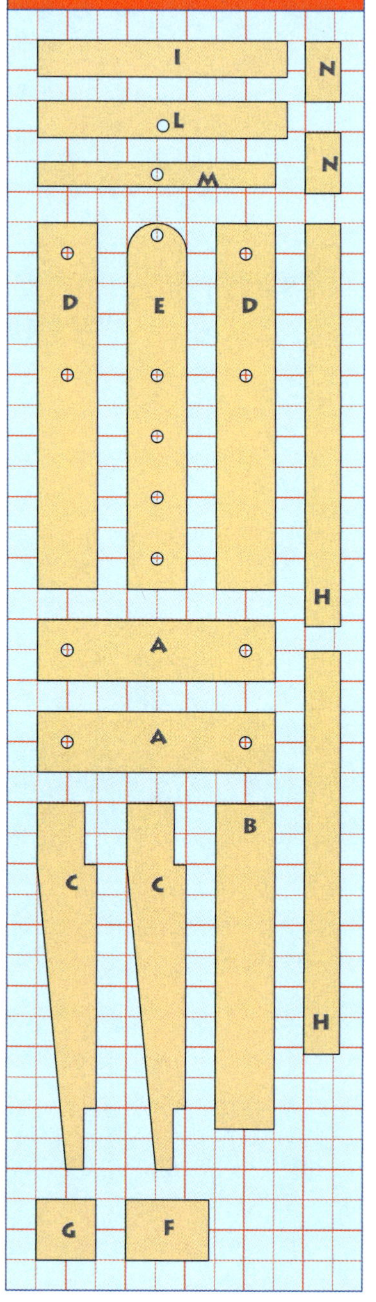

LISTA DE MATERIALES NECESARIOS

•Tablas de haya de 100 x 20 mm de sección:
2 piezas (A) de 400 mm de longitud; 1 pieza (B) de 540 mm de longitud; 2 piezas (C) de 600 mm de longitud; 2 piezas (D) de 600 mm de longitud; 1 pieza (E) de 600 mm de longitud; 1 pieza (F) de 140 mm de longitud; 1 pieza (G) de 100 mm de longitud.

•Tablillas de haya de 20 x 60 mm de sección:
2 piezas (H) de 650 mm de longitud; 1 pieza (I) de 430 mm de longitud; 1 pieza (L) de 430 mm de longitud.

•Tablas de haya de 20 x 40 mm de sección:
1 pieza (M) de 390 mm de longitud; 2 piezas (N) de 100 mm de longitud.

•Contrachapado de abedul de 6 mm de espesor: *1 pieza (O) de 660 x 400 mm.*

•Otros: *tornillos autorroscantes; 3 tornillos con tuerca para madera M6 de 70 mm de longitud; cola vinílica; 4 ruedas giratorias; tapaporos; barniz transparente para acabados.*

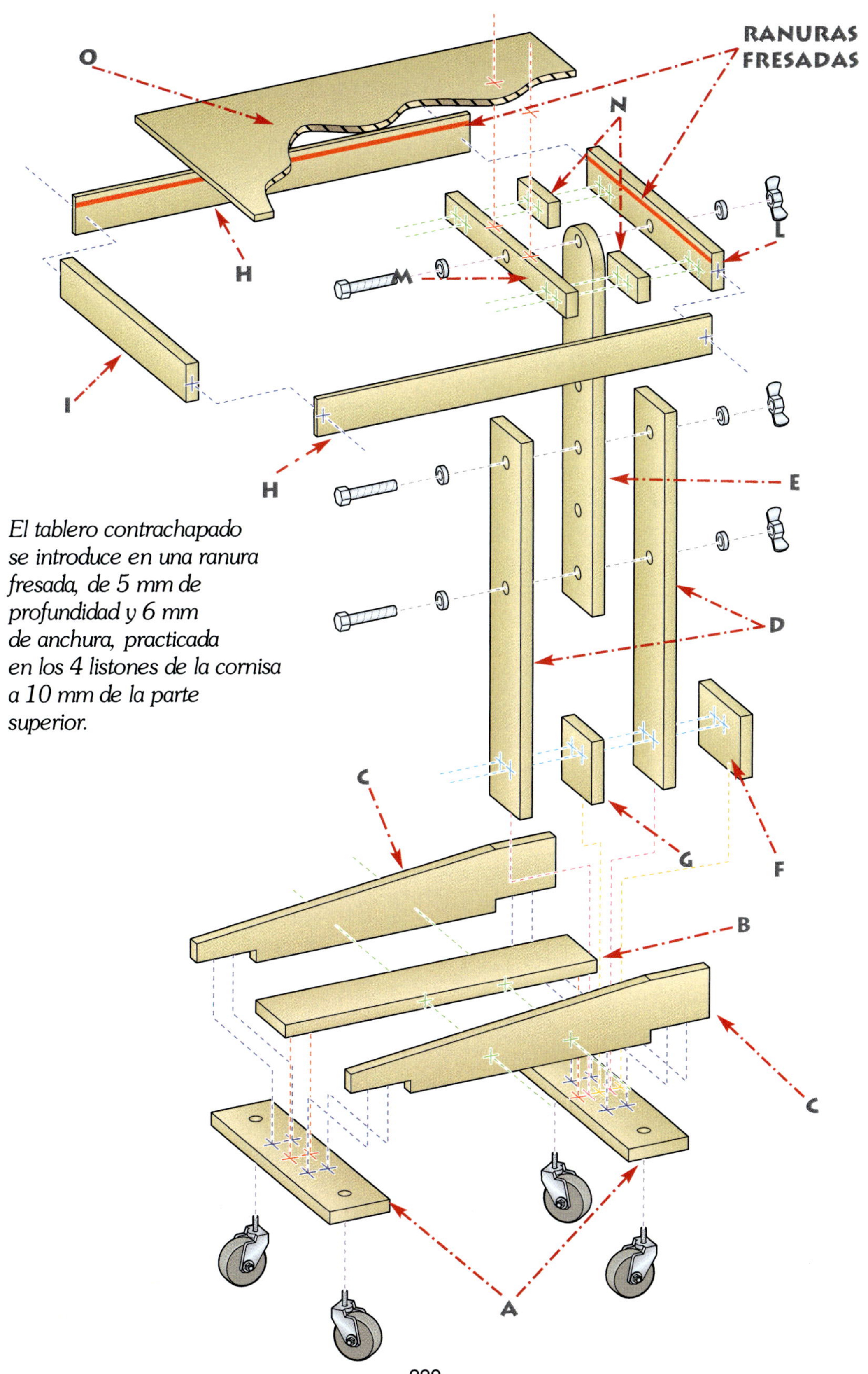

El tablero contrachapado se introduce en una ranura fresada, de 5 mm de profundidad y 6 mm de anchura, practicada en los 4 listones de la cornisa a 10 mm de la parte superior.

Sierra radial

La construcción de la bandeja para la cama requiere un cierto número de cortes muy precisos y en escuadra.

Para este trabajo puede utilizar una sierra radial. Se trata de una máquina para la elaboración de la madera, formada por un gran plano de trabajo sobre el que se levanta una columna vertical de acero que sujeta un brazo horizontal.

LAS ELABORACIONES

A lo largo del brazo se desliza un carro que sostiene un motor eléctrico, mediante el cual se accionan diversos utensilios:

Sierra circular: cuando se monta un disco para sierra circular, con la correspondiente pantalla de protección, se obtiene un práctico instrumento para el corte rápido de listones, tablas y paneles.

El motor se coge por su correspondiente manija y se empuja a lo largo del brazo mientras se cortan los diversos elementos de madera.

Sierra de vaivén: en el lugar de la hoja, se puede introducir un accesorio, que acciona una hoja para serrucho, que se puede utilizar como una sierra de vaivén normal, porque el brazo de la sierra radial se puede girar y asumir varias posiciones desde ángulos diversos.

En el motor también se pueden montar otros tipos de accesorios como: fresadoras, pulidoras, etc.

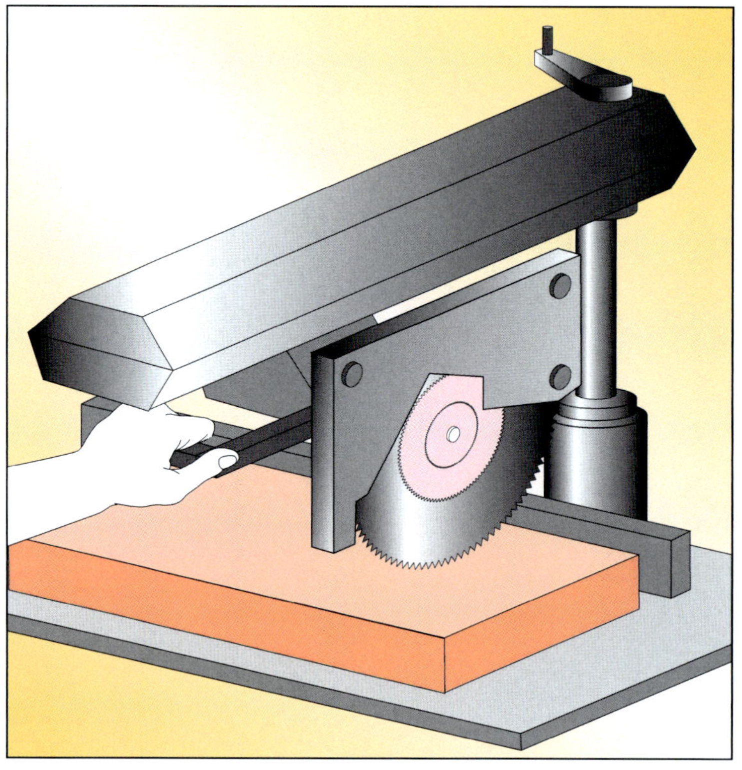

La sierra radial se acciona desplazando lentamente el motor provisto de una hoja en rotación. Moviendo el brazo se pueden realizar cortes en ángulo muy precisos y, girando el motor sobre su propio eje, se efectúan también cortes inclinados, ideales para realizar ensambles.

Bodeguero multiuso

Tres cajones bien ventilados contienen fruta y hortalizas, mientras que los soportes inclinados sirven para que las botellas lavadas se sequen.

Este mueble compacto desempeña una doble función. Por su ubicación y su uso, puede dejar la madera en bruto; las junturas se pueden realizar con clavos o con tornillos; si utiliza clavos, fíjelos cruzados e inclinados para obtener unas uniones más robustas.

La estructura está compuesta por dos caballetes: el delantero comprende dos patas (A) unidas por dos travesaños horizontales (C); en el trasero, las patas se unen con cuatro travesaños separados (C) que forman el apoyo para los travesaños (D) sobre los que se deslizan los cajones. Tras haber cortado a la medida todos los listones, dispóngalos de modo correcto: la cabeza de los travesaños (C) se une a los lados anchos de las patas; una los dos caballetes a los travesaños (D), colocados con el borde redondo en la parte delantera y apoyados a los travesaños (C) montados con anterioridad.

Los travesaños (B), cortados a lo largo y en sentido diagonal, se deben agujerear con una broca plana de tres puntas antes de instalarlos; en dichos agujeros se introducirán las barras de madera redonda que sostienen el cuello de las botellas.

Unos agujeros ciegos de 30 mm de profundidad bastarán para poder introducir las barras a presión sin necesidad de fijarlas.

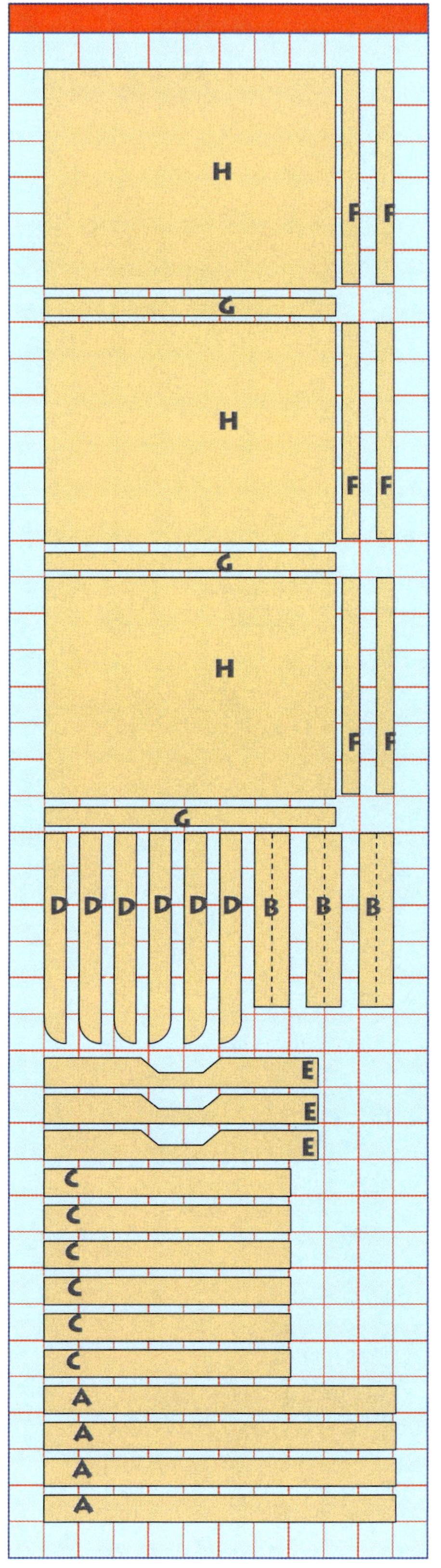

LISTA DE MATERIALES NECESARIOS

- ***Tablillas de 30 x 60 mm de sección:*** *4 piezas (A) de 1.000 mm de longitud; 6 piezas (C) de 700 mm de longitud; 6 piezas (D) de 600 mm de longitud; 3 piezas (E) de 760 mm de longitud.*
- ***Travesaños de 70 x 70 mm de sección cortados en diagonal:*** *3 piezas (B) de 480 mm de longitud.*
- ***Tablillas de 20 x 40 mm de sección:*** *6 piezas (F) de 580 mm de longitud; 3 piezas (G) de 700 mm de longitud.*
- ***Panel de contrachapado agujereado de 6 mm de espesor:*** *3 piezas (H) de 600 x 700 mm.*
- ***Varilla cilíndrica de 15 mm de diámetro:*** *12 piezas (I) de 150 mm de longitud.*
- ***Otros:*** *clavos o tornillos; tapaporos; esmalte acrílico.*

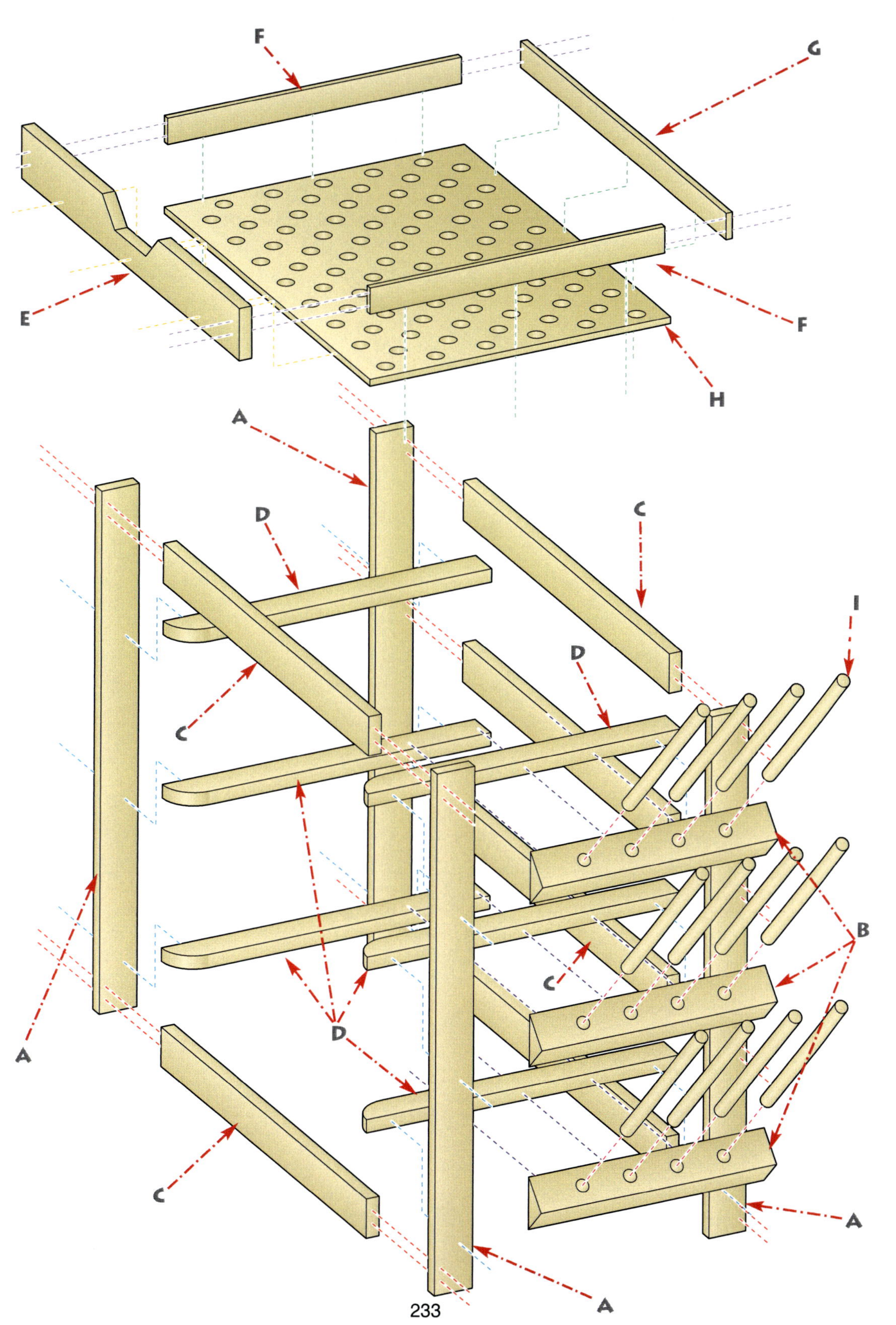
F
G
E
F
H
A
D
C
C
D
I
B
A
C
D
C
A
A

Recuperar madera y quitar clavos

El bodeguero multiuso, por su función y por el lugar en el que se coloca, es la típica construcción que puede realizarse reciclando maderas (de viejos muebles, bancos, etc.).

La madera reciclada debe estar exenta de clavos y tornillos.

Sacar un clavo de la madera no es difícil, pero se debe realizar con una cierta técnica para no dañar la madera.

CON MARTILLO O TENAZAS

Si la cabeza del clavo sobresale ligeramente, se puede coger con la acanaladura del martillo de carpintero y, haciendo palanca, el clavo sale.

Operando del mismo modo, también se puede sacar con una tenazas, haciendo palanca hacia los lados. Si la madera es blanda o su superficie tiene un acabado especial, antes de sacar el clavo debe interponer una fina hoja de compensado entre el martillo (o las tenazas) y la madera para que cuando haga palanca no deje marcas en la superficie.

Si el clavo está bien empotrado, es conveniente utilizar una pata de cabra (véase fig. 2), una especie de tenedor de acero con dos puntas, cuya acanaladura penetra ligeramente en la madera para poder aferrar el clavo y levantarlo levemente; la extracción completa se realiza igualmente con el martillo de carpintero o con las tenazas.

1. Para sacar un clavo de la madera sin que la superficie quede marcada, interponga un trozo fino de madera entre la pieza y las tenazas.
2. Si los clavos que se deben sacar son muchos y su cabeza está bien empotrada, es mejor que utilice una pata de cabra.

Sujetalibros de animales

Se realizan con la técnica del calado; sus formas pueden variar según su fantasía.

Para realizar estos sencillos y simpáticos sujetalibros (para volúmenes pequeños) ponga una hoja de contrachapado de 10 mm de espesor para las formas y otra de 6 mm para los soportes, en el plano de corte con cuadrado de 10 mm. Las partes rectas se cortan con el serrucho de costilla y las curvas con la sierra de arco.

Tanto el perfil (A) del cerdito, como el perfil (B) del águila, presentan dos ranuras de 6 mm de profundidad y 60 mm de longitud en los bordes inferiores y posteriores; dichas ranuras deben alojar los dos soportes (C y D), imprescindibles para la estabilidad del sujetalibros. Tras haber cortado las piezas, lije los bordes con papel de lija con granulado de 60 y posteriormente de 220.

Para el encolado de los soportes (C y D) puede usar cola vinílica o barras de cola termofusible aplicándolas con la pistola correspondiente; el tiempo de fraguado es muy breve: unos dos minutos.

En cualquier caso, refuerce las uniones con puntas cónicas o tachuelas.

Durante el encolado, debe comprobar que la forma y el soporte estén en posición perpendicular; para ello, utilice una escuadra de carpintero.

La decoración se realiza con colorantes acrílicos disueltos en agua; trace las formas y los límites de cada color con un lápiz, comience a pintar las partes más grandes hasta llegar progresivamente a los detalles más pequeños; naturalmente, en caso de que desee superponer los colores debe esperar a que el estrato inferior esté completamente seco.

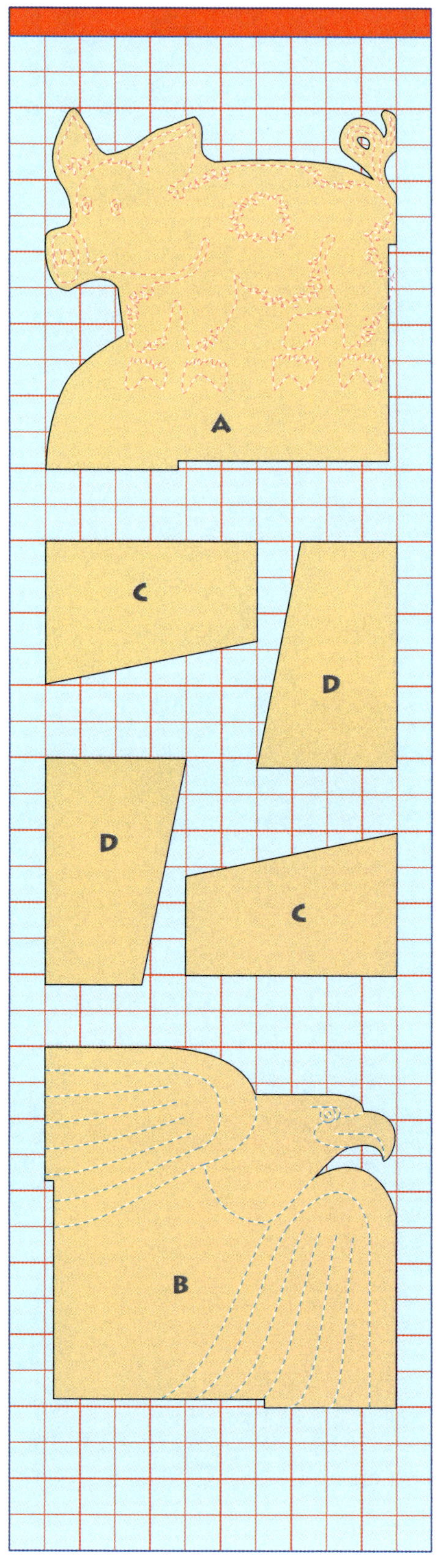

LISTA DE MATERIALES NECESARIOS

•**Contrachapado de 10 mm de espesor:** *1 pieza (A) de 100 x 100 mm; 1 pieza (B) de 100 x 100 mm.*

•**Contrachapado de 6 mm de espesor:** *2 piezas (C) de 60 x 40 mm; 2 piezas (D) de 62 x 40 mm.*

•**Otros:** *cola caliente en barras; cola vinílica; puntas cónicas; colorantes acrílicos disueltos en agua.*

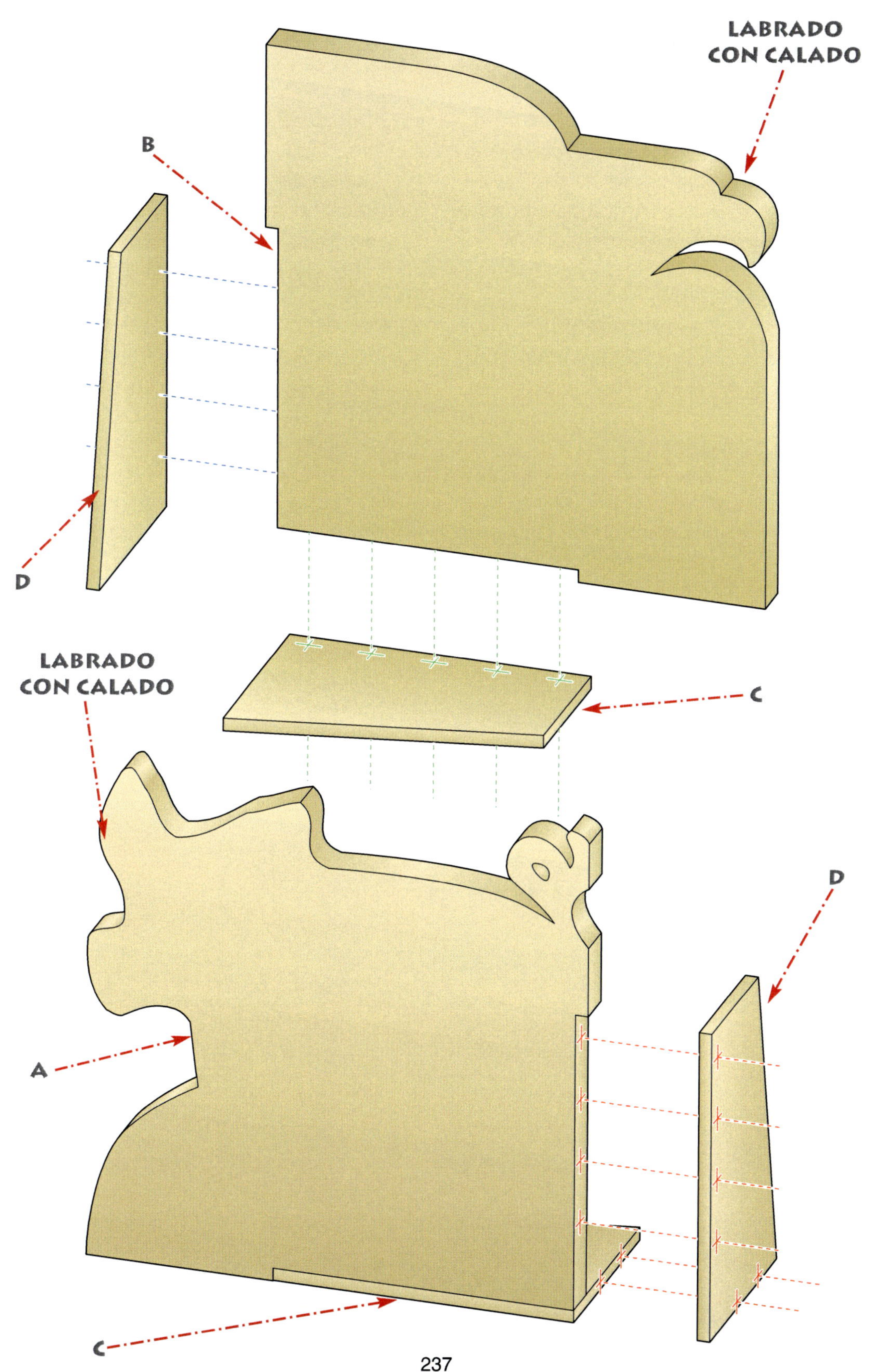
LABRADO
CON CALADO
B
D
LABRADO
CON CALADO
C
D
A
C

El calado

Las formas de los sujetalibros se pueden cortar siguiendo la técnica del calado. Se realizan con tablero contrachapado de poco espesor, cortando el contrachapado en varias formas con una sierra de arco.

Las formas obtenidas se pueden ensamblar para realizar pequeños objetos decorativos, juguetes, etc.

LA SIERRA DE ARCO MANUAL

Está formado por un arco en forma de U de 35-40 cm de longitud con una empuñadura vertical, en cuyos brazos se tensa una pequeña hoja. El contrachapado se apoya en una pequeña tabla con ranura fijada al plano con una mordaza. Accionando el arco, se obtiene un corte preciso con la forma que se desee.

LA SIERRA DE ARCO ELÉCTRICO

En el mercado también existe el arco eléctrico. Se trata de un pequeño banco con un brazo elástico que se acciona mediante un motor eléctrico. El trabajo es muy fácil, porque se trata de poner en contacto el contrachapado con la hoja que se mueve hacia arriba y hacia abajo consecutivamente. Los resultados son muy satisfactorios, porque el corte es neto y rápido. Las piezas obtenidas se pueden unir con un ensamble o con un encolado vinílico.

El calado es uno de los trabajos manuales más adecuados para los jóvenes, porque no es peligroso y se pueden obtener objetos muy interesantes.

En las tiendas especializadas venden hojas especiales para encolar en paneles delgados de contrachapado, sobre las cuales están pintados dibujos de objetos variados que se pueden cortar y ensamblar.

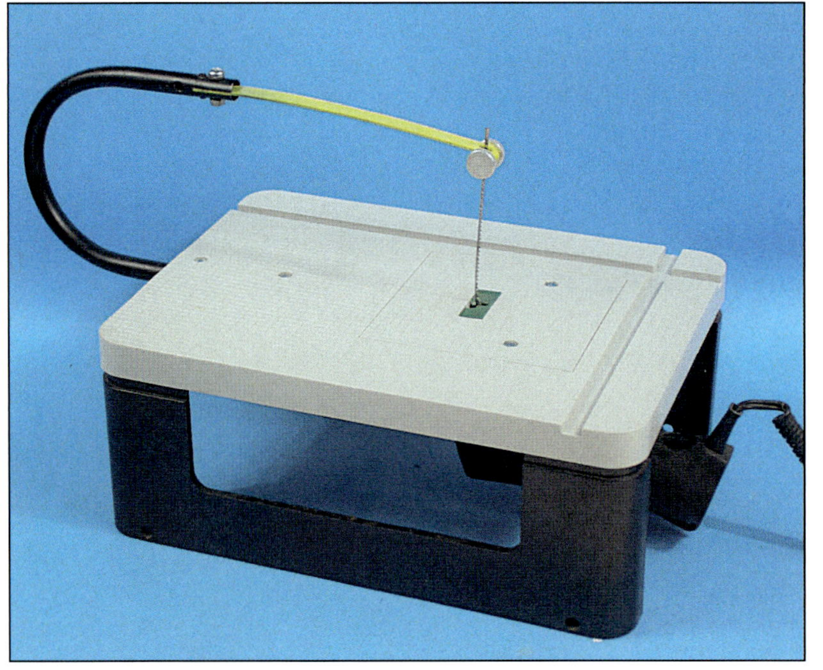

La sierra de arco eléctrico está provista de un amplio banco de trabajo sobre el que va montado el arco con la hoja. Esta se acciona mediante un motor eléctrico con un rápido movimiento de arriba abajo.

Toallero de baño

Un soporte compacto que en muy poco espacio contiene el triple de toallas que uno tradicional.

En los baños siempre suele faltar espacio; por este motivo el toallero que le proponemos es especialmente útil: tres barras de madera en desnivel forman el soporte para toallas, que se pueden sacar por separado con sólo levantar la barra; de hecho, las barras no están fijadas a las hendiduras sino solamente apoyadas en ellas.

Los dos laterales (B) están perfilados (el plano de corte tiene cuadrados de 20 mm) para sostener tres listones de madera redondos a niveles diferentes; para obtener los perfilados en semicírculo se usa el taladro y una broca para madera de 20 mm de diámetro, equivalente al diámetro del listón redondo. Una vez trazadas las piezas (B) en un panel de contrachapado y antes de realizar los cortes, agujeree en correspondencia a las hendiduras redondeadas y, posteriormente, elimine la madera que sobra con la sierra de vaivén.

Los laterales (B) presentan dos ranuras rectangulares de 10 x 60 mm, en las que se atornillan las tablas longitudinales (A) que unen los dos laterales; dos de ellas están en la base y una arriba, en la parte trasera. Esta última, agujereada en dos puntos, tiene la función de sostener el toallero a la pared, colgándolo con dos tacos.

Una las piezas con tornillos y cola vinílica; si desea esmaltar el objeto, debe empotrar la cabeza de los tornillos a 1 mm por debajo de la superficie de la madera, y después enmasillarla; si prefiere dejar la madera al natural, use tornillos cincados con la cabeza a vista a ras de madera.

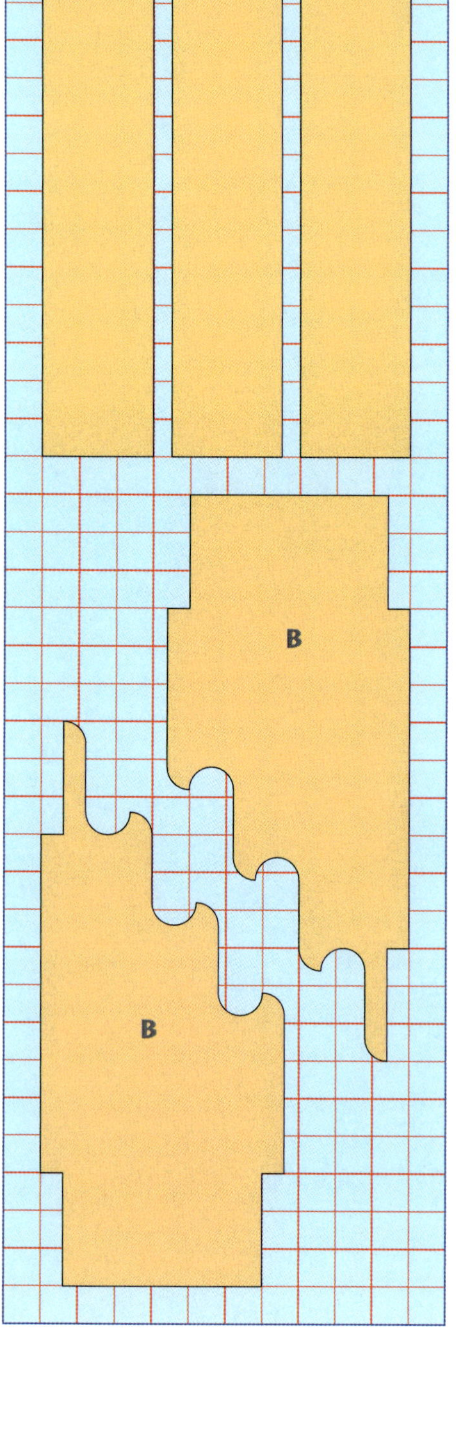

LISTA DE MATERIALES NECESARIOS

•Madera maciza de 10 mm de espesor:
3 piezas (A) de 60 x 360 mm; 2 piezas (B) de 130 x 300 mm.

•Varilla cilíndrica de 20 mm de diámetro:
3 piezas (C) de 360 mm de longitud.

•Otros: *tornillos autorroscantes de 3 x 30 mm; tacos; cola vinílica; esmalte.*

Los elementos de soporte (C) pueden ser más largos que la anchura del toallero, y también pueden tener cabezas redondas en los extremos para que no se salgan por los lados.

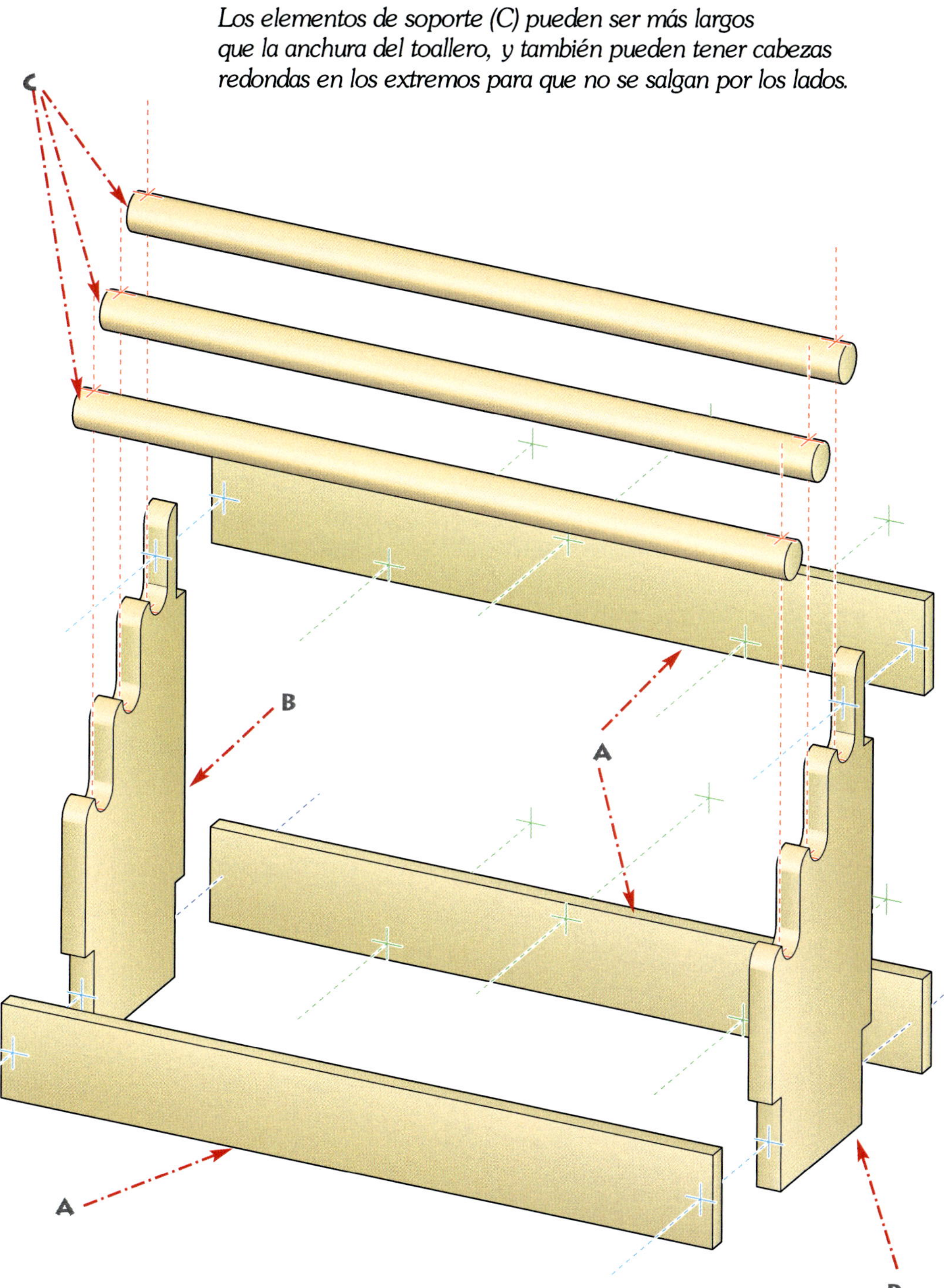

Si se dispone del espacio suficiente, los laterales (B) pueden ser más anchos y perfilados, de manera que puedan alojar cuatro o más barras de soporte. De este modo, también puede realizar un pequeño tendedero para ropa interior montado en la pared, encima de un radiador.

Barniz transparente

Las toallas húmedas pueden llegar a dañar la madera con el paso del tiempo; por este motivo se debe tratar con un barniz transparente y sellador que tenga base de poliuretano. Se trata de un compuesto líquido con base sintética que, aplicado sobre superficies de madera, crea una película protectora y transparente (o de color).

El barniz se puede aplicar tanto en la madera natural, lijada y pulida previamente, como en una madera ya barnizada para proteger una capa de barniz o pintura anterior. La aplicación del barniz se puede realizar con pincel o pistola; en cualquier caso, cuando lo aplique debe trabajar en un ambiente ventilado y carente de polvo, porque el barniz es muy adhesivo durante el secado y podría incorporar partículas del aire a la superficie recién barnizada.

Para realizar un barnizado fuerte y resistente, debe aplicar tres manos de barniz como mínimo. La primera mano puede ser ligeramente más diluida que las demás, para que penetre con mayor facilidad en los poros de la madera (a no ser que esta ya haya sido tratada con un tapaporos previamente).

EL ALISADO

Cuando una mano ya esté bien seca y dura, se pasa un papel de lija fino sobre la superficie, para eliminar las posibles irregularidades causadas por la pelusa que la capa de barniz haya provocado. Se elimina el polvo creado por la lija y se procede a dar una segunda mano de barniz seguida de un suave alisado con lija como el anterior. Por último, la tercera mano de barniz es la que queda perfectamente lisa y transparente tras haberse secado. En el mercado existen barnices transparentes o en diversas tonalidades; también hay barnices disponibles en dos versiones: brillantes o satinados, es decir, ligeramente opacos.

El barniz transparente de poliuretano sella muy bien la madera. Antes de su aplicación, debe eliminar cualquier rastro de humedad, porque, en caso contrario, tras aplicar la capa de barniz quedaría aprisionada entre las fibras.

Miniestante comodín

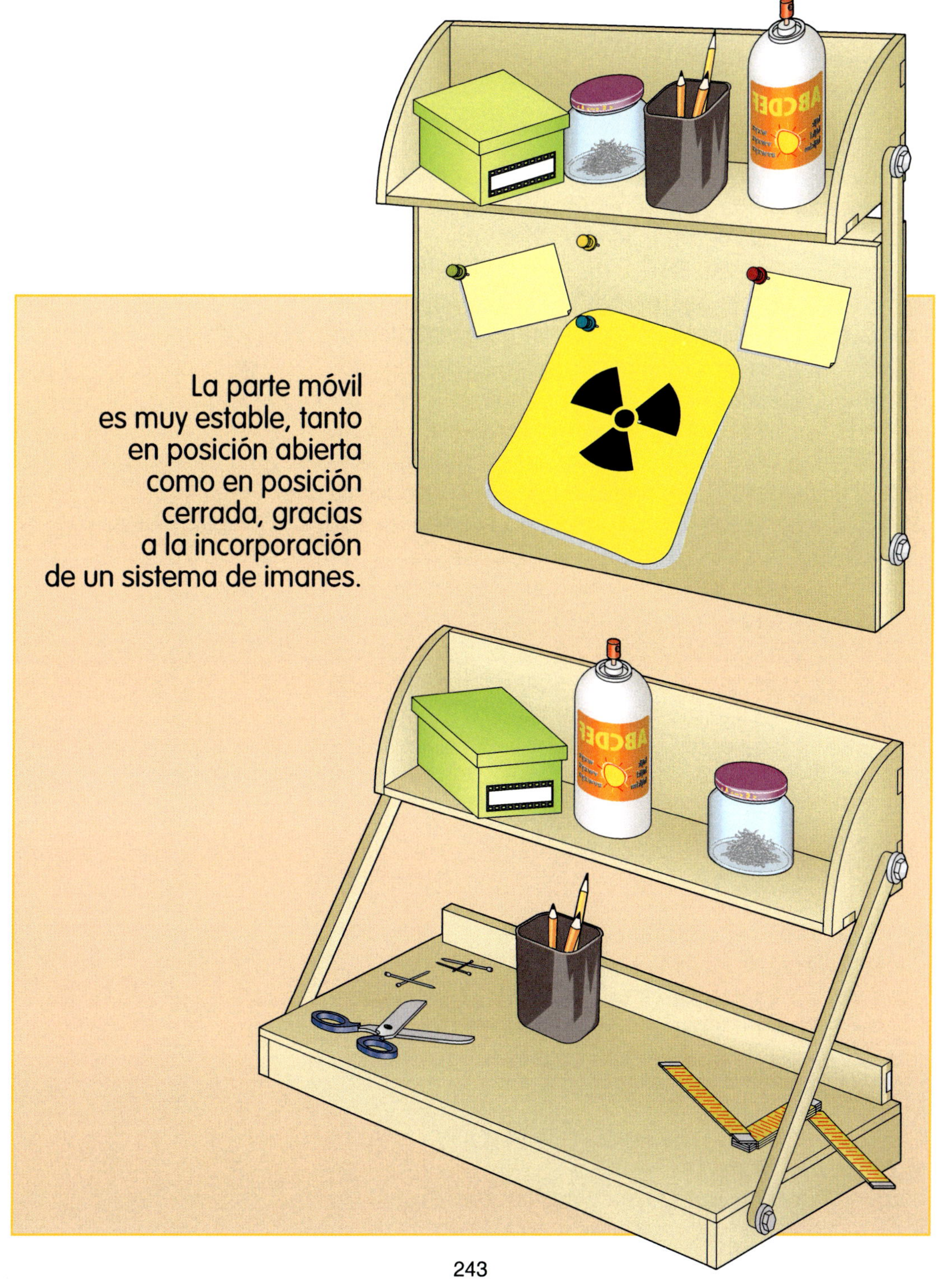

La parte móvil es muy estable, tanto en posición abierta como en posición cerrada, gracias a la incorporación de un sistema de imanes.

El plano portaobjetos, provisto de un apéndice extraíble y abatible, está pensado para que vaya colgado a la pared y para que sea un plano de apoyo auxiliar que no moleste cuando no se use; el soporte del apéndice extraíble es proporcionado por dos listones de madera que, por medio de pernos, pueden estar tanto en vertical como en horizontal.

El listón (F) es la clave del mecanismo: se fija a la pared en la posición adecuada y contiene imanes que bloquean el plano móvil, tanto en posición abierta como cerrada.

Cuando el plano está en posición abierta, dos imanes ubicados bajo el listón (F) entran en contacto con las placas metálicas colocadas en el borde posterior del plano (C), sujetándolo. Para cerrar el plano se debe sacar de debajo del listón (F) y levantarlo en posición vertical; de este modo, el listón (F) queda dentro del estante y los dos imanes de sus extremos entran en contacto con las placas metálicas ubicadas en el interior de la cornisa formada por los listones (D y E).

Aunque el ensamblaje de las piezas no reviste ninguna dificultad, se debe seguir un orden concreto en el montaje de las mismas: en primer lugar, se cuelga el portaobjetos en la pared; a continuación, se une al plano extraíble a través de los listones (G) y, por último, se determina la posición del listón (F) en la pared.

Sólo a partir de este momento, se pueden colocar los imanes y sus correspondientes placas metálicas en las posiciones correctas, encolando todo el sistema magnético a la madera, mediante cola cianoacrílica.

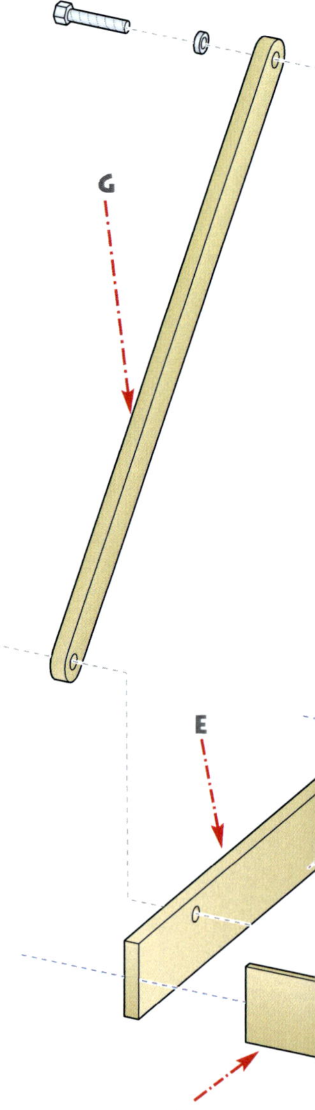

LISTA DE MATERIALES NECESARIOS

•***Tablas de abeto de 10 mm de espesor:*** *2 piezas (A) de 300 x 100 mm; 2 piezas (B) de 100 x 100 mm; 2 piezas (D) de 280 x 40 mm; 2 piezas (E) de 240 x 40 mm; 1 pieza (F) de 276 x 40 mm.*

•***Contrachapado de 6 mm de espesor:*** *1 pieza (C) de 300 x 240.*

•***Listón de 15 x 15 mm de sección:*** *2 piezas (G) de 250 mm de longitud.*

•***Otros:*** *4 imanes con placas metálicas; 4 pernos M6 de 30 mm de longitud; puntas cónicas; cola vinílica; tacos.*

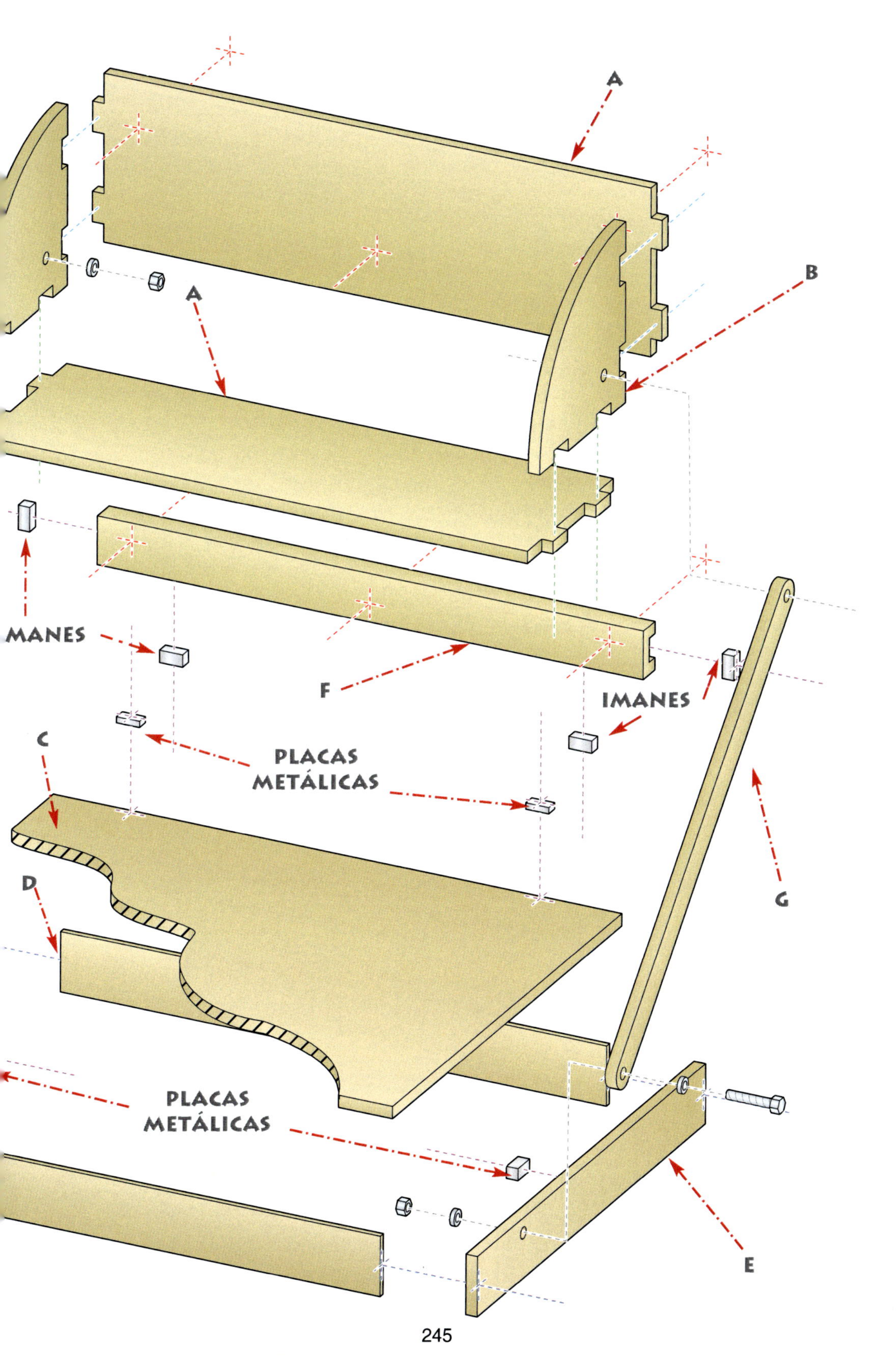
A
A
B
MANES
F
IMANES
PLACAS
METÁLICAS
C
D
G
PLACAS
METÁLICAS
E

Sargentos y mordazas de banco

Durante el ensamblaje de las construcciones en madera se utilizan mordazas o tornillos de apriete de diverso tipo.

La función de las mordazas consiste en mantener bien apretadas piezas diversas, tanto para realizar trabajos especiales como para propiciar el encolado entre varias piezas. En el mercado se encuentra un gran número de mordazas de forma y tamaño diversos en función de sus usos específicos.

La clásica prensa de carpintero se fija al banco mediante pernos y presenta dos quijadas que se pueden ensanchar o estrechar con un tornillo. También existen mordazas que se montan en el banco, pero no son fijas sino móviles. Otras presentan una ventosa para poder aplicarlas incluso en un plano liso. Para trabajar piezas de madera de una cierta longitud, se debe usar la mordaza plana, con unas quijadas muy amplias, que se puede fijar al plano de trabajo con tornillos.

ESPECIAL PARA CORNISAS

Para la realización de cornisas existen unas mordazas especiales en escuadra, provistas de tensores laterales. Usando este tipo de mordaza, se pueden unir dos listones para cornisas, cortados a 45°, y mantenerlos en posición durante el clavado y el encolado. Con cuatro mordazas de este tipo es muy fácil realizar la cornisa de un cuadro, teniendo la absoluta certeza de que se obtendrá un perfecto escuadrado.

Tres tornillos de apriete de carpintero de medidas distintas. En cualquier taller de carpintería, incluido el del aficionado, no debe faltar nunca una buena provisión de mordazas que facilitan considerablemente el trabajo de ensamblaje y pueden mantener en apriete las piezas durante el fraguado de la cola vinílica.

Cojín para el perro

Más que un cojín, es una pequeña «butaca» para el reposo de nuestro pequeño amigo.

Si quiere que su cachorro esté dentro de casa y deje de saltar de un lado a otro, regálele un pequeño rincón sólo para él, como esta butaca de fácil realización. Es una construcción robusta y estable, que no presenta dificultad alguna de realización.

Se utiliza contrachapado de 15 mm, cortado según la forma del dibujo (los cuadrados del plano de corte miden 50 mm de lado). La base (A) es un simple rectángulo, mientras que los dos laterales (B) presentan dos empuñaduras de 20 cm de longitud situadas a unos 8 cm de altura, para poder desplazar el objeto cómodamente. Tanto los laterales (B) como el respaldo (C) y el frontal (D) presentan encastes que se ensamblan el uno en el otro. La presencia de dichos ensambles hace que el conjunto sea sólido y compacto. Una vez haya cortado y lijado con papel de lija todas las piezas, proceda al ensamblaje del armazón uniendo los laterales (B) al respaldo (C) y al frontal (D). Escuadre la estructura y aplíquele los dos refuerzos (E). El ensamblaje se realiza con la aplicación de un hilo de cola a lo largo de las junturas, estabilizando estas últimas con una serie de puntas cónicas.

Preste atención al escuadrado del conjunto para que quepa bien la base (A), que, a su vez, se clava y encola a los listones (E), al respaldo (C) y al frontal (D). El acabado se puede realizar con barniz transparente o con dos manos de esmalte acrílico.

Una alfombrilla sintética será el punto y final del trabajo.

LISTA DE MATERIALES NECESARIOS

•Hojas de contrachapado de 15 mm de espesor: *1 pieza (A) de 620 x 470 mm; 2 piezas (B) de 500 x 300 mm; 1 pieza (C) de 650 x 300 mm; 1 pieza (D) de 650 x 120 mm.*

•Listón de abeto de 20 x 20 mm de sección: *2 piezas (E) de 500 mm de longitud.*

•Otros: *una alfombrilla sintética; cola vinílica; puntas cónicas de 30 mm de longitud; barniz transparente; barniz de poliuretano o esmalte.*

B
B
D
C
A
E
E

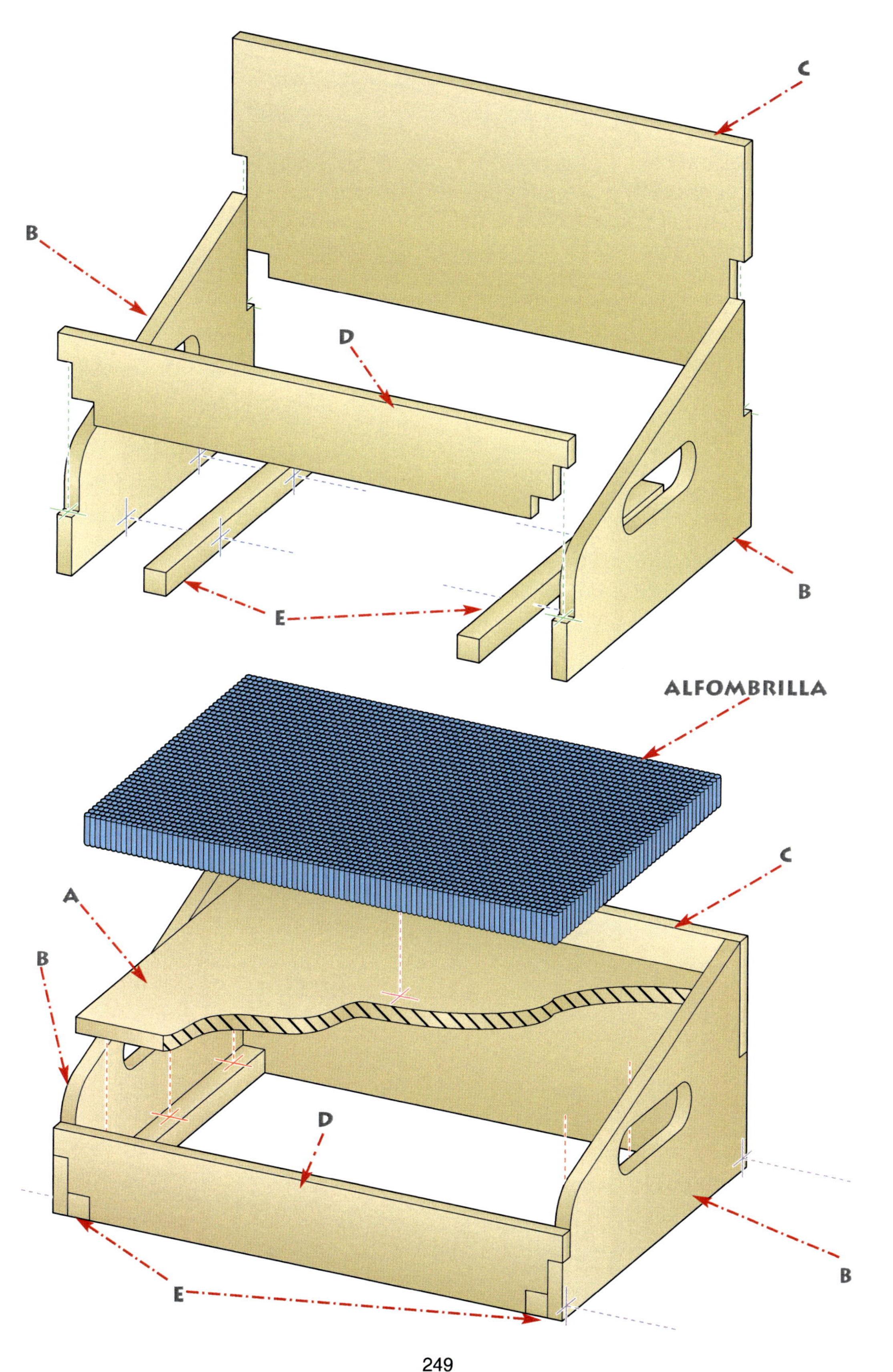
C
B
D
B
E
ALFOMBRILLA
C
A
B
D
B
E

Cinta adhesiva a dos caras

La colocación de la espuma de poliuretano o del colchón en la butaca plantea de nuevo el típico problema de la unión semifija entre materiales blandos y duros. En este caso, puede recurrir a la clásica y práctica cinta adhesiva a dos caras, que se suele utilizar para la fijación no definitiva de moquetas y revestimientos continuos en el pavimento.

CÓMO SE USA

Las dos caras de la cinta están recubiertas de adhesivo y revestidas con una película especial de protección. La aplicación de la cinta adhesiva a dos caras se realiza como la de una cinta adhesiva normal: se quita la película por una cara y se aplica la cinta en la parte que debe adherir. A continuación, se quita la película de la cara superior y se coloca encima el material que se quiere pegar, apretando fuertemente.

Este tipo de cinta permite realizar rápidos revestimientos en PVC o en tela sobre paneles de contrachapado: se escuadra la cinta sobre el pavimento para que el revestimiento se fije en varios puntos.

La cinta adhesiva a dos caras también se puede utilizar para mantener provisionalmente elementos de madera en posición, antes de su fijación definitiva, o para comprobar la precisión de las junturas durante la elaboración.

Tras haber aplicado un trozo de cinta adhesiva a dos caras, se quita la protección (de papel oleoso) para que quede al descubierto la cara superior, que también está provista de adhesivo. Se aprieta el material blando contra la cinta para realizar una unión muy firme y segura, pero también separable.

Índice general

Made in the USA
Coppell, TX
01 April 2026